本书为浙江农林大学科研发展基金项

“乡村治理视域下的《城乡规划法》适用问题研究”（W20

基层治理的法学思考

Legal Thinking on Grass-roots Governance

刘 辉 著

ZHEJIANG UNIVERSITY PRESS
浙江大学出版社
·杭州·

图书在版编目（CIP）数据

基层治理的法学思考 / 刘辉著. -- 杭州:浙江大学出版社, 2022.10
ISBN 978-7-308-23018-6

Ⅰ. ①基… Ⅱ. ①刘… Ⅲ. ①地方政府－行政管理－法学－研究－中国 Ⅳ. ①D922.110.4

中国版本图书馆CIP数据核字(2022)第164617号

基层治理的法学思考

JICENG ZHILI DE FAXUE SIKAO

刘 辉 著

责任编辑 赵 静
责任校对 胡 畔
封面设计 林智广告
出版发行 浙江大学出版社
（杭州市天目山路148号 邮政编码 310007）
（网址：http://www.zjupress.com）
排 版 杭州林智广告有限公司
印 刷 杭州高腾印务有限公司
开 本 710mm×1000mm 1/16
印 张 15.5
字 数 270千
版 印 次 2022年10月第1版 2022年10月第1次印刷
书 号 ISBN 978-7-308-23018-6
定 价 88.00元

浙江大学出版社发行中心联系方式：0571-88925591；http://zjdxcbs.tmall.com

上　篇　促进城乡融合

中　篇　夯实法治基础

下　篇　建设德化社会

上篇

促进城乡融合

城镇化进程中的空间正义实现方式[①]

摘　要： 城镇化是一个人口与资源不断积聚的空间重构过程。其对空间资源的分配、利用情况能够反映出社会正义水平的诸多方面问题。在城市边界扩展的过程中，城乡一体化的公共服务保障是空间正义实现的重要标准。在城市边界之内开展的旧城改造，需要平衡生产与生活空间、私人与公共空间的关系。居住空间过度分异将影响社会团结，因此需要通过政策纠偏、基层自治等方式促进阶层融合。在民主、法治建设的基础上，引导民众有序主张城市权利诉求，是实现人本城镇化目标的必要方式。

关键词： 空间正义；城镇化；空间生产；公共空间；城市权利

对国土空间资源的利用方式直接影响国民的生存状态。在商业开发力量与政府管制力量之外，原住居民对于特定国土空间的开发具有更为切近的利益诉求，因此，应当在规划决策与实施环节让其及时、理性、有效地参与其中。[②]空间是相对于具体的生产、消费场所的抽象表达，正义是相对于具体交往过程及结果的公平性、正当性的抽象表达。空间是反映社会关系的文本、载体，也是塑造社会关系的模板、素材。对社会关系状况的评判需要以正义标准作为依据，因此从空间角度看待社会关系问题时，空间正义就成为从理论批判层面对社会空间内资源分配、利益交涉的社会关系状态进行价值评判的基础概念。在城市边界迅速扩展或相对稳定的不同条件下，基于空间正义考量所关注的问题在内

① 本文初稿发表于《渭南师范学院学报》2020年第4期。此为删改稿。

② 2019年5月23日发布的《中共中央国务院关于建立国土空间规划体系并监督实施的若干意见》对健全法规政策和技术标准体系、构建监测预警和绩效考核机制提出明确要求，为学界探讨空间正义理论问题提供了实践依据。

容上存在一定差异。从经济、政治、文化、生态等不同维度探讨空间正义问题，才有可能避免单向度追问造成的整体认知偏差。

一、着眼于土地边界条件的空间正义讨论

在城镇化的发展过程中，城市与乡村的边界处于频繁变动的状态，因此土地边界扩展条件下的空间正义问题，可以转换为基本公共服务保障下的城乡融合发展等问题。在城市边界逐渐稳定的状态下，空间正义问题主要是城市内部的都市更新与对空间过度分异的防范等问题。

（一）基于城镇化发展过程的空间正义目标

人类社会形态从农耕文明向工商文明转化的过程，首先是人口与资源要素在空间内集聚的过程。当大量的人口与资源集聚在特定的地域范围后，商贸交往与人际沟通的效率都得到迅速提升，同时，在社会分工深化、细化的基础上，具体社会关系呈现多元化与疏离化的特征，社会结构横向栅格化与纵向阶层化发展的趋向明显。这种集聚运动的物理中心就是现代社会的城市，而且城市的边界会持续扩张直到触及生态系统的承载底线。在我国学界与实务界的主导话语体系中，将这个剧烈变动的发展过程称为城镇化。城镇化的过程是人类汲取自然资源满足生活需要的能力显著提升的过程，因此有助于促进民众整体生活水平的稳步提高。“城市让生活更美好”这样的理想，恰是人们对城镇化充满憧憬的情感写照。但是，城镇化过程中的剧烈变动会给个体造成巨大的适应压力，也会让多元化的社会关系因此变得更加疏离与脆弱，还会引发贫富严重分化、社会阶层固化等一系列社会问题。因此，我们需要不断反思如何在这样的发展过程中平衡不同群体的利益诉求，特别是防范资本运作机制与政府权力干预可能产生的负面影响。“中国城镇化进程中政府公共政策的影响程度远远超过西方国家。西方国家的城镇化，主要是依托市场的作用。”[①] 基层的民主与法治建设是确保公共政策均衡反映多方利益诉求的重要保障。如果说国家层面的乌托邦理想已经丧失了绵延存续的活力，那么我们在将目光聚焦到由核心城市辐射的区域范围时，可能会萌生关于区域民主、法治建设的殷切期望。因为这种设身处

① 张宝义：《中国城镇化过程中的空间正义探寻》，《城市》2014 年第 2 期。

地的思考与力所能及的改变，可以让当地的民众将利益负担与分享的可能直接联系起来，从而使个体及群体的责任感与进取心更容易扩展成型。在以基层民主与法治建设为基础的区域治理模式逐渐完善的条件下，追求城乡融合愿景下的空间正义目标就显得理所当然。

（二）限于城市边界之内的空间正义目标

在城镇化的发展逐渐放缓、城市的边界基本稳定后，因为城市范围扩展产生的征地、拆迁等一系列矛盾就变得不再那么激烈。空间作为生产资料被市场力量进行商品化加工的机制变得日趋精巧，因此，生活在城市中的人们开始对以城市设施及景观为条件的消费产生依赖。于是，个体开始努力适应高效率的社会生产要求，人们开始忙于实现通过激烈竞争所呈现的自我价值，整个城市也同步演化为与其他城市竞争的法人化经济实体，似乎只有这样才能保持城市的持久繁荣，满足个体的自我实现需要。在城市人口数量猛增而个体发展空间有限的中度或高度竞争局面下，无论是选择到城市立足，还是坚持在城市奋斗，对多数普通人而言，都是不易实现但又难以置疑的必要选择。因此，通过空间正义视角的反思，来辨别个体追求发展目标的条件是否大致公平，讨论城市运行机制对经济效率的追求是否能够经受住政治正当性的考验，思考地域文化的特色与城市生活的节奏是否适于促进个体全面自由的发展，就成为我们抵抗商业运作机制将城市空间塑造为同质化商品、将个体挤压为围绕消费目标而终日忙碌的“穷忙族”成员的重要方式。城市运作机制的完善是一个充满波折的发展过程，无论是伦敦的公共卫生运动、芝加哥的城市美化运动、巴黎的奥斯曼式改造，还是后来的功能主义规划到人本主义规划的模式变迁，都是人们对城市空间经济性与人文性特征进行纠偏、平衡的结果。这种纠偏的努力直接体现在旧城改造、都市更新的利益博弈与后续的反思、批判环节。商业力量从事资本运作的目标在于追求更高的利润，因此对空间的生产就会倾向于制造空间分异。如果缺乏足够的组织化力量进行制衡，那么空间排斥、隔离的现象就会陆续发生。例如，在旧城改造、都市更新博弈中的弱势群体，很可能被安置在通勤距离显著增加的郊区，于是城市生活只让一部分人感觉美好的相对剥夺感，必然在丧失原住地土地发展权利的弱势群体心理层面逐渐蔓延。因此，在城乡规划、拆迁补偿与安置等方面加强正当程序制度建设，以民主、法治的方式为弱势群体创造组织化参与的条件，就成为守护空间正义的必然选择。

综上所述，在生产方式从福特制的规模化、流水线模式转变为弹性生产、灵活积累的模式后，对空间进行生产的需要与日俱增，因为有限的土地空间资源使得城市内部及邻近城市的空间获得巨大的升值潜力。资本运作机制的积极作用不容否定，但城乡之间的公共服务均衡状态及城市内部经济空间与公共空间的比例适当，则不是仅靠资本运作机制就能促成的。因此，在认清城市边界内外可能面临的空间正义问题后，我们就需要将注意力集中在空间功能的布局配置问题上。

二、归结为空间功能评判的空间正义观照

在城市规模、边界相对稳定的条件下，从功能布局的角度评价城市空间的使用情况，可以为实现生产与生活空间、私人与公共空间的平衡提供反思的依据。生产空间、生活空间与生态空间的分类，是城乡规划与土地规划工作中必然要考虑的因素。在城市范围内，滨水空间等优质的生态资源是否丧失公共属性，民众开展体育、文化活动是否有必要的公共场所条件支持，卫生、教育等领域的公共服务设施布局是否合理，这些问题都可以纳入基于空间正义视角的观察范围。

（一）抵制侵占公共空间的行为

城市的绿地、滨水空间是稀缺资源。如果放任开发商过度使用甚至直接圈占优质生态空间，就会产生违反空间正义要求的“公共空间剥夺”现象。只有在政府部门的规划决策环节积极吸纳公众参与，并为公众持续监督提供表达渠道，才能促使政府部门努力防范、纠正“公共空间剥夺”现象的发生。“空间正义本指在空间生产和空间资源配置中的社会正义，它最早源于西方马克思主义、都市理论学派和洛杉矶学派的部分学者基于对全球城市危机和空间发展非公正性等焦点问题的批判性反思，也是运用空间辩证思维来解决城乡发展中出现的一系列空间不公问题的重要伦理范式。”[①] 鉴于近年来多数城市在公共空间的配置方面都做得不够充分的现实情况，错时使用公共空间已被视为一项有效的变通措

① 王文东、赵艳琴：《网络空间的非正义性剖析——基于空间正义的研究视角》，《甘肃理论学刊》2013 年第 1 期。

施。[①] 当然，更重要的应对方式在于，政府在规划决策的环节就充分考虑到对各类公共空间的布局需要。在城市边界尚未稳定的条件下，城乡一体化目标是确保城乡建设人本价值取向的关键。公共服务均等化是反映城乡一体化程度的首要指标。由于各地的财政情况存在差异、经济发展水平显著不同，公共服务均等化主要是指基本公共服务的保障。“城镇化过程中的空间正义并不意味着空间资源、机会与权利的无差别均分。”[②] 在公众对于公共空间的基本需要可以得到大致满足的条件下，体现分异度的消费空间就可以被视为城市文化多元性、物质条件丰裕度的合理表征。在现实的城市生活中，消费空间挤占公共空间的重要原因在于政府的规制功能缺位，商业力量无序地圈占消费空间。

（二）防范居住空间分异的危害

尽管从现实情况来看，一定程度的居住空间分异很难避免，但政府需要通过“大混小聚”的住房公共政策引导不同阶层的居民在相同的街区内融洽共存。不同的居民小区共用相邻的公共空间，是承认现实分异状况但阻止分异状况向严重分化趋势发展的必要安排。如果没有不同阶层之间的相互提携与对照，某一阶层可能会受到特定亚文化的影响而沦陷于某种“亚健康”的生活状态，从而导致社会关系的整体疏离与对抗局面的发生。“当代中国城市发展同时面临均质性与差异性两个难题，协调均质性与差异性之间矛盾的一个重要选择是建构一种建设性的差异性正义，特别是一种‘流动的差异性正义’。”[③] 在我国的城市里塑造“差异性团结”的首要场所或许莫过于城中村。由于政府在户籍制度、居民福利方面做出限制性安排，在城市生活吸引力与农村生活境遇造成的推动力的双重作用下，大量外来务工人员选择在城中村落脚、安身，从而确保以较低的居住成本和通勤成本来提高个人及家庭的收入。但是，当城市中的空间生产迅速触及规模扩张的边界后，旧城改造就成为资本力量唯一的选择。对城中村是进行推倒重来式的改造，还是进行功能补足式的“针灸式公共设施植入”建设，

---

① 例如，在中小学学生放学后，学校的体育运动场地就可以提供给相邻社区的居民作为健身活动场地。当然，政府需要为此提供必要的补贴以支付学校在修缮、维护场地方面的费用。一些商业广场收取少量费用供有健身需要的群众练习广场舞，也是弥补健身公共空间不足的替代举措。

② 张宝义：《中国城镇化过程中的空间正义探寻》，《城市》2014 年第 2 期。

③ 陈忠、爱德华·索亚：《空间与城市正义：理论张力和现实可能》，《苏州大学学报（哲学社会科学版）》2012 年第 1 期。

需要当地政府在民众现实诉求与开发商利润追求之间做出调和性选择。“政府对大规模改造城中村的后果，如空间极化带来的城市活力的丧失、驱赶城市弱势群体造成的空间隔离消灭非正规经济催生的‘贫民窟’问题等应有清醒的认识。一方面，目前的城中村改造政策应缓行；另一方面，地方应综合整治城中村问题。”[①] 而对这种多方利益博弈的局面，我们只能寄望于各方的组织化程度没有太大差异，行政决策前的公众参与渠道更加顺畅，原住居民的土地发展权利获得更多尊重，从而让旧城改造后的城市不只剩下冷清的景观，还能保存人情的温暖。因为市井生活里勃然洋溢的烟火气，才是唤醒城市居民与新市民地域文化认同的情感序曲。[②]

综上所述，在空间生产的过程中，土地与空间的交换价值可能遮蔽其使用价值，从而使特定的空间产品异化为财富符号，导致经济能力存在显著差异的人群难以在高质量居住空间共同生活的现象蔓延。住房与车辆给城市居民提供了相对封闭的私人空间，但如果任由私人空间挤压公共空间的情况发生，就会影响社会关系的整体和谐。只有保护公共空间并促进公共交往的持续，才能有效地打消人们通过居住空间分异的方式进行自我防卫的幻想。因为过度的空间分异现象不仅会导致社会阶层的固化，而且会诱发不同群体之间的仇视与对抗，最终使社会走向分裂的境地。只有通过以民主、法治为基础的自治努力，才能使“差异性团结”成为社会和谐的根基。

三、基于城市权利实现的空间正义追求

在边界稳定的城市空间功能布局合理的条件下，我们可以更专注地将视点由外向内转移，从而对主体性认知的扬弃与社会空间文化认同的构建问题展开分析。社会空间与物理、心理空间相比，具有展现主体间关系与主客体间关系的功能。从政治、经济、文化的不同维度，我们可以看到社会空间内诸种现象

① 刘锐：《城中村改造：全面改造抑或综合治理》，《广东财经大学学报》2015 年第 6 期。

② 例如，当西安的鱼化寨这样的城中村消失后，焕然一新的高新区中必然不会再有可以两人并肩而行的小巷、“一线天”与“贴面楼”、原住居民唾手可得的租金及初到城市的漂泊者在农民房里遗落的青春回忆，这一切都将与这座城市的“小香港”地标一起被耸立的高楼、整齐的街道、完善的设施、美好的憧憬所替换。这样的故事情节大概会在许多城市的旧城改造过程中反复出现，没有哪一种评价会纯然客观，但若从空间正义的视角审视，我们也难免会看到一些群体失落与怅惘的身影。

的不同影响与意义。空间正义理论就是要从多样的维度来反思社会空间内的诸种不公平表现，因此，我们不能仅从社会正义的某个侧面来理解空间正义理论的价值，而应当认识空间正义理论意图关照到的涉及社会正义的诸多方面问题。

（一）重塑个体在城市生活中的主体意识

在生产机制由“福特制”流水线、规模化生产向以适应个性消费的弹性生产、“后福特制”转型后，由供给影响需求的批量消费模式开始向强调个性、创意的文化消费模式过渡。在物质产品相对丰富的社会条件下，城市空间和特色景观都成为文化产业加工的对象，因此个体容易在追求个性的幻想中丧失消费的自主性，异化为沉迷于消费社会商业潮流的“非我”。在空间生产的过程中，地方的特殊个性可能被同质化的商业交换追求所忽略甚至排斥，因此从文化构建的角度分析空间正义的实现方式，可以提醒人们关注消费社会的商业潮流可能对生活质量造成的侵害。仅靠个体的理性探索很难摆脱都市消费文化的羁绊，因此需要个体以联合方式重塑城市生活的内容，进而构建对都市文化的多维认同，避免个体异化为“非我”的空间屈从者。人们在对现代社会的理性追求进行反思后，开始注意到多元价值取向解构僵化的理性统合秩序的可能，从而在还原零散认识的非连贯性关系基础上为不同群体的沟通对话创造必要条件。这种对话过程可能夹杂了激烈的利益冲突，但正是这种交涉、博弈的抗争努力才可以反映出“差异性团结”的现实可能。从这一角度来说，弱势群体、草根阶层争取城市权利以纠偏空间非正义现象的过程，就成为寻求“差异性团结”的必经阶段。

（二）积累理性争取城市权利的经验

爱德华·W. 苏贾在其著作《寻求空间正义》中，提到草根阶层联合成立的社团提起行政诉讼以抗议公共交通资源不公平配置的案例。原告胜诉的结果促使洛杉矶的市政规划部门放缓了通往郊区的地铁建设，而将财政经费倾斜，拨付到内城地区草根阶层急需的公交路线完善方面。通过这一案例，我们可以发现在法治发达的国家中，草根阶层的社群主义或社会正义价值诉求可以通过诉讼的方式，获得一定程度的实现。这也是苏贾乐意强调劳工组织与社区组织联合行动以维护居民城市权利的原因所在。通过制度建设为草根阶层维护权利的集体行动提供便捷的渠道，能够以温和的方式化解不同社会阶层之间的矛盾冲突，从而增强各阶层对制度与所在城市的普遍认同感。基于空间正义视角的反思就是要达成这样一种扭转“不平等地理”局面的目标。缺少组织联系支持的个体就像麻袋里的马铃薯，只是偶然地被合力堆放在某一个空间，因此难以独立承担追寻那些有利于类似境遇者的长远目标必然耗费的多方面成本。“从中国的发展现状来看，中国需要重建空间正义，加强制度与政策的顶层设计；需要‘自下而上’的主体参与和普遍的‘自我管理’；需要建构社区自治作为后单位时代集体行动的组织依托。”[①] 在城镇化建设的过程中，无论是进城务工人员还是农民或是城市常住居民，都需要通过基层自治的方式，协同解决各类群体面临的生活难题。就进城务工人员而言，仅靠“老乡会”等自发的组织形式不足以实现协同自治的目标，还需要依托社区组织、工会等制度化的正规组织分解不同类型的问题，从而实现吸纳新市民有生力量、提高基层公共服务质量与增进群体认同感的多重目标。在劳动权利、土地权利获得必要制度保障的条件下，农村居民以集体经济组织为依托的自治形态，也需要参照城市社区的自治形态进行革新完善，这样才能顺应从“熟人社会”向“半陌生人社会”转变的时代需要。

综上所述，对空间正义的追寻需要落实到公民的联合行动之中，尤其是弱势群体维护城市权利的集体行动之中。为了确保行使城市权利的居民活动理性、有序，政府需要加速推动制度构建，借助正当程序有效吸纳公众的不满，并将各方参与者的诉求合理地转换为推动社会进步的有效力量。在当前的国情下，人们很多时候既对公民素质的整体状况表达忧虑之情，也对司法机关的公信水平存在不容忽视的疑虑，因此通过促进基层自治的方式引导公民提升公共参与的综合素质，并推动政府与法院按照构建现代社会治理方式的目标要求塑造法治形象，就成为增强公民政治主体意识，保障公民权利，实现空间正义目标的前提条件。

总而言之，发达国家以渐进的方式分阶段解决了城市发展过程中发生的诸多难题，但今天的城市或许依然没有能力跨越第三轮城市危机。中国的城镇化进程需要在压缩的时空条件下面对诸多历时性问题，因此不仅要探索城乡融合发展的道路，也要迅速应对城市建设、治理中遭遇的一系列棘手问题。空间正义理论为我们积累城镇化建设过程中的经验与教训，提供了一种有益的思维坐

① 王志刚：《当代中国空间生产的矛盾分析与正义建构》，《天府新论》2015 年第 6 期。

标，提示我们注重在政府、资本与社会力量之间寻求平衡之道，进而明确民众在城镇化发展中的主体地位。按照构建现代社会治理方式的要求，我们需要将民众争取城市权利的努力纳入民主、法治建设的轨道，确保在基层自治、阶层融合的条件下促成社会的“差异性团结”。无论城市的边界仍在扩展还是趋于稳定，空间功能布局的合理性都是空间正义追问的重要着眼点。只有平衡私人与公共空间、生产与生活空间的比例关系，人们才可能增强在城镇化进程中的主体意识与文化认同。

论重大行政决策的法治化规制[①]

摘　要： 对重大行政决策进行法治化规制，需要以权利与权力的平衡互动为前提，不应过度依赖权力的自我规制。合理限定重大行政决策的事项范围才能避免对既有立法体系的融洽性形成冲击。政府、专家与公众在社会治理中形成共在关系。灵活多样的公众参与机制是解决听证制度虚置问题的重要条件。合法性审查与风险评估都是重大行政决策责任追究的基础环节。划分责任类型与完善究责机制，是实现重大行政决策法治化规制目标的重要保障。

关键词： 重大行政决策；决策范围；听证制度；合法性审查；责任追究

国务院公布的《重大行政决策程序暂行条例》于 2019 年 9 月 1 日施行。对重大行政决策法治化的讨论可以从议题设定、专家咨询论证、吸纳公众参与的听证制度或其他方式、合法性审查、政府组成人员集体讨论后由行政首长决定等方面展开，也可以从重大行政决策的范围界定、职权分配、程序设置、责任追究等角度进行深入研究。整体而言，明晰重大行政决策与人大决策、党委决策的区别，并合理限缩重大行政决策的范围是基本前提；分析参与重大行政决策的主体类型，并围绕公众参与、专家参与形式这一核心话题探讨咨询论证、行政听证等制度的完善问题，可以为行政民主建设的扎实推进创造条件；重视合法性审查与责任追究制度的构建，可以为法治政府建设的有序开展夯实基础。

① 本文初稿发表在《浙大法律评论》2019 年卷。此为删改稿。

一、梳理重大行政决策的范围与主体关系

在与近现代工商文明同步发展的城镇化过程中，社会分工的细化使得在城镇中生活的社群内部的联系密切化，进而使人与自然之间的主体—客体关系不再是价值衡量方面的核心话题，人际关系的主体间性特征得以凸显，因此由主体间热议话题衍生的价值判断结论成为现代社会协同治理的重要依据。协商治理理论契合构建现代化社会治理方式的实践需要，可以作为规制重大行政决策的理论依据。[①] 完善行政决策的程序化交涉机制有利于保障公共利益目标的实现。由于重大行政决策关涉公共财政开支的投向并影响特定地域居民的基本权利实现程度，行政首长决定与专家咨询论证、公众参与风险性评估、合法性审查等行动的协调互动，就成为讨论规制重大行政决策行为的方式问题时首先应当考量的内容。

（一）限定重大行政决策范围的意义

行政决策是行政机关为履行职责而设定具体行政目标与对应措施的行政活动。重大行政决策是指因为需要投入较多财政资源，涉及人数众多或者对公民、社会组织基本权益可能产生重大影响的行政决策。重大行政决策既然具有分配利益与价值的政治活动属性，就不能脱离民主制度的约束而随意开展。在我国，地方政府需要按照中央政府的政策导向，并依据法律规定和地方人大对经济、社会发展的整体规划安排开展行政活动。由于财政收入及本地经济、社会、文化条件的初始限制，地方政府只能在特定时期内选择若干重要目标作为行政活动的重点。对政策性文件进行起草与决定的过程就是筛选行政活动目标的过程。法律为国家机关确立行为规范。政策为国家机关指明行动方向。[②] 行政决策是行政机关依据法律与政策设定的行动目标和方案。重大行政决策为行政机关在辖区范围内明晰了在一段时期内具有全局性、长远性的施政目标与方案。[③] 在合理限定重大行政决策事项范围的基础上，完善专家评估和公众参与制度能够提升

① 齐宁、周实：《论公民在地方政府行政决策中的合作价值》，《理论界》2013 年第 12 期。

② 李迎春：《行政法视角下的行政决策》，《行政法学研究》2007 年第 4 期。

③ 2017 年 6 月 9 日，国务院法制办公室发布了《重大行政决策程序暂行条例（征求意见稿）》。2019 年 4 月 20 日，国务院公布《重大行政决策程序暂行条例》（国务院令第 713 号）。

行政决策的科学性与民主性。无论是优化内部工作流程还是吸纳社会力量参与，都应当遵循正当程序要求，确保制度安排的有效性与公正性。对重大行政决策进行程序规制，首先，应当确定政府与公众在公共治理中的关系；其次，需要明晰政府内部的权责关系；再次，可以探索完善规制机制的方式。

行政主体为履行权力机关授予的职责，需要开展相应的行政活动。行政决策不同于制定行政规定、作出行政决定的行政活动。因为行政决策是要确定行政主体开展行政活动的目标、途径、步骤与举措；而行政规定则是要为行政主体确立实施影响行政相对人权益的行政活动时应遵循的行为规范；行政决定则是依据法律、行政法规、地方性法规和行政规章及合法的行政规定做出的影响行政相对人权益的行政法律行为。所以，行政决策的重要特点在于，不直接影响行政相对人的权益。“行政决策是指国家行政组织为了实现行政目标，依据既定法律和政策，对要解决的问题，拟定并选择活动方案的行为过程。”[①] 如果一份行政机关的公文中既包括行政决策的内容，也包括行政规定的内容，那么对于行政规定的内容应当遵循合法性审查的机制要求进行把关，而对于行政决策的内容则需要设计相应的机制确保其民主性、科学性与合法性。重大行政决策就是在权衡成本与收益的前提下，基于对本地相对优势与民众基本需要的考量而确定的重要行政活动方案。[②] 目前，地方政府采取发布重大行政决策事项年度目录的方式确定其范围的做法，可以与地方人大会议讨论的人大代表重要议案相衔接，有利于提升服务型、责任型政府建设的水平。重大行政决策不同于人大决策、党委决策，是行政机关根据人大决定或党委要求，为履行职责而确定的行政目标及方案。对财力、物力、人力消耗较多[③] 和显著影响本地居民基本权利的实现程度[④]，是重大行政决策比较突出的两点特征。

在我国，重大行政决策需要以人大决策与党委决策作为参照标准，但从权责主体的视角来看，重大行政决策具有较为明显的独立性。对于党委决策的民主化、科学化与合法化规制，可以借鉴行政决策规制的思路，但党委属于政党

① 郭渐强、彭璐：《重大行政决策方案合法化研究》，《湖南师范大学社会科学学报》2014 年第 2 期。

② “重大行政决策是指行政机关依法履行行政管理职能，对关系本行政区域经济社会发展全局，与公民、法人和其他组织利益密切相关的重大事项拟定、选择活动方案并作出决定的行为过程。”参见胡东、郑沫：《论重大行政决策社会稳定风险评估制度的构建：理论、问题与对策》，《南京工业大学学报（社会科学版）》2015 年第 1 期。

③ 例如三峡工程、西电东送工程、南水北调工程、京沪高铁的投资分别约为 1800 亿元、5265 亿元、2137 亿元、2209.4 亿元等。

④ 例如征地拆迁、旧城改造及与之相关的重要建设投资或招商项目，大多被各地政府列为重大行政决策项目。

组织而政府属于国家行政机关，所以尽管党委与政府在职能衔接方面存在密切联系，但也不能在具体机制建设过程中将两类决策混同看待。通常情况下，重大行政决策只是行政机关开展行政活动的指示方案，不同于行政许可、行政处罚、行政强制等依据法律作出的行政决定，但这些行政决定很可能被认定为保障重大行政决策得以落实的有力措施。[①]重大行政决策可以分为经济性规制决策与社会性规制决策。例如，重大投资项目的立项就属于经济性规制决策，而民生需求保障方面的决策就属于社会性规制决策。尽管这种分类并不具有绝对性，但可以为相应的程序机制建设指明规制的重点。初步的分类有利于界定学理讨论的重点，但具体的规制更适合建立在细致的类型划分基础上。这样才能确保一般化的讨论不会对具体化的实践中产生的细节问题有所疏漏。

各省市的政府规章或规范性文件都倾向于采取"概括 + 列举 + 排除"并辅以年度目录的方式来确定重大行政决策的内容，将行政立法、规范性文件制定与紧急行政决策、行政决定行为排除在重大行政决策的范围之外[②]，但也有部分地方政府并未对其范围进行严格限定。只有根据决策类型来配置规制决策活动的方式，才能在规制的成本与效益关系方面找到恰当的平衡点。经济性规制决策通常面临较大的风险，因此政府应当充分收集社会各界的信息，以确保决策方案的稳健可行。社会性规制决策在实施环节尤其需要获得公众的认可与支持，因此在吸纳公众参与的过程中可以达到同步增强公众认同的目标。[③]从降低规制重大行政决策行为的难度方面考虑，将已经有立法规制的行政活动内容排除在重大行政决策的范围之外，不会影响推进法治政府建设的整体安排。[④]例如，行政规划包括土地利用规划、经济社会发展规划和城乡建设规划等具体类型，其中城乡建设规划可分为整体规划、功能分区规划与详细规划。在《中华人民共和国城乡规划法》已经实施多年的情况下，就可以考虑将城乡规划行为排除在重大行政决策行为的范围之外，但这不妨碍对相似的规制模式进行借鉴。

① 参见尹奎杰、王箭：《重大行政决策行为的性质与认定》，《当代法学》2016 年第 1 期。

② 《苏州市重大行政决策程序规定》第二条第一款概括规定："本规定所称重大行政决策，是指市人民政府依法履行行政职能，对涉及社会公共利益的重大事项作出决定的活动。"；第二款列举了不得作为行政决策事项的四类事项。

③ "规划和计划类事项、财政与国有资产事项、区域发展经济社会与公共服务类事项这三类是所有省市都规定的重大行政决策事项，这三类事项属重大行政决策范围，社会认同感最强。"（曾哲：《我国重大行政决策权划分边界研究》，《南京社会科学》2012 年第 1 期，第 96 页。）

④ 浙江省政府在规章中将"城乡规划""土地利用总体规划""政府定价"行为排除在重大行政决策范围之外，指明上述行为应"适用相关法律、法规的规定"。

（二）明确参与重大行政决策的主体

重大行政决策行为涉及的程序制度具有多环节衔接、嵌套的特点。专家咨询论证、公众参与决策听证与政府会议集体讨论后决定的制度安排之间前后相续，从而形成规制重大行政决策行为的制度合力。因此，需要从不同主体的功能角色定位角度进行梳理。

第一，重大行政决策由政府首长决定并负主要领导责任，但应当遵循集体讨论的内部工作制度要求，确保民主集中制原则的有效贯彻落实。[①] 由于人民代表大会的活动方式与能力有限，其难以对所有分配重要利益与价值的政治问题进行全面调整。行政机关获得人民代表大会授予的行政决策职权，但是重大行政决策既然具有政治活动的属性，就不能脱离民主制度的约束而随意开展。协商治理理论契合构建现代化社会治理方式的实践需要，因此可以作为规制重大行政决策的理论依据。集体讨论的制度安排是为了避免行政首长过分依赖个人经验导致重大失误情况的发生。[②] 按照行政首长最后表态的工作惯例或者部分地方政府的制度要求，分管各项工作的政府组成人员可以基于各自的思考提出有益于增强行政决策方案可行性的建议，为行政首长提供权衡利弊的思维素材。[③] 近年来的实践情况表明，部分行政首长为了规避决策责任，将本应由其拍板决定的决策方案上报给地方人大、党委审批，甚至在集体讨论的会议上不做表态发言而以“少数服从多数”的托词来敷衍了事。[④] 明确重大行政决策中的集体讨论制度与行政首长负责制的关系，可以督促行政首长重视在开放式决策的各环节吸纳合理建议，避免“为官一任，祸害一方”的专断决策现象发生。[⑤] 如果根据会议记录的内容可以确定参与讨论的个别政府组成人员明确反对通过决策草案，那么在日后追责时应当酌情减免反对者的决策失误连带责任。普通公务员根据职责参与行政决策方案的拟订与执行，只需承担相应的法律责任即可，不属于重大行政决策失误的追责对象。落实行政首长负责制的要求，需要从终身

① 1996 年第十四届中央纪委第六次全会公报指出：“认真贯彻民主集中制原则，凡属重大决策、重要干部任免、重要项目安排和大额度资金的使用，必须经集体讨论作出决定。”

② 2007 年颁布的《行政机关公务员处分条例》第十九条规定：“有下列行为之一的，给予警告、记过或者记大过处分；情节较重的，给予降级或者撤职处分；情节严重的，给予开除处分：（一）负有领导责任的公务员违反议事规则，个人或者少数人决定重大事项，或者改变集体作出的重大决定的；……”

③ 刘云甫：《论重大行政决策法制化》，《岭南学刊》2010 年第 2 期。

④ 关保英：《行政决策集体讨论决定质疑》，《求是学刊》2017 年第 6 期。

⑤ 邓海娟、殷仁胜：《我国行政决策的法制化思考》，《理论月刊》2007 年第 7 期。

追究政治责任与道德责任、按照法定期限追究行政法律责任与刑事法律责任的制度构建方面着手，确保职权与职责相匹配，成本与收益相协调。

第二，专家从知识理性的角度为重大行政决策方案提供可行的建议，为政府从竞争性方案中择优汰劣创造智识条件。在实施重大行政决策的过程中可能遭遇经济、社会、环境等方面的风险，因此需要借助专家的知识支持来论证决策方案的可行性。行政决策的正当性需要民主参与、科学评议、合法性审查等机制的支持。专家作为能够熟练运用科学知识的专业人士，能够从学科视角对行政决策的可行性问题展开专门的论证，因此若能确保参评专家的中立性，那么行政决策的科学性就容易得到保证。[①] 近年来，部分地方政府为了应对做出重大行政决策后可能遭遇的舆论质疑，倾向于聘请愿意运用专业知识进行“可批性论证”的专家、学者，却对“可行性论证”的制度宗旨弃置不顾。当然，一些专家也存在不顾个人知识局限、乐于为利益集团服务的悖德行为[②]，将职业伦理的要求抛于脑后。职业群体内部的伦理责任追究是行业自治的重要方式，可以在一定程度上激发职业群体内部自我净化与素质提升的潜力，预防和抵制个别专家受到金钱或权势利诱而放弃职业操守、违背职业伦理的情形发生。[③] 从发展过程的角度来看，行政决策的信息、论辩等条件会影响行为结果的质量。政府在做出将专家的专业与利害关系声明适时向公众公开的制度安排之外，还可以采用对备选方案进行匿名评议的方式，最大限度地发挥专家群体在知识理性方面的特长，使得更具合理性与可行性的方案能够脱颖而出。同行匿名评议制度可以对那些声明个人具有相应专业知识的专家所出具的意见，进行充分、适当的检验，从而避免利害关系干扰专家意见中立性的情况发生，也能够对个别专家可能存在的知识局限做出合理补正。

第三，公众从价值选择的立场表达利益诉求，为政府确定价值偏好的重叠共识提供拣选的前提。就政府与公众在协商治理中的关系而言，作为公众组成要素的公民与权力机关和行政机关之间具有委托与受托的链式关系。当权力机关难以有效满足公众对规范行政机关职权行使提出的要求时，行政机关就应当通过程序机制接纳公众参与治理过程。公众的价值偏好能够塑造关于“做正确

---

① 徐秀霞：《建立和完善法治化的行政决策机制》，《长白学刊》2007 年第 6 期。

② 《珠海市重大行政决策专家咨询论证办法》（2012）第十六条规定：“市政府建立咨询专家信用评价制度。市府办公室应当将咨询专家论证意见的可靠程度和决策实施效果记入专家信用档案，作为续聘或者解聘的依据。”

③ 关兴丽、王丽萍：《重大行政决策专家论证问题及其对策研究》，《山西高等学校社会科学学报》2017 年第 1 期。

的事”的舆论共识，而专家的理性设计有可能给政府“正确地做事”提供可行的方案。“当然那些有着专业知识的专家，也可能作为普通公众而主动加入到公众参与制度中来。”[①] 人们通常会从主体间关系、发展过程与实际结果等方面来分析具体行为的妥当程度。推动公益实现是政府的重要职责，但对于履行职责的行为如何推进的问题则需要认真讨论。按照协商治理理论的逻辑推演，在实现公益过程中，公众应当是与政府平行的社会主体，所以理顺主体间的关系及互动过程的环节，才能最大限度地促成公益目标的实现。首先，从主体间关系的角度来看，行政机关负有推进决策程序的职责，但为了确保决策的民主性、科学性与合法性，其需要听取专家与公众代表的合理建议。

尽管行政机关在行政决策程序中居于主导地位，需要对最终的行政决策承担政治、法律与道义责任，但是若没有公众的平等参与和理性的交涉程序的支持，就无法确保协商治理的状态实现良性循环。所以，完善行政决策的程序化交涉机制显然有利于保障公共利益目标的实现。由于公众在知识、能力方面的局限，专家代理人制度与社团代表制度就显得尤为重要。当然，公众内部也可以分为不同的利益相关者群体，因此政府需要提供不同的公众参与方式来高效地吸纳各类利益相关者的意见。[②] 中国社会自秦朝形成的帝制传统与官本位文化，至今仍对国民的观念、言行发挥着根深蒂固的导向作用，尤其表现在民众因心理畏惧和现实困难而对维护公益的态度淡漠方面。因此，在吸纳公众参与过程中，引导公民与社会组织理性表达、依法监督，必然需要政府发挥自觉引导的作用。对于直接的利益相关者应当采取近距离接触的方式听取意见，例如对于自愿报名参加决策听证程序参加者而言，围绕听证重点展开辩论的方式就更为适合。对于间接的利益相关者，则可以借助网络平台上“公告与评论”的沟通方式实现“远距离民主参与”，这样能够以较低的成本实现听取公众内部不同声音的目标。

综上所述，国家乌托邦的理想在现代社会显然难以实现，但从城市群范围的地域共同体差异角度来看，不同区域的居民生活质量仍然有较大的差距。由此不妨断定某些地区在相邻地区的居民看来具有区域乌托邦的形象。就此而言，

---

① 安丽娜：《我国行政决策程序立法中的公众参与规则评析——以若干地方规章及规范性文件文本为研究对象》，《山西高等学校社会科学学报》2013 年第 7 期。

② 江国华、梅扬：《重大行政决策公众参与制度的构建和完善——基于文本考察与个案分析的视角》，《学习与实践》2017 年第 1 期。

重大行政决策就是政府顺应本地民众生活需要来构建城市乌托邦的重要手段。既然重大行政决策是服务于区域共同体生活需要的手段，那么对这种手段进行合理限定并明确各类共在的群体参与其中的方式，就显得格外重要。城市“由于居住密集，集体行动所造成的社会影响力也更大，政府也更容易体会到决策信息不完整和政策接受度低所造成的严重后果”[①]。在中国现代化建设进程持续深入的社会条件下，参与式治理模式的构建也成为匹配生产与生活方式需要的重要议题。因此，通过立法方式限定重大行政决策的范围并明确政府的行政人员、专家与公众发挥角色功能的方式，就成为讨论规制重大行政决策行为问题的重要切入点。

二、完善公众参与重大行政决策的配套制度

我国主流的政治理念包含“民有所呼，我有所应”的回应式理念，将政府与民众的关系解释为鱼水情深的共在关系。从社会公意与国家意志的关系来看，在社会舆论中形成的公共意志是国家意志的社会基础，因此政府在行政决策中应当“充分了解民情，广泛听取民意，有效集中民智”，使公众的价值偏好、专家的技术特长与政府部门工作人员的行政经验形成良性互动的关系。[②] 在制定重大行政决策方案的过程中，吸纳公众参与的强度因为收集信息、增强认同或分享决策权的目的差异而存在区别，首先表现在对正式听证程序与非正式意见交流方式的适用范围界定方面。

（一）反思行政决策听证的适用方式与范围

行政听证制度是我国借鉴法治发达的国家吸纳公众参与的经验而构建的规范体系[③]，可以分为行政决定类听证与行政决策类听证，或者称为私益听证与公益听证。行政决策听证、行政立法听证属于公益听证，行政许可听证、行政处罚听证属于私益听证。因为直接关涉行政相对人与相关人的利益，所以行政决

① 王锡锌、章永乐:《我国行政决策模式之转型——从管理主义模式到参与式治理模式》,《法商研究》2010年第5期。

② 游超行：《行政决策科学化的法制保障》，《贵州工业大学学报（社会科学版）》2006年第6期。

③ 例如，《中华人民共和国价格法》（1998年5月1日施行），《行政法规制定程序条例》《规章制定程序条例》（2002年1月1日施行），《中华人民共和国城乡规划法》（2008年1月1日施行）。《中华人民共和国城乡规划法》第二十六条和《中华人民共和国环境影响评价法》第十一条均与《中华人民共和国价格法》第二十三条类似。

定类听证属于私益听证。[①]听证制度的重要特点是围绕争议的焦点问题展开激烈抗辩，因此要求听证当事人做好围绕焦点问题表达个人意见的充分准备，并且对听证主持人的独立、公正地位具有严格的要求。[②]因为听证程序的成本较高，所以启动听证程序的条件相对严格，这使得总量有限但素质较高的听证主持人可以在充分听取当事人意见的基础上，依据“听证案卷排他”的原则独立做出公正的判断。行政案卷包括调查、勘验笔录与听证笔录等多种类型的材料，其中行政决定类案卷应当严格遵循案卷排他原则。行政决策类听证笔录的作用应当受到重视，其中正式听证的笔录应当具有更强的排他效力。[③]对比来看，我国虽然引进了行政听证制度的框架，但在细节安排方面却亏欠较多，不仅未能设置完备的听证主持人制度，而且罔顾公益听证与私益听证在程序严密程度方面的差距所在。

从近年来的行政决策听证制度实践情况来看，形式虚化、空耗帑库的弊端导致该制度的公信度锐减，已经成为我国行政决策听证制度面临危机的重要表现。[④]当听证会徒具虚名，在内容上异化为“专家论证会”“新闻发布会”时，公众的参与热情必然降温，所以通过制度化渠道吸纳公众参与、避免公众异议在制度渠道外大范围淤积的立法目标必然落空。[⑤]若要激活行政决策听证制度的民主参与功能，需要对相关规则进行严格细化，从而避免制度在运行过程中被投机者过度扭曲以致完全走形。以听证代表的遴选为例，听证代表对外宣示的身份可能与其在听证程序中实际表达的观点难以匹配，类似于消费者代表积极赞同涨价的现象在各地的听证实践中屡见不鲜。这就要求听证代表在参加听证程序前书面陈述个人观点，并在听证程序结束后由承办的行政部门以政府信息公开的形式公布听证代表实际表达的观点，以接受公众的舆论监督。[⑥]在反思行政决策听证程序制度是否完善的同时，还要注意行政决策听证制度的适用范围。在多数情况下，网络征求意见、社区座谈、行政调查等形式若能够满足公众低

---

① 兰学洪：《论建立我国行政听证制度的意义和价值分析》，《沈阳农业大学学报（社会科学版）》2009 年第 1 期。

② 刘晓玮、童中贤：《目前我国行政决策听证的缺陷及创新思路》，《四川行政学院学报》2005 年第 5 期。

③ 林明华：《论行政决策听证的法理基础与制度完善》，《厦门特区党校学报》2007 年第 2 期。

④ 例如，2004 年广州召开管道气调价听证会时要征集听证代表 20 人，最初的一周仅 3 人报名；2009 年哈尔滨水价上调听证会，13 名消费者代表中有 12 名代表的身份涉嫌造假。

⑤ 肖北庚：《行政决策听证制度之民主性困境及突围》，《广东社会科学》2010 年第 5 期。

⑥ 饶世权、刘咏梅：《论法治政府建设公众认同视野下公众参加人的代表性——以公共行政决策听证为例》，《西南政法大学学报》2014 年第 2 期。

度参与的需要，那就不必选择成本较高的听证程序来听取公众意见。

（二）丰富公众参与形式与推动决策信息公开

重大行政决策程序是公众制度化参与强度最高的形式，因此其适用范围应当被严格限定。借鉴行政决定类听证的立法思路可以发现，在行政处罚、行政许可程序安排中，普通程序是最常用的程序，听证程序是在双方当事人或利害关系人存在严重分歧的情形下选用的程序。因此，决策承办部门可以“根据不同的目的设计不同的公众参与方法。以获取信息为目的的可以采取公众投票、调查问卷、听证会等方式；以增强政策接受性为目的的可以采取座谈会、讨论会、专家咨询等方式；以协调利益冲突为目的的可以采取听证会、调解会等方式。”[①] 按照学界惯用的正式听证与非正式听证相对应的表述方式，非正式听证只需确保公众意见被及时、充分听取即可，因此可以与行政决策的普通程序与简易程序相对应。正式听证对听取意见的方式做出严格限定，因此成本较高，适用率相对较低。[②] 从国外的公众参与形式来看，政府行政决策行为的威信并非来源于对民众保持警惕与距离的封闭式决策实践，而是来自方便民众表达、交流与获取信息的亲民举动。这种现象对于个别官本位思想严重、静态维稳偏好明显的政府班子组成人员来讲，可谓是“为人民服务”的鲜活的实践教材。

公众参与重大行政决策实践的过程是一个多重利益与价值偏好的发现、权衡与排序、分配的过程。如果出于公共利益需要，而必须选择限制某些私人利益的方案，那么应当根据私人利益是否构成“特别牺牲”的情形，来决定是否需要以灵活的形式给予其必要的补偿。“目前一个被普遍认同的、界定公共利益的趋势是‘无论什么样的公共利益都只有通过私益才能得到证明’。可见，对现实私益的选择和调和，才是更具有现实意义的界定公共利益的方式。”[③] 充分的利益交涉与平衡过程需要以必要的信息公开作为基本条件，否则公众将因为信息的匮乏导致做出错误的判断而妨碍公共利益的实现。只有在信息充足且准确的前提下，公众才可能在公共辩论与利益合法较量的制度平台上，达成多方妥协、

① 杨叶红、刘峰：《重大行政决策中协商民主的困境与突围——以〈湖南省行政程序规定〉的实施为例，《中国井冈山干部学院学报》2010 年第 1 期。

② 桂萍：《重大行政决策之公众参与制度》，苏州大学 2016 年博士学位论文，第 200 页。

③ 黄丽娟：《对我国地方政府行政决策行为的法规范探讨——以公共利益的实现为中心》，《武汉大学学报（哲学社会科学版）》2008 年第 6 期。

互让的协商共识。[①]行政决策信息公开不仅包括公开作为决策结果的静态信息，还包括以恰当的方式适时公开行政决策过程中的重要信息。[②]通过区分事实信息与意见信息、遵循比例原则、采用遮蔽处理方式公开不涉及“三安全一稳定”的信息，监督政府在履行职责与保守国家秘密、商业秘密、个人隐私方面确定恰当的平衡点，使决策信息公开成为推动公众参与制度有序发展的重要动力。

综上所述，现代社会在结构上逐渐分化为相对独立的经济、政治、法律、科技等组织化机制，同时，不同的社会功能系统在作用对象上存在交集，使得立足于某一种系统分析问题所形成的结论，可能存在视域狭隘的局限。“政府重大行政决策法律程序机制中，重大行政决策风险可划分为经济风险、法律风险、环境风险和社会风险等风险类型。”[③]为了有效防范不同领域的风险传递或叠加，就有必要在行政决策的讨论环节吸纳专家与公众提出的意见和建议。就公众参与的形式而言，为了使兴趣与关切程度不同的利益相关者均能够以较低的成本有效地表达意见，政府应当设置不同的程序参与机制来充分听取民意、集中民智。

三、增强合法性审查与责任追究制度的有效性

专家参与论证决策可行性与评估风险可以增强重大行政决策的技术可行性。合法性审查与责任追究制度可以确保专家与政府官员以严谨负责的态度开展相关工作。“决策民主化能够带动决策的科学化及合法化。”[④]按照合情、合理、合法的复合式分析框架，公众参与是从价值偏好摄取的角度确保决策合情，专家咨询论证与评估是从科学技术的角度确保决策合理，合法性审查则主要确保政府在法治的框架内履行职责、行使职权。

① 夏金莱：《论行政决策公开——从公众参与行政决策的视角》，《河南财经政法大学学报》2014 年第 4 期。

② 2017 年 6 月 6 日，国务院法制办公室公布《政府信息公开条例》修订草案的征求意见稿，其中包括行政决策过程信息公开的内容。

③ 童彬：《政府重大行政决策程序法律制度研究》，《社会科学家》2017 年第 9 期。

④ 王隆文：《对地方政府重大行政决策合法性的解读——基于成都市机动车“尾号限行”政策的个案分析》，《成都理工大学学报（社会科学版）》2013 年第 5 期。

（一）发挥法律顾问在合法性审查环节的作用

在重大行政决策可行性评估与合法性审查环节，需要考虑对立面的设置方式问题。通过存在分歧的双方对决策可行性与合法性的反复论证，可以最大限度地满足公众参与的民主价值诉求。由于各环节的任务侧重不同，合法性审查的重点仅在于对形式合法性的审查。“合法性审查只对决策主体的职权、程序、内容、依据等方面是否合法进行审查，不对决策的合理性进行审查。合理性、科学性、可行性审查任务应当在公众参与和专家论证程序中完成。”[①] 对于合法性审查的主体，存在由政府决策承办部门——法制机构、本级政府法制部门或上级政府法制部门负责等三种观点。承办部门的法制机构所做的工作属于对决策建议方案的合法性论证，因此不同于从检验角度进行审视的合法性审查。如果重大行政决策由本级政府做出，那么由本级政府法制部门负责合法性审查更为妥当。因为上级政府的法制部门可能会受理相关的行政复议案件，所以为避免角色冲突就不宜由上级政府法制部门负责合法性审查。

针对本级政府法制部门人力有限及地位相对较低的问题，可以采取借用法律顾问的力量成立重大行政决策合法性审查委员会的方式来解决。“2015 年 12 月，潍坊市出台的《市政府重大行政决策合法性审查办法（试行）》就率先规定在市政府设立重大行政决策合法性审查委员会来处理重大行政决策合法性审查业务。”[②] 合法性审查委员会可以将法律顾问的职能定位于质疑决策承办部门合法性论证方案的疏漏，从而形成时序上的两造对立格局，增强合法性审查的强度与有效性。“政府法律顾问参与重大决策合法性审查的实践效果明显。例如深圳市充分发挥了政府法律顾问的作用，将政府重大决策行为导入合法性审查轨道，有效地减少了决策错误和不合法的行政行为，并因此获评第三届法治政府奖。”[③] 在法律顾问团的组建方面，以地级市为例，可以采取抽选各政府部门的法律顾问作为顾问团成员的做法。在确定具体决策建议方案的合法性审查人员时，可以按照承办部门法律顾问回避的原则，确定三名以上的单数人员分别独立完成合法性审查工作。[④] 正如东汉王充在《论衡·案书》中所言：“两刃相割，利钝乃

① 杨叶红：《重大行政决策合法性审查制度的梳理与展望——以湖南省的实践为例》，《湖湘论坛》2017 年第 3 期。

② 农云贵：《重大行政决策合法性审查制度的困境与重构》，《中共南宁市委党校学报》2016 年第 5 期。

③ 宋智敏：《论重大行政决策合法性审查机制的完善》，《江西社会科学》2016 年第 5 期。

④ 吴峰、周连勇：《地方政府重大行政决策合法性审查主体改革——以政府法律顾问制度为背景》，《江苏警官学院学报》2017 年第 1 期。

知；二论相订，是非乃见。”法律顾问之间相互讨论达成的共识可以最大限度地弥补承办部门在决策草案合法性论证思路上存在的疏漏，从而有效防范与化解决策实施过程中可能遭遇的法律风险。

（二）明确区分不同类型的行政决策责任

对行政决策进行问责的行为在性质上属于对风险的分散与平衡行为。行政决策在实施过程中可能发生各种类型的风险，及时有效的问责意味着参与行政决策的人员要对可能发生的风险进行均衡分担，因此行政决策问责会对相关人员的行为选择产生引导与规范作用。从结果导向的立场来看，行政决策问责是为了达到“惩前毖后、治病救人”的目标，但目前在国内此类案例比较少见。因为人大决策、党委决策与行政决策的区分仍旧需要具有普适性的法律制度加以限定，否则可能发生行政机关领导代替其他机关或组织领导承担责任的现象，从而严重损害行政机关领导的工作积极性。从过程导向来看，行政决策问责意味着行政机关领导在决策的每一个程序环节都能够明晰个人的职责，从而做出符合职责要求的行为选择，避免事后发生行政不作为或乱作为的渎职或滥用职权现象。对比来看，过程导向的行政决策问责更需关注，其有利于推动服务型政府与责任型政府建设。在“党委建议—人大审议—政府落实”的党政关系模式下，区分党委的领导、统率作用与政府的贯彻、实施职能，是完善行政决策问责制的关键所在。行政决策的合法性审查环节，是区分党委决策与行政决策的重要节点。因为按照依法行政的要求，政府为贯彻、落实党委决策所选择的行动方案，应当不违反法律、法规的规定，所以即使政府的领导班子成员以党员身份参与了党委决策，也不能因此推卸其在确保政府依法行政方面的职责。党委决策问责、人大决策问责与行政决策问责的主要区别体现在，行政决策问责是从方案确定到贯彻执行的全流程问责，能够对行政机关依法落实行政决策行为产生约束与监督作用，因此公众参与监督的空间与时间最为充裕。以往的实践曾经引发关于行政首长代替党委领导受过的讨论。尽管角色的重叠可能导致权责性质混淆的问题，但只要党委内部职责分工明确，行政首长坚持依法行政，就可以通过可行性论证、合法性审查等程序环节的设置，实现有效区分不同性质责任的目标。

重大行政决策责任包括道德责任、纪律责任、政治责任、法律责任四种类型。道德责任通过社会舆论评价与个人良知自谴的形式发挥作用；纪律责任通过行政机关系统内部组织与工作规则发挥作用；政治责任是对政府领导班子组成人员进行惩戒与约束的责任形式；法律责任表现为个体违反法律规定的职责与义务后由国家强制力施加的不利后果。“一般而言，法律责任对应的是决策的合法性问题，政治责任对应的是决策的合理性问题，道德责任对应的是决策的伦理性问题。”① 纪律责任也可以称为内部行政责任，可以表现为责令限期整改、责令道歉、通报批评、取消评比先进资格等形式，不同于作为法律责任的外部行政责任。“正确理解和执行重大行政决策终身责任追究制度，应当在法定追诉时效内追究决策责任主体的刑事责任和外部行政责任，同时完善内部行政责任和政治责任的终身追究机制。”② 即使决策责任人调任或退休，监察部门在理论上也可以通过向主管部门提出处理建议或扣减退休金、降低职级待遇等方式追究相应的内部行政责任③，以维护行政组织与工作纪律的严肃性。

政治责任主要由人大与执政党进行追究，以人大对任命的政府官员追究政治责任为主，以政党内部的组织规则为辅，可以逐渐理顺相关的基本政治制度脉络。④ 政治责任与道德责任分别从国家政治与社会舆论的层面惩戒重大行政决策过错或失误的行为人，其中部分重要的政治责任与道德责任可能被立法吸纳从而转换为法律责任。⑤ 在法律问责不成立的条件下，究责主体仍然可以依据权限启动政治问责，也可以利用舆论媒介发起道德谴责。当然，过度追究责任可能导致行政官员止步不前，也会影响政府职能的实现⑥，所以根据国情确定政治责任、道德责任及法律责任的合理限度就显得极为必要。⑦ 为了避免不规范的追责行为导致的滥用权力甚至变相迫害的现象出现，完善行政救济制度与构建司法救济制度，可以使被问责人的基本权利依法得到保障。

---

① 张倩：《重大行政决策追责的相关法律问题探析》，《中州学刊》2016 年第 8 期。

② 夏金莱：《重大行政决策终身责任追究制度研究——基于行政法学的视角》，《法学评论》2015 年第 4 期。

③ 例如，监察部〔2001〕3 号文件《关于对犯错误的已退休国家公务员追究行政纪律责任若干问题的通知》规定，可以通过管制退休金的方式来实现对犯错误的退休国家公务员追究行政纪律责任。

④ 周叶中：《论重大行政决策问责机制的构建》，《广东社会科学》2015 年第 2 期。

⑤ 王义国：《重大行政决策责任追究制度研究》，《山东行政学院学报》2017 年第 2 期。

⑥ 2006 年 3 月 20 日深圳市出台的《深圳经济特区改革创新促进条例》规定，凡满足改革创新方案制定和实施程序符合有关规定，个人和所在单位没有牟取私利，未与其他单位或者个人恶意串通、损害公共利益三个条件之一的，如改革创新工作未达到预期效果，将予以免责。

⑦ 类延村、张圳：《重大行政决策终身追责制中的“双轨救济制”研究》，《河南工程学院学报（社会科学版）》2016 年第 4 期。

构建行政决策问责机制首先是为了“防患于未然”，因此构建风险评估工作机制具有降低风险发生概率的积极效用。在社会转型期、经济下行期与改革胶着期重合的社会条件下，社会稳定风险是行政机关最为关注的风险类型。从技术方法层面来看，科学的社会稳定风险评估方法能够帮助行政机关有效预防风险发生。在重视风险评估方法之外，还应当对风险评估结果的应对措施做出严格的规定，从而确保风险评估工作能够最大限度地发挥实际作用。如果仅靠体制内人员开展风险评估工作，难免遭遇“走过场”的形式主义局限。这不仅是因为风险类型的多样性给评估工作带来巨大困难，而且具体的评估工作可能受制于政府各部门分工不合理导致的“条块分割”与“争权诿责”现象。中立的第三方评估模式能够体现出相对优势，可以成为政府购买公共服务的重要内容。如果考虑到实施的难度，可以尝试从决策实施后的评估着手来积累经验。在决策风险评估环节首先设置“异议—复核”制度，使公众能够在行政决策内容公示期间发挥监督、制衡作用。依据法治原理与正当程序理念的要求对社会稳定风险评估制度进行改造，从注重组织内部力量集成的“体制化”状态向侧重协商治理模式的“法治化”状态过渡，这样才能及时突破自我封闭的“体制化”逻辑约束，确保动态稳定目标的顺利实现。总体而言，各地政府在社会稳定风险评估的制度建设方面还有很大的提升空间。无论是行政决策中的风险评估还是行政决策后的实施情况评估，都是为了及时发现并预防风险，因此能够督促行政机关积极、稳妥地履行职责。按照正当程序来完善风险评估工作可以最大限度地降低评估成本、提高评估收益，所以这项制度应该是对重大行政决策进行程序化规制的重要着力点。

综上所述，对政府权力的充分监督是社会与政府良性互动的必然表现。在监督言论可以顺畅表达，同时对问责的主体、对象、原则、要件、程序、责任形式及减免责任的情形做出完备规定的条件下，政府才能充分履行作为公共利益或然代表者的相应职责。“制度规范效力的发挥并非仅仅取决于规范本身是否合理，从终极意义上来讲更多地在于规范所具有的对违反它所必须承担不利后果的规定。”[①] 合法性审查是政府自律规制的重要方式，而责任追究制度的健全则是社会力量参与监督政府官员行动的必要条件。在组织、程序法制逐渐完备的形势下，政党与政府的内部纪律监督、人大的民主监督可以在司法监督的配合

① 江国华、梅扬：《地方行政决策程序立法的考察与评估》，《湖北社会科学》2017 年第 4 期。

下，推动行政决策行为法治化的目标尽快实现。

总而言之，重大行政决策的合情、合理、合法需要民主参与、科学论证与合法性审查制度的支持。在政府内部决策流程中，加强会议制度、档案制度的建设，能够促使合理的分工安排得到有效的落实。在专家评估方面，利害关系声明、专业素养声明、同行匿名评审制度与职业伦理自治的纪律约束，可以确保专家的中立性与专业水平得到最大限度的展现。在公众参与方面，可以根据利害关系的紧密程度设置不同的参与方式，例如为直接利害关系者提供申请参与听证的机会，为间接利害关系者提供委托社团代表传达观点的机会，为关心公益的普通公众提供在网络上参与讨论的外围参与机会。从过程的视角来看，上述所有制度安排都需要借助正当程序的设计来贯彻落实，因此在具体制度的创设与完善过程中务必遵循“利害关系回避”与“兼听两造观点”的基本要求。

以权力运行机制自我构建为目标的体制化，不同于以权力监督、制衡权力为目标的法治化。有效规制重大行政决策行为可以先选择体制化的路径来清除法治建设的障碍，但终究要走上权利与权力互动的协同治理道路，使民主与法治建设成为推动国家政治制度不断健全完善的重要推力。从主体间性的角度来看，政府与专家、公众在重大行政决策的创制过程中都具有不可替代的独特作用，所以在合理限定重大行政决策范围的条件下，逐渐丰富公众参与的程序机制，通过引入同行匿名评议，同时开展双向评估等方式来有效估测经济、技术、法律与社会风险，并配备周全的责任追究制度来防范官员滥用职权、牟取私利。这样必然能够巩固重大行政决策行为法治化建设的成果，使服务型政府、责任型政府的施政举措切实满足公众自由、全面发展的需要。

城镇化建设中的法治着力点[①]

摘　要：从政府主导的城镇化建设模式向政府提供服务、市场与社会发挥能动作用的模式转变，是支持城镇化发展的必要条件。政府与市场、社会的力量，需要在民主、法治的框架内进行有效博弈。通过民主机制的建设促进利益分配机制的公平化，保障农民与农民工的权利平等与机会平等，按照法治方式推动服务型政府建设，提升农村居民的社区自治水平，在城乡规划制定与环境保护工作中有效吸纳公众参与，探索综合执法力量向乡镇、街道倾斜配置的方式，构建多元化的纠纷解决机制，是实现城乡一体化发展目标的基本要求和有效路径。

关键词：城乡规划；环境保护；综合执法；农民权利；社区自治

城镇化是一个伴随经济要素集聚而发生的就业方式转换、生活方式变革的人造空间景观演进过程。从时间维度来看，作为现代化的子议题，人口城镇化与经济工业化、通信数据化、思想多元化、政治民主化、规则法治化等过程交错共存。城镇化建设中的法治任务，是转型中国法治建设任务的缩影。发达国家的城镇化建设总体经历了从重视物质空间改造到关注人本需求，从追求经济繁荣到关注社会等多元功能目标，从关注短期效益到强调可持续发展的过程。中国的城镇化过程就是中国从农耕文明社会向工商文明社会转型的过程，同样也是中国走向现代社会与融入全球社会的过程。“诺贝尔经济学奖获得者约瑟夫·斯蒂格利茨曾指出：未来对世界经济起重大影响的两大因素是美国的高技术

① 本文初稿发表于《北大法律信息网文萃（2017—2018）》，北京大学出版社2018年版，第185—200页。此为删改稿。

产业和当代中国的城镇化。”[1]中国作为人口众多、地域辽阔的发展中大国具有承接国际产业布局转移任务的需要和条件，所以国内的城镇化建设不仅成为带动海量人口流动迁徙的社会现象，也成为关系当代世界可持续发展的重要经济现象。因此，从梳理城镇化概念的内涵着手，把握城镇化建设的重点任务，认清城镇化建设的前进方向，具有重要的实践意义。

一、对城镇化内涵的多维解读

作为地域综合体重要表现形式的城镇，其在空间上的景观特征与功能上的要素集聚特征，是社会生产与生活关系的直接体现。城镇化概念是中国学者基于西方的城市化概念提出的，是适合中国语境的表述符号。“改革开放之初，地理学家总结新中国成立以来城市化过程中的经验和教训，借鉴国际城市化发展的有益经验，在国内率先研究中国的城市化。”[2]部分学者认为基于中国以农耕文明为主导的现实国情，不宜倡导城市化，而应当使用城镇化的概念来指称向工商文明过渡阶段的相关现象。“经济学家认为，城镇化是区域经济发展到一定阶段的产物，是人类生产活动从农业向非农业转换，生产要素向城镇流动集聚的过程。”[3]总而言之，城镇化是在特定地域空间内，同质的生活共同体逐渐接纳外来人群，共同参与各项社会活动，从而逐渐演化为依靠共同规则整合秩序的异质生活共同体，使空间景观的转换与人文氛围的调适可以相互促进的社会文明发展过程。

（一）空间景观视角的城镇化

在自然经济向产业经济发展的过程中，人类社会的生产机制经历了简单分工到精细化分工的演变过程。为生产者提供附加服务的人群逐渐扩大后，社会的商贸交换机制逐渐变得复杂而富有张力。城镇就是社会分工细化的历史过程中形成的人造空间。

---

① 邬志辉、姜超：《人的城镇化：内涵、要素与教育能为》，《当代教育与文化》2014 年第 5 期。

② 徐素云、马友华、张贵友等：《生态文明建设与新型城镇化关系研究》，《环境与发展》2015 年第 4 期。

③ 叶忠海、张永、马丽华等：《新型城镇化与社区教育发展研究》，《开放教育研究》2014 年第 4 期。

1. 立足于都市圈的城镇化

“十二五”规划中就已提出，“新型城镇化应选择以大城市为依托、以城市群为主体形态的大中小城市和小城镇协调发展的集中模式”。这是尊重国情的必然选择，因为少数大城市的超前发展是在过度汲取大城市以外地区发展资源的基础上形成的。城镇化建设除了要拓宽内挖潜力的视角，还要注重外部联合的可能，各地政府应当依托城市群大环境与城镇体系小环境的支持，实现有效推动本地经济、社会发展的目标。“在我国东部沿海经济发达地区，已经形成了一些经济、社会、环境关联紧密、相互影响和依存的城镇群。”[①] 作为社群生产、生活方式演变与人口迁徙、聚居行为交互作用的过程，城镇化表现为经济、文化、生态、政治等社会亚系统持续调整、融通的过程，必然对个体素质与社会制度产生适应性压力。

2. 促进城乡融合的双向城镇化

如果能够因地制宜地开拓农村就地社区化的路径，那么就可以加速城乡一体化的新型城镇化进程。“在农村起步，从建设农民的家园，改善其生活及其生存环境入手，让农村逐步向城镇化迈进，实现城乡一体化。”[②] 新中国成立以后对城市的倾斜扶持政策，使得农村的公共设施配套程度、公共服务水平明显落后于城市，这虽然是时代条件制约使然，但并不利于可持续发展和社会公平目标的实现。通过民主机制的建设促进利益分配机制的公平化，保障农民与农民工的权利平等与机会平等，提升农村居民的社区自治水平，有效吸纳公众参与，构建多元化的纠纷解决机制，是实现城乡一体化发展目标的基本要求和有效路径。

（二）现代文明视角的城镇化

在城镇化的发展历程中，社会宏观结构从阶层区隔向系统分治变化，使得同质阶层对城市空间的优势占有局面演变为异质主体在城市空间内借助程序化的法律制度交涉、博弈的情境，使得社会文化的内核从谋略型、“强者通吃”的文化习俗，转变为契约型、交往互惠的文化习俗。政府与民众之间的关系从权力掌控者主导转换为民众通过个人自助、联合行使权利与组织化行使权利两种

① 薛艳杰：《深度城镇化内涵特征及实现路径思考》，《城市》2013 年第 1 期。

② 潘屹：《可持续的城市化：内涵、路径和政策》，《社会发展研究》2016 年第 2 期。

方式互补的状态。所以在城乡规划、城市治理、福利保障等行动领域需要给公众预留发挥参与作用的空间。

1. 善用科技成果的智慧城镇化

从人本城镇化的目标来看，公共服务质量、公民权利保障水平是政府职责设置与履行状况的直观反映。在市场领域对税赋水平的合理调控、对平等竞争秩序的有力保障，在社会领域对教育、卫生等关涉民生的问题的妥善解决，在生态方面对自然资源的合理使用、对环境质量的大力保障，在政治方面对行政决策公众参与、问责制度法治化等问题的处理，都关系到城镇化建设的进度与水平。在依靠制度统一公共服务标准的前提下，充分利用市场机制与科学技术优化资源配置，具有重要的意义。信息通信技术能够通过对海量信息的收集与分析形成科学的结论，为公共服务规划的制定提供可靠的依据。部分地区利用GIS技术对公共设施布局进行规划的经验，值得其他地区借鉴。例如，在保障房建设方面，“充分利用GIS工具和空间分析相关方法，发挥其在空间数据管理、分析和可视化表达上的优势，是未来大规模保障性住房解决空间选址、布局问题的重要途径”[①]。若放任优势群体垄断资源配置与调整的决策权力，可能造成制度上较少受惠的弱势群体的权利贫困、机会贫困、能力贫困，激化贫富差距现象触发的社会矛盾。

2. 强化环保力度的绿色城镇化

城镇化建设过程的多维性使得关于经济、人口、空间等维度的城镇化指标，因为易于观察而较早地被使用。直到土地城镇化、政府主导型城镇化发展到瓶颈阶段时，城镇化测评指标体系才开始更多地关注公共服务、文化传承、生态环境等直接关涉生活质量的指标。生态文明建设的迫切性对综合编制和落实城镇发展规划提出了现实要求。政府应当依法“加强治理污染物的基础设施建设，提高废水、废气及垃圾处理效率，加大对市政设施的改造力度，着力发展环保型产业，吸引农村人口向城镇聚集”[②]。发达的城镇化不只表现为优良的物质形态，更表现为良性运行的城镇文化系统。法治认同与城镇文化系统有机结合的切入点，即在于公众参与程序的构建，依赖于公民联合行使权利、通过组织代

① 张祚、陈昆仑：《城市大规模保障性住房空间决策——相关问题与研究综述》，《湖北大学学报（哲学社会科学版）》2016年第1期。

② 罗超平、周子琳：《城镇化“新型”的内涵与现实评价——以重庆为例》，《西南大学学报（自然科学版）》2016年第2期。

表个体行使权利的现实可能。虽然在加强环境保护方面，吸纳公众参与会对政府的决策与执行惯例造成冲击，但在预防矛盾爆发与被动应付问题之间，政府显然应当选择前者。随着社会阶层间贫富差距的加大，中下层会对未从社会财富增长的溢出效应中获益，反而直接承受环境污染损害的后果，产生强烈的不满情绪，从而可能导致社会矛盾的升级。因此，“政府应加大对生活垃圾无害化处理、污水处理等环境设施建设的投入力度，改善城市卫生环境，提升水质”[①]。如果普通公民无法获得作为异质共同体成员参与营构城镇化生活空间的机会，那么在这一空间从事生产与交往活动的过程中，某一类群体就可能遭遇在制度上最少受惠、在空间中需要付出更多精力与成本的窘境。只有通过法律程序规制官方恣意行为的空间，才能使其作为或然的公共利益代表者恪守职责，才能守护与扩充空间正义，进而发展空间正义。

虽然由于地理、气候和资源条件的差异，各地的城镇化建设会形成不同的特色，但总体而言，人们能够归纳出一些共有的特征，作为指导城镇化建设的样本。“城镇化的内涵主要包括人口城镇化、地域城镇化、经济活动城镇化、生活方式城镇化四个方面。”[②]当前，各地政府大力扶持的特色小镇，就是按照小而精的思路选取各种要素协调程度高的发展路径所形成的经济、社会发展亮点。政府应当“以中小城市和小城镇尤其是中心城镇为载体，推动产业的聚集，通过改革、改制、改造，极大地激活各个层面的积极因素，强化城镇的聚集效应和辐射带动力”[③]。尽管如此，政府仍旧需要警惕计划经济体制的惯性、行政主导的政权组织架构、精英独断的文化心理影响，防止强力推进的城镇化建设运动，借助宣传渠道的垄断性支持，获得必需的正面评价效应，造成公共利益的严重损害。由于东、中、西及东北地区的情况各异，政府只有根据各地经济、社会发展的条件，设定合理的城镇化发展目标，才能避免资源浪费，取得预期的经济、社会、政治和文化效果。

二、城镇化建设中的治理方式问题

从城乡一体化的立场看待城镇化发展的布局问题，就需要在全局的规划指

① 韩振燕、王珏：《新常态下新型城镇化指标体系构建——以江苏省南京市为例》，《商业经济研究》2016 年第 8 期。
② 王修达、王鹏翔：《国内外关于城镇化水平的衡量标准》，《北京农业职业学院学报》2012 年第 1 期。
③ 喻卫斌：《企业聚集与城镇化》，《郑州轻工业学院学报（社会科学版）》2005 年第 1 期。

导方案中区分各地的功能特色，以都市圈内部的分工为基础，确定程序化的经济、社会发展目标。“要不断地优化大城市的发展，加快中小城市和重点小城镇的基础设施建设，积极构建以特大和大城市—中等城市—小城市（包括县城）—小城镇—农村新型社会为框架的城镇等级体系。”[①] 这就需要从城镇化建设的财政、决策、执行与救济机制等多方面加以改革完善，通过开拓程序化制度渠道的方式吸纳公众参与，保障行政相对人的合法权益，从而实现公平、和谐发展的目标。

（一）完善乡镇综合行政执法机制

如果从系统论的视角看待城镇化的过程，就需要重视经济系统、社会系统与环境系统之间的协同程度。“要实现可持续的社会和经济发展及环境生态保护，就要求在城镇化发展的过程中注重可持续发展的问题，主要包括经济增长性、社会包容性、环境可持续性。”[②] 坚持城乡一体化的立场，加强对农民和农民工的职业培训，平等地配置城乡居民应当享有的公共服务资源，这样才能促进城镇化建设的公平目标实现。同时，要理顺各级政府之间的财权与事权关系，从工作机制方面为推进城镇化建设创造条件。

在创设乡镇综合执法机构的过程中，需要尽量在现行组织体制和法律规定的运作空间内进行试点。“根据 1995 年修订的《中华人民共和国地方各级人民代表大会和地方各级人民政府组织法》，从现行体制运行的实际状况来看，我国基层的行政执法权基本上是以县一级政府为主体，乡镇政府没有足够的行政决策、执法权。”[③] 部分地区进行委托执法试点的做法，需要考虑到法律授权依据不足的客观限制。除了委托执法模式之外，另一种模式更值得关注，即借鉴总队—支队—大队—中队的建制思路设立派出机构的模式，在地级市成立综合执法支队，在市区成立综合执法大队，在部分规模较大的乡镇设立综合执法大队的派出机构。“市级综合执法机构主要职能应为监督指导、政策研究和重大活动协调；县（区）级综合执法机构是执法的主力。为了充分发挥不同层级综合执法机构的不同作用，以及贯彻责权一致的原则，市、县（区）两级的综合执法机构

① 段进军、殷悦：《多维视角下的新型城镇化内涵解读》，《苏州大学学报（哲学社会科学版）》2014 年第 5 期。

② 刘密霞、丁艺：《可持续城镇化与信息化协调发展研究》，《科技管理研究》2015 年第 1 期。

③ 王新林、李洁：《安徽省扩权强镇的背景、困境及对策》，《安徽理工大学学报（社会科学版）》2011 年第 1 期。

都应该具有执法主体资格。”[①] 在派出机构模式下，可以借鉴实践中的合理经验，按照综合执法小组的模式提高乡镇综合执法队伍的分工明确性和机动灵活性。“组建镇综合行政执法队伍，按照行政执法事务不同划分为公共安全监管小组、市场秩序监管小组、人口资源环境监管小组等。”[②] 因为县级政府与乡镇政府之间财权和事权的调整，涉及范围广泛，不易迅速取得改革成效，所以尊重乡镇政府财权有限的现实境况，采用县级综合执法机构在乡镇、街道设置派出机构的模式，更容易达到执法力量下沉和避免机构膨胀的双重目标。

（二）引导公众参与编制城乡规划工作

除了加强公众参与之外，为确保某一都市圈内不同城镇的规划之间相互协调，加强政府间合作机制的构建是迫切需要推进的工作。“新型城镇化客观上要求不同层级的政府必须从传统的幕后竞争走向当代的台前合作，建立府际合作的规则与协商机制、政府利益与公共利益融合机制、公共问责与监督机制、干部晋升激励与生态补偿机制。”[③] 目前各行政区划之间的合作协议缺乏必要的约束力，也没有独立的司法机构负责裁判由此引发的纠纷。“区域间的规划无法可依，造成规划混乱、地方保护主义泛滥、府际协调困难，使经济建设与土地利用之间的矛盾突出。”[④] 因此，需要从制度层面构建政府间合作的相关机制，实现节省财政成本、减少资源消耗和提高整体公共服务水平与公众满意度的目标。

城乡规划是利益平衡的产物，而不是单纯技术工作的结果，更不能被简单理解为政府意志的体现。空间资源的分配是空间正义、发展正义的重要议题，公众的意见应当被平等地倾听。在城镇化建设过程中，需要注重吸纳公众参与城乡规划的制定，并监督城乡规划的落实和变更情况。在吸纳公众参与的实践中，发挥职业群体的专业特长是避免无效参与的重要方法。“在西方，规划已从‘蓝图式’实质性规划逐步转变为‘过程中’规划，城市规划师也并非仅扮演有一技之长的专业人员角色，而是逐渐转变为在公共事务中扮演汇集群众意见和

① 钟芳：《相对集中行政处罚权向乡镇的拓展》，《江南大学学报（人文社会科学版）》2009 年第 2 期。

② 李文庆、张锋：《经济发达镇综合行政执法问题探析》，《机构与行政》2015 年第 4 期。

③ 郭彩琴、卓成霞：《困境与创新：新型城镇化推进中的府际合作》，载胡玉鸿：《城镇化与城乡治理——中国特色城镇化研究报告 2013》，苏州大学出版社 2014 年版，第 43 页。

④ 丁开杰：《依法推进新型城镇化建设》，《中国特色社会主义研究》2015 年第 3 期。

协调不同利益团体的角色。”[①] 由于城乡规划对功能区的设定直接影响某一地块的商业价值，在相关地块上生活的居民需要通过民主参与的方式来表达意见、维护合法权益。程序法治为政府行动设置了运行的价值边界，并能对权力配置的结构进行柔性调整，使得不同权力之间产生相互约束的作用，从而为公民权利与政府权力之间的合理平衡夯实基础。程序法治能够容纳不同的利益诉求，形成价值共识，具有鼓励信息公开、公众参与和理性交涉的特点，因此能够保障参与者的平等地位，帮助参与者实现依法获得公力支持与救济的目标。

在政府的行政活动中为人民提供民主参与的程序机会，能够有效维护个案公平，促进社会公正。民主参与的程序安排不是要取代精英的作用，而是为了制约精英做出腐败选择的现象蔓延。法律程序是异质共同体成员依据共同规则展开利益较量的制度前提。在程序交涉的过程中，参与各方提出各自的利益诉求，进而通过论辩形成对纠纷解决方案的共识。例如，在行政决策与城乡规划的制定过程中，应当考虑的内容包括以征集相关建议为目的的行政目标的预先公布，以吸纳利益诉求为目的决策讨论稿与规划备选方案的公示，以及在发生利益冲突时对听证内容及相关理由的公开。只有政府和有利害关系的个人在互动博弈、交涉妥协中反思各自的诉求和主张，在不断的试错和协调中做出各自理性的回应，才能使城镇化成为真正的互动善治过程。

三、城镇化建设中的公民权利保障与自治

由于我国在管理土地资源配置的实践中，最初形成的是近乎全面冻结农民土地权利中的基本权能的模式，随着改革开放的推进，开始逐渐解冻农民在土地权利上的权能，形成了以家庭联产承包责任制为基础、统分结合的双层经营体制，进而在市场经济逐渐发展的社会条件支持下，在《中华人民共和国物权法》中尝试赋予了农民更加平等的土地使用权能。“当前的集体土地所有权改良思路仍具有相当的现实合理性。在非周延性的社会保障条件下，农民需要身份性权利作为生存利益保障的最终依赖。”[②] 按照城镇拉力、乡村推力与过渡阻力共

① 孙莉：中国城镇化的政府推进与程序控制，胡玉鸿：《新型城镇化：中国特色城镇化研究报告 2012》，苏州大学出版社 2014 年版，第 32 页。

② 闫艳、陶钟太朗：《城乡一体与集体土地所有权变迁趋势研究》，《兰州大学学报（社会科学版）》2016 年第 2 期。

同决定城镇化进程速率的观点进行分析，对农民工权利给予平等保障的直接作用，在于化解农村居民融入城镇的阻力。农民工阶层“候鸟式”的迁徙流动，是政府在城镇化建设中采取“经济领域纳入，社会领域拒绝”的政策导致的必然结果。如果承认经济政策应以效率优先、社会政策应以公平为先的常识判断其所具有的合理性，就必须改变漠视农民工与农民权益的政策惯性。

（一）保障权利平等与机会平等

相对于一次性货币安置补偿而言，江浙地区采用集体经济组织入股的方式分享土地开发收益的办法，具有保证农民获得持续性收入的可能。“以股权为土地征收的补偿方式，应当设定某些条件。它只能适用于建设项目以公司化运营的情形。”[①] 如果说股权补偿是依赖项目运营商的绩效，那么优先开发权则是将项目运营权保留给农村集体经济组织。浙江省一些县市为提高集体经济组织的收益能力，允许集体经济组织自建农贸市场或出租商铺楼宇，解决了集体经济组织失去耕地后收益能力弱化的问题，是促进农民共同富裕的有效方式。

1. 宅基地有限流转的“双轨制”权利安排

出于耕地保护红线和粮食安全的考虑，目前政府更希望通过利用城乡建设用地指标“增减挂钩”的政策，对集体建设用地进行征收。因为集体建设用地中的公共用地有限，所以宅基地就成为政府、企业、房产开发商等各方的目标。针对目前农村出现的“空心村”“一户多宅”现象，需要探索既有利于市场发挥作用，又能保证社会公平的宅基地流转方式。有研究者提出了“双轨制”的解决方案：“对于因继承、购买等原因而取得农村宅基地（使用权）的城市居民实行有偿、有期限使用规则。对于超出‘一户一宅’标准利用农村宅基地（使用权）的农民，也应适用有偿、有期限使用规则，但该规则仅适用于其超标使用的农村宅基地（使用权）部分。”[②] 从宅基地制度改革的前景来看，对宅基地的限定流转、有偿收回、付费使用、分类流转等的探索，是公平、高效利用宅基地的必然要求。

2. 发展以小微贷款为基础的普惠金融

金融服务就像是实体经济的“营养液”。改革开放以来，农村金融服务机构

① 叶必丰：《城镇化中土地征收补偿的平等原则》，《中国法学》2014 年第 3 期。

② 刘广明：《“双轨”运行：城镇化进程中农村宅基地（使用权）制度解困的可行解》，《法学论坛》2014 年第 2 期。

并未有效发挥服务农业经济发展的作用，特别是近年来其逐渐演变为吸收农民存款向城市地区供应贷款的服务机构。这个问题已经受到各界的重视，因此发展普惠金融、创新小额信贷调查技术、发展信用户与信用村等创新举措得到了管理机构的高度肯定。在四川南充市仪陇县张爷庙村资金互助社、河南兰考县贺庄村资金互助社与广东中山小榄村镇银行、内蒙古克什克腾旗农银村镇银行、浙江江山市农村合作银行等金融服务机构探索经验的基础上，农户联保贷款、农户小额信用贷款、微小企业贷款等小额信贷业务的有序发展，为以贷款技术和信用制度为前提的替代抵押担保贷款模式创造了发展机遇。提升信贷可得性，能够为农村扶贫工作的开展提供重要推力。[①] 在商业金融机构缺乏发放信用贷款积极性的条件下，农村合作金融坚持“成员封闭、业务封闭、不对外吸储放贷、不支付固定回报、社区性”等监管要求，就有可能保持较强的自控能力，为乡村振兴提供必要的金融服务。除了能够为农村经营户提供小额贷款服务之外，发展农业保险还能帮助农民避免因灾致贫的情况发生，具有极为重要的意义。“单个农民在生产经营中抵抗风险的能力较弱，但是通过参加农业保险、支付一定的保费，可以将风险转移给保险公司，在出现灾害损失的情况下，损失可由被保险人分摊。作为事前防范风险的制度，农业保险使农民避免了因灾致贫情况，有利于恢复农业生产，减缓灾害对农业的影响。”[②] 在扶贫工作方面，除了靠社会保障、行政救助、制度兜底之外，商业保险可以发挥重要的补充作用。通过适度补贴的方式鼓励生产经营户参加农业保险，可以合理分摊被保险人的损失，为农业生产平稳、有序开展创造必要条件。

（二）提升城乡居民的自治能力

城镇化是一定地域空间内的人群参与构建活动空间与秩序的文明进程。民事主体之间的交易、政府在行政活动中与相对人的平等交涉、财政收支议决、政府组成人员的选举、城乡规划对空间资源的公平分配等一系列行动，都体现出享有权利的法律主体参与城镇物理与人文景观营造过程的主动性。这一系列行动的人本价值色彩需要法律规范提供的行为标准予以维护。

---

① 严谷军、何嗣江等：《统筹城乡发展背景下农村新型金融组织创新研究》，浙江大学出版社 2014 年版，第 225 页。
② 李杨、叶蓁蓁：《中国普惠金融创新报告（2018）》，社会科学文献出版社 2018 年版，第 137 页。

1. 推动农村集体经济组织股份化改革

目前，征收农村集体土地并不需要经过村民代表大会民主表决程序的审议，只需要经过以农村集体经济组织为名、实际由村委会成员发挥作用的机制加以决定。这导致村委会与地方政府可能做出损害村民利益的行为选择。农村集体经济组织是人民公社化运动的产物，在实际运行中由村委会成员负责代表村集体进行决策。乡镇政府在村委会成员的选举过程中，倾向于支持政府工作的候选人，所以在征收土地过程中，村委会成员与政府合谋获取私利的现实案例不在少数。村委会代替村民代表大会决定集体土地所有权交易的制度安排，使得农民个体无法有效行使作为农村集体经济组织成员的表决权利。因此，在集体经济组织未独立运行的条件下，将决策权转移给代替集体经济组织行使权利的村民代表大会更具有民主正当性，后续的征地程序安排才可能成为农民表达真实诉求的制度平台。在完善征地制度的同时，加快探索集体土地信托制度是保障农民土地权益的更有效安排。

村民委员会等自治组织的主要职能在于公共服务，而村集体经济组织的功能在于维护、经营村民集体共有的资源与资产。承包地碎片化的问题难以通过物权制度予以解决，因此需要发挥集体经济组织的调控、统筹作用。对宅基地上房屋的单独租赁使用，无法产生类似于建设用地“增减挂钩”政策所带来的整体效应，因此集体经济组织需要发挥积极作用，为承包大户、家庭农场的承包经营创造条件。在农业经营过程中，土地规模化经营有利于提高农业生产效率。在市场经济体制下，发展农业生产合作社、借助市场化运营的农业服务组织的力量来提高耕作效率，已经成为农业生产环节的发展趋势。在统分结合的双层经营体制下，集体经济组织应承担农田水利、技术推广等一家一户缺乏必要成本难以完成的任务。在欠发达地区，村集体经济组织的功能主要由村民委员会代为行使，因此集体经济组织已经湮没于民众历史记忆的底层。在东部经济发达地区，集体经济组织因为获得了再次发挥统筹作用的社会条件而可能逐渐向现代公司制企业转化。“一方面要坚持股权静态化管理，另一方面要防止集体经济组织成员构成的封闭僵化，创新设置社区出生、新迁入居住生活或从事生产经营活动等的新增人员流入或配置股权的条件，尽量把集体经济组织打造成具有一定开放性和流动性的组织，以增强活力，要创新区分在村社股东与不在村社股东的有关权利和义务，确保权利和义务对等。”[①] 从城乡统筹、融合发展的角度来看，逐渐缩小城乡公共设施配套、公共服务覆盖范围的差距，需要政府在财政开支方面对农村地区予以倾斜照顾。因此，尽管集体经济组织承担村域公共服务开支的模式还需要延续一段时间，但在地方政府有财力支付农村地区公共服务费用的条件下，集体经济组织就可以迅速凸显企业属性，向专业合作社或公司制企业的形式稳健转型。

2. 推进新型农村社区自治

通过加强中心镇和中心村的集聚作用，探索就地城镇化的路径，可以在最小限度破坏既有社会网络的前提下，实现基础设施建设更新的社会效用。政府应当“大力发展城郊基础设施建设，优先补偿性发展农村社区公共服务，逐步消除城乡居民在收入、教育、医疗、卫生、文化、社会保障、基础设施和人居环境等方面的差距”[②]。目前，部分地区存在恶霸治村的负面社会现象，而乡镇政府干涉村民自治事宜，使村委会成员异化为乡镇政府代理人的做法，则是造成这一现象的重要原因。在构建新型农村社区的过程中，培育社区居民的民主参与意识和能力，是有效防范和解决“农村专制”问题的重要思路。在街道办事处与社区的合作方面，应当采用政府购买公共服务的方式展开，避免因街道办事处直接向社区布置工作任务不恰当而增加社区运作负担的情况发生和蔓延。

技术水平的提升与市场机制、社区机制的完善，使得政府承担全部公共服务的模式可以被政府、市场与社区合理分工的模式取代。因此，在测评政府公共服务质量方面，应当选取必须由政府完成的任务进行检视，同时对政府购买公共服务的情况加以评估。加速跨行政区域的城镇网络建设，促进大城市与周边城镇的基础设施一体化建设，以环境、资源友好型社会建设为导向，积极推进户籍制度与廉租房制度改革，健全教育、培训制度，才是推进城镇化建设的正确方向。法治化的规范安排为公民在城镇空间内相互合作与竞争提供了行为指引，因此法律规范就成为城镇生活秩序的构成条件。

---

① 浙江农林大学中国农民发展研究中心：《农村集体资产股份合作制改革》，农业部产业政策与法规司、农业部管理干部学院、中国农业经济法研究会：《农业法律研究论丛（2016）》，法律出版社 2017 年版，第 103 页。

② 郑卫东：《农民的终结与制度安排——以上海市松江区为例》，《南方人口》2010 年第 5 期。

结语：建设服务型政府

从政府主导的城镇化建设模式向政府提供服务、市场与社会发挥能动作用的模式转变，是创造城镇化发展“软环境”的必要条件。政府行政规划与决策的听证制度、政府信息公开制度、行政执法的裁量基准与具体方式、行政复议与诉讼程序等公民可触及的制度安排，能够反映出城镇化空间内的异质共同体成员申明利益主张、开展利益交涉、寻求利益救济的可行程度。“人口城镇化除了制度层面的‘硬城镇化’以外，还包括文化层面深层次的‘软城镇化’内容，即随着身份改变，生活方式的城镇化、精神生活的城镇化等等。”[①] 通过法治途径推进市场经济建设与社会和谐发展，是城镇化建设过程中必须遵循的原则与思路。“在治理主体上，新型城镇化的治理主体是多元的，政府、企业及社会组织乃至民众本身都可以成为社会治理的主体。”[②] 推动政府信息公开、公众理性参与、权利救济与行政问责等制度的配套完善，是实现城镇化人本导向目标的必然选择。

倘若对城镇化自然演进的机理进行简要的概括，那首先应当承认政府与市场、社会的力量需要在民主、法治的框架内进行有效博弈的必要性。在城镇化建设过程中，公民权益的保障程度与公共服务的质量状况是一体两面的关系。公民的工作、教育、居住、出行等权益是否能够实现，直接取决于政府的公共服务是否到位。尽管市场机制与社区机制应当与政府机制共同发挥作用，但是政府提供公共服务的作用不容忽视，特别是在发展中国家政府处于强势地位的情形下更是如此。“通过城镇化导向一个常态运作的现代国家，既需要逐步走出以威权方式进行显著非均衡资源分配模式的窠臼，实现资源汲取方式的现代化，又需要对城镇化中不断涌现的新力量进行制度化的参与吸纳与诉求回应，提升利益整合素质，更需要发展出抑制过大权益差异，促进社会公平正义的平衡能力。”[③] 城镇化建设中的法治任务是转型中国法治建设任务的缩影，通过民主机制的建设促进利益分配机制的公平，保障农民与农民工的权利平等与机会平等；按照法治方式推动服务型政府建设，提升农村居民的社区自治水平，有效吸纳公众参与，构建多元化的纠纷解决机制，是实现城乡融合发展目标的基本要求和有效路径。重大决策的法治化、信息公开的实在化和市民参与的常态化，是城镇化建设过程中展开程序性调控和规制的必要条件，可以有效解决新型城镇化建设过程中的主体异质化、利益多元化和对立化，以及评价基准过程化等难题。

---

① 袁建新、郭彩琴：《新型城镇化：内涵、本质及其认识价值——十八大报告解读》，《苏州科技学院学报（社会科学版）》2013年第3期。

② 宋连胜、金月华：《论新型城镇化的本质内涵》，《山东社会科学》2016年第4期。

③ 黄建洪：《中国城镇化战略与国家治理现代化的建构》，《苏州大学学报（哲学社会科学版）》2016年第2期。

城市权利的法理解析[①]

摘　要：资本力量对空间资源的垄断、加工，可能导致城市居民的生活空间被无序地区隔与抑制。只有通过联合行使城市权利的方式，才能在城市空间中实现维护社会公正的资源分配目标。从城市治理的视角分析城市权利的功用，可以看到宪法基本权利中的社会权部分与政治思想范畴的城市权利理论存在问题导向式的映射关系。政府通过培育社会组织力量参与城市治理，可以充分发挥城市权利在促进次国家秩序构建方面的价值导向作用。居民联合行使城市权利的首要目标是，通过对城市决策的民主参与规范资本力量的行动方式。

关键词：城市权利；资本逻辑；空间正义；社会自治；决策参与机制

城市权利思想是人权思想在城市时代的崭新表现。[②]在人口高度集聚到有限的城市空间后，城市空间的稀缺性成为影响个人主体性建构的最重要因素之一，因此个体向整个社会主张空间占有与支配的权利诉求就必然产生。由于个体的能力微弱，面向社会主张的空间权利需要采取个体联合的方式加以行使。“当前

---

① 本文初稿发表于《苏州大学学报（法学版）》2018 年第 3 期。此为删改稿。

② 关于城市权利问题的重要论文包括：（1）评述亨利・列斐伏尔、大卫・哈维、爱德华・索亚等人的理论观点，如，吴宁（2008）介绍了列斐伏尔的城市空间社会学理论及其中国意义，付清松（2013）剖析了列斐伏尔空间政治学的基本架构，尹才祥（2016）阐述了大卫・哈维基于时间与空间的辩证关系整合出的“辩证乌托邦”理论，李秀玲（2014）介绍了爱德华・索亚的空间正义思想；（2）从哲学、政治学、公共管理学等视角探究相关理论问题，如，陈忠（2014）从前提性反思的立场讨论了主体性的微观走向与空间权利的城市实现之间的关联，陈忠（2016）辨析了建构城市弹性空间涉及的文化自觉与制度转换问题，姚尚建（2015）回顾了城市政治结构的形成历史中国家、市场与社会的互动关系，庄立峰、江德兴（2015）探究了城市治理的空间正义维度问题；（3）结合国情讨论城市权利的实现方式问题，如，姚从容（2016）基于城市权利的视角论证了人口空间集聚与公共治理绩效的关系问题，赵娟（2016）论述了中国新型城镇化发展中的城市权利问题。

逐渐增强了空间意识的全球正义运动，不仅是针对全球规模的环境正义，而且是针对具体的城市民主权利。”[①] 相比于代际正义的未来指向，空间正义的现实指向能够更贴切地回应个体面对城市的诸种困惑与忧伤。因此，映现出主体性微观化思潮的权利话语，在空间正义政治理念的感召下自然汇聚成从总体角度照顾个体利益的城市权利思想。

一、理论视域中的城市权利构想

权力主导的统治体制、资本支配的市场运行模式、消费至上的价值偏好，使得日常生活被权力、金钱、欲望等因素扭曲、撕扯，因此，反思并追寻个体自主性的哲学、社会学、政治学思想应运而生。当人类文明在依靠资本激活的市场机制的推动下，毫不犹豫地滑入将空间资源作为生产资料的城市时代后，面对住宅、商业广场、交通设施等被转换为消费符号的空间产品，人类追寻哲理依据的理论探索相应地推出了反思个体在城市空间主体地位的学术产品。“于我国现阶段而言，城市权利就是居民有在城市这个空间中获得基本的居住、生活并进行城市管理等的权利。”[②] 面对权力、资本强势联动的局面，位于社会中下层的个体如果不能采取联合的方式重构生活空间，那么在纸面上宣示的法律保障就很难为社会正义的实现提供必要的支持。

（一）城市权利的基本内涵

属于政治思想范畴的城市权利话语具有自然权利思想的属性，经过限定与改造可能成为法律权利话语包含的内容。法律权利是符合资格者依照法律确认的方式保持或取得利益的行为自由。从国家政权与公民个体的关系视角来分析权利的定义，可以看到国家对法律主体资格要求的设定及对具备道德正当性的利益的确认，体现了国家作为公共利益或者代表者的作用；同时，个体对利益的自发追寻及对自由的无限向往，反映出个体聚合成群体后对国家行动的定向功能。作为自然权利的城市权利概念包含着对自由与实践的双重向往，在消极意义上强调不愿接受约束的自由，在积极意义上肯定了通过实践提升生活质量

① 李秀玲：《空间正义理论的基础与建构——试析爱德华·索亚的空间正义思想》，《马克思主义与现实》2014年第3期。

② 胡玲玲：《城市权利与我国能源利用观念的进化》，《世界环境》2017年第2期。

的姿态。“在狭义上，城市权利特指由于城市发展所产生的或带有鲜明城市性的权利，比如获得城市空间、参与城市管理、拥有城市生活的权利。”[①] 从时间定位的角度来理解城市权利，能够发现城市权利是城市时代的思想产物；基于宏观与微观的视角差异来分析城市权利，可以看到城市权利不属于宏观的权力话语，而属于求取个体自由的微观构想；参照集体与个体的行动模式区别来评价城市权利，可以确信城市权利意在追求个体主动联合的民主实践，而非迷恋自由主义思想推崇的个体悲情抗争。“城市权利是一种按照我们的期望改变和改造城市的权利，它是一种集体的权利，而非个人的权利。”[②] 从政治思想范畴中萌生的城市权利指的是，个体通过结社联合的方式抵制资本力量的社会实践，为人类通过民主方式控制资本逻辑的无序扩张提供了理论上的可能。

（二）城市权利的人文寓意

在资本逻辑的催促下，对物品的加工形成产品消费，对空间、文化符号的加工塑造了房地产业、文化产业。在城市空间内形成的房地产业与文化产业受资本力量的驱使，可能挤压市民的日常生活，因此市民需要通过联合抗争、参与的方式制约资本逐利机制的运行，构建出政府主导、市场驱动、社会制衡的合作局面。“现代城市扩张和生产以资本为中心造成了严重的空间问题，空间本质上被资本化为一种抽象的、注重交换价值的空间，城市景观变成了资本自我拯救的工具，资本积累造成了城乡之间的对立。”[③] 当一块土地上承载的原住居民的物质与精神利益、城市的历史文化记忆，都被抽象的资产估值行为有意忽略后，这块土地就成为可以在地产市场上等价交换的生产资料，因而毋庸置疑地为作为耐用消费品的住房或作为经营工具的商业广场设定了指向市场交易的逻辑前提。生活在城市空间里的中下层居民如果无力购买作为空间产品的住房或商务楼宇中提供的产品与服务，那么就很容易地被社区门禁、高档写字楼的刷卡电梯隔离在高估值空间产品之外。在这种空间垄断与空间隔离行动自发循环的情境下，作为个体的市民在城市共同体内全面发展的可能难免会受到严重的

① 陈忠：《城市权利：全球视野与中国问题——基于城市哲学与城市批评史的研究视角》，《中国社会科学》2014年第1期。

② 魏立华、从艳国、魏成：《城市权利、政府责任与城市人居环境建设的新思路》，《城市规划》2015年第3期。

③ 董慧、陈兵：《“城市权利”何以可能、何以可为？——国外马克思主义空间批判的视野》，《马克思主义与现实》2016年第1期。

压抑。“作为一种问题表达和主体要求，城市权利是日常主体对自身在城市发展中所承受代价和不幸的一种抗争及辩证表达。”[①]宋代诗人梅尧臣在《陶者》这首诗中对“十指不沾泥，鳞鳞居大厦”现象的反思，与城市时代混凝土建筑拔地而起的代价和收益被不公平分配给平民与精英的情形，都可能促使制度上最少受惠群体采取个体联合的方式主动追寻社会正义的踪迹。20世纪美国的激进主义著名人物索尔·阿林斯基倡导少数族裔社区与工会组织联合行动以争取生存权益的做法，为培育社区自治力量改造社会生活空间的构想提供了实践的参照，证明了个体联合行使城市权利的现实可能。

综上所述，人们通过交通线路与运输工具、水管与燃气管道、电线与网线等载体，在城市中获得物质、能量与信息等要素，维持生存并创造产品。各种要素对人们的行为产生影响，促使人们在秩序与混乱交叠的环境中塑造出复杂多样的利益格局。在华美却冰冷的建筑群中，只有依靠个体的主动联合才能维护脆弱但温暖的人际关系网。“城市权利并不是专有权而是集中的权利。它不仅包括建筑工人的权利，也包括那些给日常生活再生产带来便利的人的权利。”[②]中产阶层与底层弱势群体因为个人实力与处境的差异，对城市权利的关注点必然存在一定的区别，但对于资本力量“创造性破坏”的民主抵制与监控，则是社会中下层追求城市权利的共同目标。从亨利·列斐伏尔提出城市权利的概念开始，这一饱含政治思想意味的概念就从总揽式解决问题的立场出发，为步入城市时代的国度提供了反思城市发展问题的理论坐标，也对学者从法学等实证视角提炼其中的有益成分发出了呼唤的声音。

二、本土情境里的城市权利诉求

城市权利表征的是人们在城市生活的相关权利束，随着时代与地域的变迁而表现出不同的集合样式。从对居住权的关注到对参与权的强调，从对工作权利的期盼到对社会保障权利的呼吁，从对表达权利的声张到对结社权利的青睐，都体现出城市权利因时空差异而流变扩展的特征。压迫之地即是抗争之处。在

① 陈忠：《主体性的微观走向与空间权利的城市实现——对城市权利的一种前提性反思》，《哲学动态》2014年第8期。

② 大卫·哈维：《金融危机的城市根源：反资本主义斗争的城市重建》，董慧、常东亮译，《苏州大学学报哲学社会科技版》2012年第1期。

中国的城镇化建设过程中，关于拆迁户腾让住宅、建设邻避型设施的讨论，反映了居民对生活空间质量状况的迫切关注；关于城中村的纷繁乱象、进城务工人员权益保障的言说，折射出人们在平等享受城市公共服务方面的现实诉求。因此，城市权利在现实的中国情境中必然有相对独特的重点内容，需要学界与实务界共同关注、研讨。

（一）拆迁抗争与邻避运动

从空间资源的利用程度来看，旧城区、旧厂区、城中村的土地显然未能充分发挥市场价值，因此地方政府依据土地管理法律制度与城乡规划安排收回地块重新拍卖，就成为流行多年的城市经济发展方式。对于被规划安置到原住地以外空间的拆迁户而言，根据政府确定的估值标准获得的征收补偿费用，似乎并不能完全对冲居住便利条件消失、人际关系网络重组造成的生活成本支出。“当前中国正在经历的高速城市化，实质上就是空间扩张和资本积累、增值的过程。”[①] 无论是老城区的拆迁户还是城郊的失地农民，都需要使用征收补偿款项重新安排生活。这种经历意味着物质投入与情感割舍的复杂作用，所以在政府征地拆迁过程中发生剧烈冲突的极端或群体事件就成为多年来社会痛楚的重要肇因。

从保障失地农民进入城市生活的权利角度来讲，通过立法或权宜的政策保障原住居民分享地利的部分未来收益，显然是有效的经济手段。例如，杭州市区农地或农居点征收拆迁的政策采取了将征地总面积的 10% 留给村集体（通常是村经济合作社）用来招商建设农贸市场等商住建筑并出租的做法，使得失地农民可能从租金分红中获得持续收入。厦门市在对城中村改造的过程中，除保留回迁使用的居民点土地外，还会依据规划在工业集中区及开发区等成片的建设区域内预留人均 15 平方米的用地，为失地农民获得持续收益创造条件。“促进失地农民权利重新完整、提高权利行使能力的关键在于给予失地农民土地升值期待利益的分享权。”[②] 针对政府高价拍卖商住用地与房产开发商攫取房地产业利润的社会弊病，若社区居民联合行使改造居住空间的城市权利，则城市空间的剥夺、垄断与区隔问题就有可能被有效矫治。“公私合作、城市微更新、社

① 吴宁：《列斐伏尔的城市空间社会学理论及其中国意义》，《社会》2008 年第 2 期。

② 魏建：《嵌入和争夺下的权利破碎：失地农民权益的保护》，《法学论坛》2010 年第 6 期。

区改造等许多事项已经提上政府的议事日程，这也意味着有建立住房合作社来营造社区和住房的可能。”[①] 由此可见，城市权利思想中内涵的丰富可能为居民抵抗政府滥用权力、资本运作侵夺城市空间提供了居民自治的创意与积极行动的指南。

在政府未安排居民搬迁却在特定区域规划布局垃圾焚烧发电站等邻避设施的情形下，邻避设施周围的居民就需要承受生活空间环境质量迅速贬损的社会成本。如果政府不能在决策环节听取利益相关公众的意见，而且在决策做出后忽略居民参与监督邻避设施建设、运行的城市权利，那么此类行政决策的落实就难免遭遇公众“参与爆炸”的窘境。丹麦的共识会议、法国的公众辩论与听证委员会，都是居民集体行使城市权利捍卫居住权益的有效形式，因此，我国地方政府可以借鉴、学习相关经验以减少发生激烈对抗的可能。“公民只有通过自组织的形式展开集体的抗争才有可能维护城市权利。”[②] 在恰当的时机引导城市居民理性、有序地参与建设邻避设施的行政决策，可以使城市权利的实现方式更加温和，从而有利于维续和谐的社会关系。在城市空间的生产过程中，居民的民主参与可以防范政府权力的肆意行使与资本运作的贪婪逐利。近年来，在厦门市海沧区 PX 项目事件、广州市番禺区垃圾焚烧厂选址事件、启东市抵制日本王子纸业污水排海工程事件、什邡钼铜项目事件、杭州市余杭区中泰垃圾焚烧厂事件等诸多因邻避设施引发的群体性事件警示下，政府显然已经意识到尊重居民平等参与的城市权利对维护稳定局面的重要作用。

（二）城中村与农民工

“城市像欧洲，农村像非洲”的民间笑谈，在城中村里会凝结成画面感略显沉重的现实。城镇化是在特定地域空间内，同质的生活共同体逐渐接纳外来人群，共同参与各项社会活动，从而逐渐演化为依靠共同规则整合秩序的异质生活共同体，使空间景观的转换与人文氛围的调适相互促进的社会文明发展过程。城中村是中国的土地制度与社会政策合力塑造的城镇化半成品。“当前大多数城中村均存在累积性缺陷：城中村由于人口结构过于单一，当这种以低端生产为主要价值的资本过度累积时，会形成千篇一律的生产性景观，从而抑制资本的

① 杨宇振：《居住作为进入城市的权利——兼谈〈不只是居住〉》，《时代建筑》2016 年第 6 期。

② 王佃利、邢玉立：《空间正义与邻避冲突的化解——基于空间生产理论的视角》，《理论探讨》2016 年第 5 期。

消费性累积。”[1]尽管政府通过棚户区改造、保障房建设可以解决部分城中村生活环境较差的问题，但城中村居住成本较低的便利条件仍旧是大量外来务工人员关心的重点。既然社会保障房短期内无法充分代替城中村来发挥吸纳异乡人的作用，那么推动社区自治的力量，合力建设良好的生活环境，就成为政府开展城市治理工作不容忽视的细节。[2]“自己的家园自己建，自己的家园自己管”是社区组织社会功用的直观表达，反映出社区服务组织在政府公共服务兜底的条件下为居民提供差异化服务的现实可能。以政府为主导的“一主多元”的城市治理模式需要充分激发社会组织的自治力量，从而促使当下过度依附于政府的市场力量在社会组织的抗衡与引导下，展现出相对独立且主动承担社会责任的崭新容貌。

国务院2015年11月26日公布的《居住证暂行条例》，为外来务工人员融入城市生活创造了重要的制度条件。在过去的较长一段时间里，城市对外来务工人员“经济政策上纳入，社会政策上拒斥”的态度，导致政府为外来务工人员提供的公共服务严重匮乏。无论是社会保障政策的隔绝问题还是子女接受教育的权利问题，都成为外来务工人员融入城市生活的巨大障碍。“留守儿童”现象在欠发达地区普遍存在的现实，恰能反映出外来务工人员在城市居住权利、子女教育权利实现方面的有心无力。因此，政府需要在立法保障与公共服务配套方面加强工作力度，避免不同社会群体在经济、文化与心理层面形成剧烈的对立和抗争局势。“青年农民工要真正实现城市融合与市民化，仅靠公共服务保障是不够的，还需要在接触和社会交往层面拉近青年农民工与市民之间的社会距离。”[3]以社会保障房的建设为例，通过合理规划保障房布局可以降低工薪阶层的通勤成本，为通过社区建设促进农民工群体融入城市生活创造条件。政府兴建的保障房可能在偏远区域，这将直接增加居民的生活成本与时间成本，违反社会公平的价值取向要求，所以在规划设计环节重视相邻小区公共空间融合的混居模式要求，具有深远的社会意义。“新生代农民工更向往城市的现代化生活，

① 张宇星：《城中村——作为一种城市公共资本与共享资本》，《时代建筑》2016年第6期。

② 例如，“宁波市北仑区新碶街道芝兰社区，它是一个外来人口众多的城市社区，又是少数民族聚居区，为应对农民市民化过程中存在的城乡文化震荡、本土文化与外来文化碰撞、多民族文化差异冲突、群众利益诉求多元等问题，当地政府和社区坚持政府治理和社会调节、居民自治良性互动的理念，建立以社区为平台、社会组织为载体、社工为支撑点的‘三社联动’机制。”李万春、袁久红：《中国城镇化发展的城市政治学反思》，《学海》2016年第4期。

③ 谷玉良：《青年农民工的“中国梦”——权利诉求结构及其差异分析》，《青年探索》2016年第1期。

渴望融入城市和得到社会公正、平等的承认与尊重，希望享有与市民和工人同等的权利，这是一种高层次的理想与精神诉求。”[①] 由于在城市生活方面的知识基础欠缺、人际关系薄弱的劣势制约，新生代农民工需要通过“抱团取暖”的方式凝聚适应城市环境的合力，有效解决在务工条件、技能提升、情感援助等方面遭遇的具体问题。例如，“杭州市以‘草根之家’为代表的民工自助组织在维护外来务工者合法权益，破解‘新杭州人’融入困境等方面具有积极作用，有利于实现外来人口‘三自’新局面”[②]。由此可见，社区组织与劳工组织的协同联动可以成为外来务工人员融入城市的重要支撑力量。索尔·阿林斯基在20世纪的美国促进阶层、社团联合以解决城市问题的实践，是指引中下层城市居民实现民主自治城市权利的有益借鉴。

综上所述，尽管从本质而言，城市权利就是基于人的自由性、实践性而产生的人在城市民主地实现本性诉求的权利，但在不同的国度与地区中，不同阶层的人们会因为境遇的差异，而形成各有侧重的城市权利观念。“中国城市权利的建构决不能简单地照搬经济权利→社会与政治权利→文化与生活权利→生态与环境权利的逻辑演进模式，或者按照资格性权利与消极权利→行动性权利与积极权利的步骤推进，而需要同步推进，综合实现所有方面的城市权利。”[③] 在中国的城镇化进程中，从“土地城镇化”到“以人为本”的城镇化政策导向的变迁，反映出普通群众诉诸集体力量抵制少数政治、经济精英支配城市空间资源的努力。“中国的城市发展需要更多的社会价值、伦理关怀和精神能量。如何打破‘区隔的个体化城市人’状态而重建一种‘融合的公共性城市人’形象，将是未来城市化发展的重要取向。”[④] 虽然立足于自由主义思想的个体人权观念与物权私有制度能够激活市场发展的活力，但完全依赖市场交易来弥合社会阶层之间的裂痕则断无可能，因此从城市权利的集体主义价值本位出发来思考实现城市权利的法治条件，就成为正在追求依法治国目标的中国法学界与实务界亟需关注的重要问题。

---

① 徐双军:《新生代农民工融入城市过程中维权意识问题探究》,《淮海工学院学报（人文社会科学版）》2012年第9期。

② 许光：《完善和创新“新杭州人”市民化融入机制与路径研究》，《当代社科视野》2014年第10期。

③ 陈忠：《城市权利：全球视野与中国问题——基于城市哲学与城市批评史的研究视角》，《中国社会科学》2014年第1期。

④ 吴越菲:《找回城市的社会本真——重思当代中国城市化的动力嬗变及其发展导向》,《长沙大学学报》2013年第1期。

三、法治系统内的城市权利解读

城市权力与城市权利作为城市治理的组成要素，无法脱离宪法制度框架的支撑，因此城市权利与宪法制度中基本权利的映射关系也必然存在。虽然城市权利话语依靠的哲学逻辑与宪法话语的论述逻辑存在差异，但两套逻辑话语针对的现实问题存在目标层面的重合、交叠之处，所以两者之间的映射关系就得以产生。“列斐伏尔的‘城市权利’理念不是关于国家的公民的权利，而是关于城市的市民的权利，而且是在城市空间的分配和创造中提出的关乎群体的权利。”[①] 城市治理的基本方式表现为以社会协商民主为基础的政治代议民主及以多元化纠纷解决机制为基础的法治运行模式，而且民主制度的运行同样需要纳入法治规范的轨道，因此居民对城市权利的主张在法治功能系统内的实现程度，直接影响着城市治理的现实水平。

（一）城市治理中城市权利的效用

工业时代以前的政治统治模式随着社会结构的系统分化而逐渐失效，因此，回应多元化社会功能系统需求的政治治理模式成为当代各国推崇的治国标准。统治模式重在强调一元化的权力中心与意识形态规范，而治理模式的特点在于承认多层级的权力与多元化的社会功能系统，因此重视理顺多元化权力之间的主辅关系。“‘城市治理’成为当代多层次治理体系中的重要构成部分。”[②] 由于全球化的社会联系网络已经初具规模，超国家秩序、国家秩序与次国家秩序成为维护全球秩序的三种要素。在一些环绕人口规模达到千万以上的超大城市形成的城市群中，人们已经开始具备维护次国家层面秩序的意愿与能力。“国家将部分权力上移到超国家层面，主要包括一些国际组织和非政府组织；国家又将部分事务和权力下移到城市及城市区域层面；国家还将部分权力外移给市场和社会，鼓励政府部门与私人部门、社会组织和公民个人之间的合作。”[③] 如果说过去在国家层面设想的乌托邦秩序始终面临难以付诸妥当实践的尴尬，那么在次国家秩序层面由于政治上可控、经济上可行的便利条件存在，基于社会自治的成

① 赵娟：《中国新型城镇化发展中的城市权利问题反思》，《阜阳师范学院学报（社会科学版）》2016 年第 4 期。

② 庄立峰、江德兴：《城市治理的空间正义维度探究》，《东南大学学报（哲学社会科学版）》2015 年第 4 期。

③ 张福磊：《全球化时代的城市与国家关系研究——多层次治理的视角》，山东大学 2015 年博士学位论文，第 1 页。

熟而阐发的乌托邦理念，就很容易转换成为喷薄欲出的城市治理行动纲领。在城市治理活动中，政府权力与市民权利是最为基本的活动要素，因此在民主化、法治化的理念指导下，居民城市权利有序实现的程度逐渐提升，就成为可以合理预期的现实目标。“城市权利是在城市空间中居住的公民有能力主张的权利束。”[①]法治功能系统的基本单元是个体权利，但其并不排斥个体联合行使法律权利的可能，例如公民结社、政治选举、公众参与或集团诉讼都从不同侧面彰显了公民法律权利集体化实现的路径。

（二）宪法视角下的城市权利属性

宪法中关于基本权利的规定，是对饱含政治与伦理韵味的人权观念进行可行性评估的产物。对宪法基本权利条款的解释与适用过程就是这种可行性评估的直观表现。虽然具体的宪法基本权利对公民权益保障更为重要，但隐含在宪法规范中的政治、伦理价值考虑与排序可能，作为抽象的公共善仍旧发挥着现代社会上层建筑拱顶石的作用。次国家秩序层面的城市治理更关注对显性与隐性公共物品的提供，例如对交通、体育、文化设施等显性公共物品的建设，以及对法规制度、司法救济等隐性公共物品的完善。“城市不再是一个道德共同体，而是一个权利的联合体。城市政府不再仅仅提供抽象的公共善（public good），公共物品（public goods）的分配开始成为城市治理的重要内容。”[②]在城市生活中，居民的城市权利首先指向公共物品的公平分配。城市权利的内容可以划分为申请政府给予支持或自主联合进行创造两种类型，前者如公众参与行政决策、联合提出诉讼请求等，后者如社区组织通过与邻近的企业谈判为居民争取工作机会，社区居民成立合作社自主推动社区建筑更新等。因此，从宪法基本权利的角度来观察，城市权利大致可以被归入宪法理论中社会权的范畴。“总的来说，自由权（公民权利和政治权利）以消极权利属性为先、为主，以积极权利属性为后、为辅；而社会权（经济、社会、文化权利）以积极权利属性为先、为主，以消极权利属性为后、为辅。”[③]尽管从宪法权利的视角可以对城市权利进行归类，但在宪法理论中更多强调公民向政府申请满足经济、社会、文

① 赵哲：《城市权利及其法律构造》，《苏州大学学报（哲学社会科学版）》2017 年第 3 期。

② 姚尚建：《城市发展的权利尺度》，《新视野》2016 年第 5 期。

③ 上官丕亮、陆永胜、朱中一：《宪法原理》，苏州大学出版社 2013 年版，第 117 页。

化权利诉求的社会权实现路径。城市权利的实践并不依赖政府提供满足权利诉求的条件，而是依靠城市居民自主联合营造生活空间、改善生活质量、实现生活理想。所以，按照“一主多元”的城市治理蓝图构想，政府应当发挥培育社会自治组织的基础作用，引导城市居民自主结社参与城市治理。政府可以“将一些一般性的行政审批权力转移到专业性的社区组织，让合法的社会团体拥有一定的社会治理权”[①]。当然，城市权利与宪法的社会权之间的相似之处需要得到足够的肯定。社会权的实现程度受到国家整体经济、社会、文化条件的制约，而城市权利的实现程序也与城市的发展状况紧密相关。城市权利只是居民联合规制资本力量借助政府权力无序扩张的行动依据，并不能完全否定与取代资本力量与政府权力，因此城市权利的效用在于支持居民促进城市发展、参与城市治理。

综上所述，在通过城市治理构建次国家秩序的层面，城市权利发挥着为城市治理设定方向的功能。例如，“在中国的一些特大型城市如上海，街道政府的经济功能已经不再被着重强调，提升公共服务质量，使城市社区更加适宜居住已经成为城市治理的重要议题”[②]。从宪法的视角来看，人民当家作主的政治口号不仅应在代议民主机制的运行过程中得到落实；直接激发社会组织的自治活力与居民联合行使城市权利的热情，才是确认社会力量与国家机关之间本末关系的基本要求。在城市治理层面，地方政府积极探索最佳治理方式的行动空间更为广阔，因此政府、市场与社区三方力量的协调互动也更值得期待。例如，“广东省佛山市顺德区，在涉及公众切身利益的民生领域中引入公众参与式预算机制，预算编制从‘为民做主’逐步向‘让民做主’转型”[③]。由于城市在当代经济、社会发展中占主导作用，城市群范围内的乡村空间显然无法脱离城市的影响而独立存在。所以，在中国城乡差距较为悬殊的情境下讨论城市权利问题时，同样需要考虑到农民融入现代城市生活的权利。由于城市户籍的限制与乡镇权限的匮乏影响了城市空间的自主生长，有学者提出在县级市的制度框架下推进治理体制改革的思路，即通过给发展优势明显、潜力巨大的小城镇扩权，使得部分经济实力雄厚、公共设施完善、文化条件扎实的小城镇能够充分发挥

① 王平、刘勇：《城市空间的三重维度与修复路径》，《重庆社会科学》2016年第9期。

② 姚尚建：《城市政治结构的形成——国家、市场与社会的对话》，《甘肃社会科学》2015年第4期。

③ 魏立华、丛艳国、魏成：《城市权利、政府责任与城市人居环境建设的新思路》，《城市规划》2015年第3期。

构建城市空间的作用。“当城市回归普通民众时，城市也就重新拥有了自由的价值。”[①]2013 年以来，浙江省在小城市培育、中心镇改革发展、特色小镇建设方面已经做出一些卓有成效的探索，为在更广阔地域范围内扩权强镇的改革积累了经验，也为镇级市的构想向现实转换创造了条件。这种治理体制上的宏观安排能够为城市权利的普惠发展带来更多的契机。

结语：强化参与决策机制的城市权利

虽然不同阶层群体对城市权利的需求略有差异，但城市权利思想作为居民主动参与城市空间生产、改变资本力量垄断空间资源局面的民主实践依据，为城市治理活动实现在次国家秩序层面的乌托邦理想提供了理论路标。“中产业主不仅要求有一个栖身之所，还重视生活环境和生活质量的提升。但同时，中产业主和底层居民的权利诉求又存在共通之处，即反抗占统治地位的空间的表征，拥有参与和改变城市空间生产的权利。”[②] 由于资本力量与市场逻辑在政府决策环节能够产生巨大的影响甚至干扰作用，居民联合行使城市权利的首要目标就需要定位于对城市重大决策的民主参与。“城市共享资源分配的合理公平化才是城市权利的主要方面。这些保障措施主要体现在政府重大决策的信息公开、公开征询及听证程序的采纳上。”[③] 从完善公众参与制度的角度来讲，法治条件对城市权利的实现发挥着基础性的作用。无论是城市的土地征收、拆迁补偿，还是城中村改造、邻避设施的修建，都需要吸纳公众理性参与政府决策。由于个体力量的薄弱与立场的摇摆导致其难以单独解决现实问题，推动公民联合行使权利、通过社团表达权利诉求就成为改善城市治理的有效举措。因此，首先通过宪法话语对城市权利话语进行翻译、解码，然后从政府权力、资本力量与社区力量三者协调的角度寻求，城市权利依托法治功能系统得到落实的可行路径。

总而言之，从理论视域来看，城市权利具有明显的反商品化政治价值取向，是为了防止城市资源的不合理分配而号召居民集体行动以控制资本力量的权利集丛，可以说是人权思想在城市时代的贴切表现。在人类主体性的宏观展现方式无法摆脱权力思维桎梏的情形下，微观转向的主体性解释能够有效启动权力与权利的制衡发展，而城市权利思想则通过个体自主联合的方式在微观主体与宏观群体之间创设了沟通的媒介符号。就城市权利在法治功能系统中的实现可能而论，对城市的规划、建设、产权与管理等制度不断进行合理化改造，需要

① 姚尚建：《城市化进程中的权利平衡》，《中共浙江省委党校学报》2015 年第 3 期。
② 孙小逸：《空间的生产与城市的权利：理论、应用及其中国意义》，《公共行政评论》2015 年第 3 期。
③ 赵娟：《中国新型城镇化发展中的城市权利问题反思》，《阜阳师范学院学报（社会科学版）》2016 年第 4 期。

接受宪法制度的规范调控，因此从宪法基本权利中的社会权视角来对城市权利的话语逻辑进行解码，可以为城市治理与次国家秩序的构建创设价值导向与现实要求。为有效规范资本力量在城市空间生产过程中的行动方式，城市中下层居民需要采取社会联合的方式合理、有效地参与政府决策，从而推进以人为本的城镇化建设理念在城市治理过程中得到充分落实。

依法推进城镇化建设的三维目标①

摘　要：城镇化是一定地域空间内的人群参与构建活动空间与秩序的文明进程。城镇化法治建设的根本任务是，塑造依靠共同规则整合秩序的异质生活共同体。依法推进城镇化建设的三维目标包括，保障公民住有所居，确保生态环境卫生宜居，构建财政基础坚实的公共服务机制。保障公民居住权才能为城镇化发展集聚人才资源，吸纳公众参与环境保护才能促进城镇可持续发展，完善公共服务体系才能不断优化促进公民全面发展的社会条件。

关键词：社会保障房；城乡规划；公众参与；环境保护；公共财政

作为地域综合体重要表现形式的城镇，其在空间上的景观特征与功能上的要素集聚特征，是社会生产与生活关系的直接体现。对城镇化过程中的法治建设问题进行研究，可以从土地等自然资源配置、市场领域的自主发展、社会领域的民主自治、公共服务的协同分工、政府的管制策略及法律制度的配套建设等方面展开。从现实问题紧迫性的视角来看，合理布局社会保障住房，吸纳公众参与环境保护，加快完善公共财政制度，为公民在城镇中安居乐业创造基础条件，显然是在强调“人本城镇化”宗旨的社会背景下应当首要关注的问题。

① 本文初稿发表于《黑龙江省政法管理干部学院学报》2018 年第 4 期。此为删改稿。

一、合理布局社会保障性住房

从人本城镇化的目标来看，公共服务质量、公民权利保障水平是政府职责设置与履行状况的直观反映。在市场领域对税赋的合理调控、对平等竞争秩序的有力保障，在社会领域对教育、卫生等关涉民生的问题的妥善解决，在生态方面对自然资源的合理使用、对环境质量的大力保障，政治方面的行政决策公众参与、问责制度法治化等问题，都关系到城镇化建设的进度与水平。从民生保障的基本需求角度而言，社会保障房的建设布局是反映政府提升人本服务水平的诚意的基本标志。

法治的人本价值底色与人的城镇化之间的关系，不仅是工具意义上的辅助关系，而且是互融共生的构成关系。通过推动合理布局的保障房建设，降低工薪阶层的通勤成本，让农民工居有其所，是推动农民工市民化的重要举措。“大规模保障性住房的建设将推动未来城市居民住房来源构成中保障性住房比例的提升，城市中也将逐渐出现一个规模可观的‘保障性住房低收入群体’。”[①] 在城镇化建设过程中，公民权益的保障程度与公共服务的质量状况是一体两面的关系。尽管市场机制与社区机制应当与政府机制共同发挥作用，但是政府提供公共服务的作用不容忽视，特别是在政府处于强势地位的情形下更是如此。如果普通公民无法获得作为异质共同体成员参与营构城镇化空间的机会，那么在这一空间内从事生产与交往活动的过程中，某一类群体就可能遭遇在制度上最少受惠、在空间中需要付出更多精力与成本的窘境。通过法律程序限缩政府恣意行为的空间，才能使其作为或然的公共利益代表者恪守职责，才能守护与扩充空间正义，进而发展空间正义。

政府兴建的保障房可能在偏远区域，这将直接增加这些居民的生活成本与时间成本，违反社会公平的价值取向要求，所以在规划设计环节重视相邻小区混居模式的布局，具有深远的社会意义。“高收入阶层与低收入阶层分别居住在相邻或相对的小区，有各自独立的活动空间，但中间以公共绿地或共同活动广场为纽带衔接，形成既融合又分散的混居模式。”[②] 优势群体垄断土地与空间资源

① 张祚、陈昆仑：《城市大规模保障性住房空间决策——相关问题与研究综述》，《湖北大学学报（哲学社会科学版）》2016 年第 1 期。

② 常成、詹兰、尚庆学等：《关于南京市保障性住房混居模式的可行性研究》，《工程管理学报》2015 年第 2 期。

配置和调整的决策权力，可能造成制度上较少受惠群体的权利、机会与能力贫困，激化贫富差距过大现象触发的社会矛盾。部分地区利用地理信息系统（GIS）等技术对公共设施布局进行规划的经验，值得其他地区借鉴。必要的技术支持可以降低公众参与的门槛。为实现不同类型小区连接式混居的设计目标，在公共服务设施配套安排方面需要借助现代数据处理技术。数据处理技术能够通过对海量数据的收集与分析形成科学的结论，为公共服务规划的制定提供可靠的依据。在过去的数年间，政府倾向于储备更多工业用地作为招商引资的筹码，所以居住用地的有限供应既导致房价攀升，又使得外来务工人员被严格限制进入城市，因此城市规模的扩张并未促成产业集聚与人口汇集的协同效应，城市服务业价格因为人工成本的提升而逐渐提高，不仅外来务工人员的定居可能微乎其微，城市高技能劳动力人群的生活质量也难以获得保障。这种以物质空间偏颇延展为特征的城镇化过程，并没有体现人的主体地位。如果沉默的劳动者在城镇化的生产、生活空间营构过程中，缺乏借助专家群体表达意见的充分机会，那就更难以通过个体的表达来阻止政府强势的行政决策出台。因此，若重视“人的城镇化”导向，就需要政府在社会福利政策配套改革方面做出有力的调整。

综上所述，在城镇的土地与空间资源能够被资本力量用来生产不同功能建筑的时代条件下，保障中下层居民在城镇生活中的居住权益，是确保城镇可持续发展、促进社会和谐，进而实现城乡融合发展目标的重要条件。因此，合理布局社会保障性住房是在编制、修改城乡规划环节需要高度重视的问题。在城镇化建设过程中，需要注重吸纳公众参与城乡规划的制定、监督城乡规划的落实和变更情况。

二、吸纳公众参与环境保护

在城乡规划、城市治理、环境保护等领域给公众预留参与空间，是推动协同共治工作顺利开展的必然要求。生态文明建设的迫切性对综合编制和落实城镇发展规划提出了现实要求。只有坚持城乡一体化的发展理念，构建政府、社会、市场合理参与的机制，才能遏制环境污染不断恶化的趋势。如果仅靠政府增加财力、人员编制来解决环保乏力的问题，就无法有效应对日益严峻的生态危机。

作为社会分工细化必然结果的社会阶层分化现象，使得不同群体的利益偏好出现显著分歧，所以强势政府单方统筹整体利益的能力自然会相对弱化。为了实现施政行为兼顾多方利益的目标，在合理性与正当性之间寻求平衡，就成为吸纳公众参与的首选理由。“城镇化过程中很多国家都有过惨痛的经历，如英国伦敦烟雾事件，比利时马斯河谷烟雾事件，日本爱知县米糠油事件、四日市哮喘事件等环境公害事件；还有诸如环境污染、交通拥堵、水资源缺乏、住房短缺等城市病。”[①] 随着社会阶层间贫富差距的增大，中下层会对未从社会财富增长的溢出效应中获益，反而直接承受环境污染损害的后果产生强烈的不满情绪，从而可能导致社会矛盾的升级。因此，政府应在履行环保职责的同时，“大力发展循环经济，实现工业发展的低消耗、低污染、高效益”[②]。在生态风险预防的制度安排方面，需要对可能污染环境的企业依法收取专项基金，以促进行业自律并推动企业积极履行保护环境的义务。当然，除了发挥排污权交易制度作为市场化手段的基础作用，也可以从经济效益方面引导企业做出节能减排的积极选择。“在环境行政保障上，可以考虑设立城镇化生态修复专项基金制度，基金来源可由政府财政拨付生态风险应急资金及向潜在的生态风险责任人按责任比例收取的赔偿基金组成，并保证专款专用。”[③] 虽然在加强环境保护方面，吸纳公众参与会对政府的决策与执行惯例造成冲击，但在预防矛盾爆发与被动应付问题之间，政府显然应当选择前者。

综上所述，在城乡规划、环境质量评估等应当合理吸纳公众参与的程序中，充分听取不同阶层、群体的正当利益诉求，能够提升城镇范围内的经济发展质量，避免严重的环境污染事件发生。“倡导多元的乡镇环境保护法律调整机制，是我国农村环境保护制度完善和施行的保障。”[④] 市场机制与政府监管机制的合力作用，可以降低公众无序参与影响经济发展的概率，促进社会和谐状态的生成。

---

① 张玉春：《广东省新型城镇化指标体系研究》，《市场周刊理论研究》2016 年第 7 期。

② 韩振燕、王珏：《新常态下新型城镇化指标体系构建——以江苏省南京市为例》，《商业经济研究》2016 年第 8 期。

③ 曾睿、柳建闽：《农村城镇化生态风险法律规制的规范分析》，《农业现代化研究》2016 年第 4 期。

④ 翟全军、李慧：《西部地区新型城镇化建设进程中生态环境问题的法治对策》，《西安电子科技大学学报（社会科学版）》2015 年第 1 期。

三、加快完善公共财政制度

政府提供的公共服务质量取决于政府财政能力与市场机制的支持力度，其也直接影响到人本城镇化目标的实现程度。由于我国的经济发展呈现出政府依靠国家所有制度的安排掌控自然资源要素市场主导权的特点，地方政府借助转让自然资源要素的使用权可以获得较为可观的财政收入。这种状态的持续导致政府在完善公共财政制度方面动力不足。但是，过度依赖政府与国有企业对自然资源要素市场的垄断，可能产生与民争利的社会问题，因此构建完善的公共财政制度才是更为合理的制度选择。

构建符合城镇化发展需要的公共财政制度，是完善基本公共服务体系的前提。通过征收社会保障税等税种，有助于解决基层政府的财力与提供公共服务的职责不匹配的问题。在“政绩锦标赛”的激励考核机制推促下，各级主政官员会不由自主地将上级部署的发展任务分解为具体的工作目标，由此形成中央政策督促地方落实，地方官员争先完成施政计划以获取升迁机会的火热场景。由于分税制与财政转移支付制度匹配程度欠佳，地方事权与财权面临无法协调配置的现实处境，这也在一定程度上迫使地方官员借助土地城镇化的方式，采取对商住用地与工业用地倾斜性收费与供给的策略，来维持任期内的繁荣发展。构建符合城镇化发展需要的公共财政制度，是完善基本公共服务体系的前提。通过征收社会保障税等税种，可以有效解决基层政府的财力与提供公共服务的职责不匹配问题。自 1994 年实行分税制以来，税收返还、体制补助、结算补助等不符合均等化要求的做法仍然在延续，未来的改革方向应当是逐渐实现均衡化转移支付的目标，进而为缩小地区差距、城乡差距创造必要的公共财政条件。在完善分税制的基础上，还要加快财政转移支付制度的立法，使公共财政制度尽快确立起来。“通过对特定时期、地域、行业或人群公共需求的预测，分类和分层实现公共服务的‘集聚式’供给。”[①] 目前的财政转移支付办法仍按照缴税多则多返还的思路运行，但这不能解决各地区经济发展水平与税收征缴能力差异的问题。因此，应当考虑将“转移支付的返还办法改系数法为因素法，按照新型城镇化发展的公共设施和公共服务的具体内容，确定转移支付的规模和力

① 高红、黄恒学：《新型城镇化视阈下公共服务治理模式研究》，《中国行政管理》2015 年第 7 期。

度"[①]。在地方融资平台大举借债的形势下，地方官员为了避免前任官员留下的债务负担拖累其任期内的发展绩效，只能选择放弃前任的建设项目、另起炉灶创政绩的方式，来实现低效率、高耗能、"摊大饼"式的城镇化建设目标。政府官员盲目决策与资本力量逐利依附合力造成的短期、表面繁荣"后遗症"，需要得到程序法治的有效矫治。

综上所述，财政转移支付制度是缩小各地经济实力差距的有效安排，可以保障各地公共服务水平的协调提升。在房地产市场购房需求日趋饱和的形势下，政府依赖"土地财政"负担公共服务开支的做法将难以维续。地方债务危机凸显的局面，促使政府必须将完善公共财政制度提上议事日程。尽管在土地使用费数额巨大的情形下，再推动房地产税征收可能难以有效回应关于重复征收税费的质疑，但在取消营业税的条件下拓展地方税源的客观要求理应受到重视。

总而言之，从政府机制、市场机制与社区机制协调互动关系的角度来看，西方国家城镇化自然演进的过程中，市场机制发挥了主导作用，因此谈判、协商与交易的色彩相对明显，但市场机制中资本力量过于强大导致财富分配不均的问题，也造成一系列负面的社会影响，因此随着新公共管理、新公共服务理念的倡导与实践转化，政府机制、社区机制的纠偏作用逐渐显现，有利于达成新的动态平衡局面。新中国成立以来，我国推行计划经济体制与高度中央集权的政治运行机制，使得市场机制与社区机制都只能依附于政府机制运行，因而需要继续强化市场机制，逐渐培育社区机制以扭转政府主导下推进城镇化进程的混乱局面。这自然要求过分强大的政府权力主动"瘦身"、放权，通过政府部门精简、合并与行政流程再造等行政改革的方式，为市场机制、社区机制提供发挥作用的空间。城镇化的成果不仅表现为物质形态，更表现为良性运行的城镇文化系统。法治认同与城镇文化系统有机结合的切入点，在于公众参与程序的构建，依赖公民联合行使权利、通过组织代表个体行使权利的现实可能。倘若对城镇化自然演进的机理做出简要的概括，则首先应承认政府与市场、社会的力量需要在民主、法治的框架内进行有效博弈的必要性。重大决策的法治化、信息公开的实效化和公众参与的常态化，是城镇化建设过程中开展程序性调控和规制的必要条件，其可以有效解决新型城镇化建设过程中的主体异质性、利益多元化和对立化，以及评价基准过程化等难题。

① 何涛：《促进新型城镇化发展的财税政策问题研究》，《农业经济》2016年第11期。

论乡村振兴法治保障的着力点[①]

摘　要：乡村振兴的主体是农民，因此应当尊重农民对土地资源的集体所有权，避免为实现片面的城镇化目标而千方百计增加建设用地指标的现象蔓延。宅基地已经成为地方政府解决发展用地问题的重要资源，但应当将完善宅基地制度的重心放在促进制度公平、保持福利属性、增加农民收入方面。以改变宅基地不公平利用状况为切入点，可以通过促进承包地规模化经营、集体建设用地入市流转创造效益。村民自治的深入、切实开展能够使集体经济组织的运行成为促进乡村振兴的内源性条件。政府应当认识到依靠集体经济组织的收入为农村提供公共服务经费的做法存在严重的不合理性，因此需要在建设公共基础设施和扩展公共服务覆盖范围方面增加财政投入。

关键词：城乡融合；乡村振兴；专业合作社；村民自治组织；法治保障

乡村振兴是在城乡融合程度逐渐加深的背景下形成的概念。[②]对比已经被划入城市规划区域的城中村、城郊村，处在城乡交界地带的农村显然比偏远的农村更容易获得振兴的机会。乡村是城市建成区以外具有自然、社会、经济特征和生产、生活、生态、文化等多重功能的地域综合体。本文将聚焦于具有支撑产业且仍有发展空间的乡村，通过调研方式了解这类乡村面临的约束条件，进而从法治保障的角度提出相应的对策建议。

① 本文初稿发表在《上海法学研究》集刊（2020 年第 24 卷）——上海市法学会农业农村法治研究会文集。此为修改稿。

② 根据 2018 年发布的《中共中央、国务院关于实施乡村振兴战略的意见》要求，各级政府应当按照质量兴农、绿色兴农的要求，夯实农业生产能力基础，加快构建现代农业生产、经营体系，实现藏粮于地、藏粮于技的目标。统筹兼顾培育新型经营主体和扶持小农户，推进农业生产全程社会化服务，提升小农户的组织化程度与抗风险能力。加强农业面源污染防治，严禁城镇和工业污染向农业、农村转移，探索建立生态产品购买等市场化补偿方式。开展文化帮扶结对，引导各界人士投身乡村文化建设，加强乡村文化市场监管。

一、在Z村调研发现的难点问题

2020年7月，在新冠肺炎疫情逐渐得到有效控制的条件下，课题组受Z市Y区Z街道委托在Z村[①]进行调研。围绕Z街道为Z村提出的发展愿景，课题组通过联系村委成员座谈、入户访谈、发放问卷的方式了解Z村居民的相关诉求，进而从提升发展水平、优化治理方式的角度思考Z村所面临的现实问题及其折射出的普遍现象。

（一）Z村居民反映的问题

Z村由T村、B村两个自然村合并而成，笛箫产业主要集中在原T村的区域，原B村的村民主要到原T村的企业（作坊）务工或到外面务工。在走访过程中，课题组先走访了T村的农户，然后走访了B村的农户，并向一些没有时间接受访谈的青年居民发放了电子问卷，给接受访谈的数位老年居民发放了纸质问卷。根据访谈交流的结果，课题组汇总概括了若干具有代表性的意见：

村民甲："B村的公共设施建设滞后，以前村组出钱修过的路已经破损，但持续7年多仍未修复。当时修建的路质量很好，但为了铺设管道而把路挖开后，村委一直拖着，想等美丽村庄建设的拨款下来后再修路，但我们已经通过村民小组长反映过很多次，却一直没有回复。前任的周书记离任后，街道曾派一位干部下来任书记。当时派下来的姚书记向各村民小组征集了120多条意见，可惜他还没有落实、反馈就调到镇里任副镇长去了。现在这些征集的意见都石沉大海，新任的村委也没人再提起了。另外，现在外面的建筑垃圾被堆放在竹林

---

① 根据Z街道工作人员提供的相关资料及在Z村村委会议室座谈获取的信息，Z村位于Y街道西南方，由两个自然村合并而成，包括24个村民小组，有784户农户，共2886位常住居民。该村是一个以苦竹及其加工制作的竹笛、竹箫等竹器类民族乐器而出名的村庄，现共有各类笛箫加工制作企业（作坊）100多家及两个竹笛专业合作社。村民依托笛箫加工制作企业（作坊）已开设60多家淘宝店、25家天猫店，电子商务从业人员200多人，日出单量800单以上。2015年网络销售额超过2500万元人民币，该村被评为区级电子商务村。2016年，Z街道邀请某城市规划设计院编制了《Y区Z街道02省道以南片区美丽乡村精品区块规划》，准备将Z村打造为以竹笛制造、音乐教育、休闲旅游、运动健康为特征的"竹笛艺创小镇"。

Z村现有面积约63.34公顷的建设用地，主要以村庄居住用地、公共服务设施用地、村庄生产设施等为主。现以村庄居民用地为主，集中分布在乡级公路石横线两侧及直路溪北侧。有少量商业设施用地，主要为小卖铺和菜店。石横线各区段宽窄不一，且两侧景观环境较差。村庄内部道路过于狭窄，车辆通行不便，且村庄支路与支路之间缺乏有效衔接。村庄建设比较杂乱、风貌不协调。村庄发展规划的重点是，沿石横线、直路溪布局村庄公共服务设施，以及休憩、游览、竹笛生产、展示等功能空间。规划方案的要求是保留741户的现有建筑，新建及"原拆原建"43户，总体规模保持平衡。

旁边的空地上，村委一直没有处理；应该查清这些垃圾究竟是居民出租场地供外面的建筑单位堆放的垃圾，还是外面建筑单位偷运进来倾倒的垃圾。这样堆放建筑垃圾会影响饮用水的质量。1 组这边的路旁青草没有得到及时清理，可能有蛇，会危及路人的安全。这边的路灯也破损很久，晚上散步时看不清路面的情况，我们希望尽快维护路况、修理路灯。”

村民乙：“门口这条路为了铺电缆被挖开过，现在水泥路都变成碎石子路了，需要重新铺路面。村民不了解村里的财务开支情况，也不知道财政拨款都用到哪里去了。村委本来说收回附近的一块地建停车场、游乐场，但后来又搁置了，现在改为种竹子的绿化用地。村里有很多竹木了，公共设施用地没发挥作用。文化礼堂建在 T 村那边，离这边有几里路。B 村这边的居民不会跑那么远去文化礼堂活动。”

村民丙：“我是组里推选的小组长，连任过 3 届，但我向村委反映村民呼吁的修路问题一直没有结果。当时铺设污水管道后路面浇筑得不够平整，后来村里又在抓‘三改一拆’、清理违法建筑的工作，就把修路的事情耽搁了。这都有 7 年了，我已没颜面和村组的居民解释了。修路是村民的合理诉求，我们希望村委抓紧拓宽道路。附近的 L 区某村、F 区某村的美丽乡村旅游产业发展得都很好，民宿产业也发展起来了，但我们村这种公共设施显然不符合发展要求。”

村民丁：“我打工 20 年，去年办起了加工竹笛的作坊，但今年遇到疫情，所以生意比较差。村主任、村书记和其他村干部从未到我家里来过。村里本来有 2 个合作社，主要是对外联络营销渠道，顾不上普通经营户的需要，现在它变成了一个行业协会，需要入股交会费，几十元钱一个股份。原材料需要晾晒 3 年，堆放原材料需要场地，现在只能在自留地里堆放一部分，再临时收购一部分。群众缺乏参与村内事务的机会，对村内的重要事项不知情。前几年为了在一个公交换乘站点附近建公共厕所，村委反复和那户人家签了 5 次补偿协议，从 40 万元谈到 120 万元，村民对于拆迁补偿标准不知情，村干部的工作做得不到位。”

村民戊：“村委决策不够慎重，没有集中规划。前几年上面要求建美丽庭院，统一拆除围墙，村里投入了 20 万元，但没有一次规划到位。村里一直想建‘竹笛一条街’，解决原材料堆放场地少的问题，还想统一品牌使用集体商标，但都没能落实下去。村委做事缺乏统一规划，没有时间表的概念。村里每年有

30万元集体经济组织的收入，但村务不够公开。村里的公益岗位可以给本村的老年居民，免得老年人还要到外村或城市打工。”

村民己：“农村不像城市，就算拆除违法建筑，也要因地制宜。一户多宅是历史遗留问题，希望执法部门能允许村民申请暂缓拆除旧房。原材料要存放3年才能加工，我就靠一幢50平方米的旧房来存放。如果一定要拆除，那还怎么开展生产？竹笛加工的平均利润也不高，主要靠在家里存放材料来降低成本。小作坊可以免税，我在村里没有场地存放原材料，都拉到邻近的L区农村里存放。竹笛生产是小本生意，需要10万~20万元的经营资金，产品的价格在20~400元之间。一位工人需要3000~5000元工资，如果生产成本提高，那这些村民在本村就业的问题就难以解决了。进村的主路太窄，亟待拓宽，应该拆除侵占道路的违法建筑。行业协会对外联络产生了积极作用，比如在北京、上海、广州的展销会需要租赁摊位，行业协会可以代为联络，降低了经营户分别联络的成本。政府应该考虑给行业协会补贴部分费用，扶持本地的产业发展。经营户会使用天猫、拼多多等电子商务平台销售。如果能发展文化旅游业，就可以通过举办夏令营、文化节活动提升品牌影响力，也可以挖掘外来游客的购买潜力。”

村民庚：“村里只有2位干部经常到村民家里走访，其余的干部都是拿工资、坐办公室的。前任周书记有魄力，建起了村委办公楼。这任书记缺乏魄力，工作推动不下去，处理纠纷不合理。区长来下面检查，村里就把2年都没拆好的公共用地遮挡起来。我们村以前是Z街道最富裕的村，现在却不如附近的村。污水管都没有接到家里的化粪池，村里就让我们先签字确认。村里究竟在怎么使用拨下来的那些款项呢？有些干部是拉票党员，这个村有几个大姓，‘三丁四鲍两头黄’，几个大家族的人更容易获得选票。村干部拿工资不管事，路面不平也不管，希望街道可以下派干部来推动工作。很多竹笛加工户不使用刷漆的方式，改用喷漆的工艺，在夜里会打开窗户喷漆。如果喷漆污染空气的问题不能得到集中解决，就会影响村民的身体健康。”

村民辛：“村里的主路太窄了。老年人缺少收入来源，村里的公益岗位是由街道办事处统一招标的，种花、绿化这类工作，每月1600元可以招聘本村的老年人来完成。每位党员要联系5~6户居民，但村干部实际上很少走访。党员年龄普遍偏高，平均年龄为59岁。村民对村内事务关注不多，小组长每年能走访

3～4次。我是从贵州嫁到这个村的，作为村组长不仅要负责计划生育的工作，还要负责垃圾分类的工作。本组的党员代表说他是男性，这类工作应该由女性来做，但工作的补贴都被他领取。村干部平时会打电话通知到村委开会、签字。村两委对工作情况的宣传、解释不到位。开会时不是每个村组派两名代表到会，而是只通知涉及的村组组长，无关的村组组长也不参加会议。整体而言，村委议事决策的透明度不高，行业协会对普通经营户的帮助不大，党员干部疏远群众、搞形式主义的问题比较明显。每户门口的党员联系牌已经装了1年，但仍未落实到具体的党员。个别党员造成的负面影响需要及时得到纠正。”

从上述8位村民的意见来看，村庄规划的编制与执行、村庄环境的保护与改造、村内事务的公开与监督、村民自治的组织与方式等方面的问题具有共性，是讨论乡村振兴的法治保障问题时需要特别关注的。

（二）乡村普遍面临的发展难题

一是基层政府提出的规划目标与实施条件之间难以匹配。在对Z村调研的过程中可以发现，收入水平相对较高的村民对本村的整体发展、人居环境的质量、公共设施的配置情况有更高的期待，Z街道在数年前已经根据Y区政府确定的发展目标为Z村提出了发展“竹笛艺创小镇”的设想，但村两委并没有足够的能力推动相关工作，因此村民的心理落差比较大。在城乡交界地带的很多农村都会面临这种发展瓶颈，基层政府的领导会因此抱怨村两委成员能力不足、热情不够，但村两委成员则会觉得难以处理村内的各种利益纠纷，疲于应付基层政府安排的各项工作。

二是发展集体经济的目标与村民独户经营的状况之间难以对接。基层政府希望推动产业转型升级，因此必然不断提出发展专业合作社、建立行业协会、打造集体商标品牌等经济发展构想。但是，如果让村民独户经营的小作坊之间形成产销合作的关系，则需要为经营户提供相应的成本补贴，否则村民独户经营节省的成本必然会因为合作过程中产生的代价而被迅速消耗。现实的情况通常是，村集体经济组织的收入主要来自物业出租的收益。因为城乡交界地带的农村闲置房屋可以成为成本低廉的物流仓库或加工车间，所以村集体经济组织在缺乏市场竞争能力的条件下，最合适的选择莫过于增加出租物业的收入。[①]

三是基层政府公共服务与村民内部自我服务之间的关系需要理顺。在城乡融合的背景下，基层政府需要不断激发辖区内村庄的发展潜力，所以其会根据上级政府的政策安排推动美丽乡村建设工作，并提供相应的财政经费支持。从长远来看，城乡融合的结果就是公共服务一体化与社区公共设施全覆盖，但这个发展过程应该需要数十年的时间。在这种情况下，村两委开展自治工作时，就会在依靠村集体经济组织收入解决本村公共服务问题与等待基层政府拨款集中解决问题之间徘徊不定。Z村村民反映的村内道路在7年多时间里仍未得到修缮与村两委等待基层政府拨付美丽乡村建设经费的事例，就反映了这种究竟靠谁提供服务的问题。

综上所述，为实现乡村振兴目标提供法治保障，需要强化法律在维护农民权益、规范市场运行、支持保护农业、治理生态环境、化解农村社会矛盾等方面的权威地位；建立村务监督委员会，推行村级事务阳光工程，完善村级小微权力清单制度，形成民事民议、民事民办、民事民管的多层次基层协商格局；打造“一门式办理”“一站式服务”的综合服务平台，培育服务性、公益性、互助性农村社会组织，逐步形成完善的乡村便民服务体系；推动社会治安防控力量下沉，健全农村公共安全体系，加强农村警务、消防、安全生产工作，实现基层服务与管理的精细化、精准化目标。

二、乡村振兴面临的制约因素

从城乡融合的视角来看，政府提供统一的公共服务、补齐乡村地区公共设施建设的短板，是促进乡村振兴的基础条件。只有在制度上确认农村居民的平等权利、主体地位，并根据农业的特点给予必要的财政补贴、税费减免支持，才能实现确保弱势农业稳健发展的目标。在制度支撑的条件下，还需要追问文化理念与行为方式方面的原因，认识到促进乡村振兴不仅需要以物质条件作为

① 在对Z村调研的过程中，村支部书记表示：“村里出租房屋作为厂房、仓库的费用是8~10元平米的价格，2018年集体经济组织把村里留用地上的房屋用来租赁的收入为50万元，2020年的租金收入预计为70万元，以后有可能达到100万元。因为街道办事处不拆除修高铁所征收土地上的12幢房屋，街道的资产可以交给村集体经济组织用来出租使用。8.1万元每亩的征地费用，本来规定由村集体留4000元使用，但村里有集体经济收入，所以没扣除这4000元，都交给农户了。”

基础，还需要在文化发展与法治建设方面挖掘潜力、探索路径。

（一）农民缺乏经济联合的文化自觉与实践能力

中国农村延续千余年的小农经济传统使得“差序格局”的思维范式趋向僵化。虽然个人在观念上会不由自主地认同“家国同构”的利益格局，但却在潜意识中对淡化个人主体地位的集体合作充满忧虑甚至恐惧的情绪。这种自私但不自由的认知水平使得专业合作社的发展模式，很难在中国的农村区域获得有效运行所需的文化条件。就理想目标而言，2007 年 7 月 1 日生效的《农民专业合作社法》于 2017 年修订后，在 2018 年 7 月 1 日开始实施，从而在立法上确认和维护了这种互助性经济组织形式。“政府通过农村专业合作经济组织推行其农业指导方案，也通过其向农民提供财政、税收和信贷等方面的优惠待遇。而农民因参与农村专业合作经济组织，使自己在政治上获得强有力的发言人和代理人地位。”[①] 这种理想化的期待并不能改变专业合作社联合程度有限、难以平衡经营大户与零散经营小户之间利益关系的现实。生产合作社的境况与供销合作社、信用合作社的衰落都是这种现实情况的反映。无论是大邱庄、南街村、华西村还是 20 世纪 80 年代蓬勃发展的乡镇企业，最终都转向以股份制公司作为产业经营主体的发展轨迹，这实际上表明在中国的社会情境中，泛家族式的利益联结方式曾轻松碾压可能昙花一现的专业合作社联合方式。

（二）村民缺乏公共参与和理性维权的实践训练

对“能人治村”的依赖与期待使得农民个体在面对公共事务时，缺乏热情，保持旁观姿态。如果这一任村干部能力不足，那么村民就静静地等待下一任可能有魄力的村干部出现，或者希望基层政府下派负责执行任务的干部来落实对村庄的整体发展规划。无论是等待政策的恩惠还是等待有所作为的干部，村民们都可以把自己对公共设施、公共服务的期待随时封存起来。出现这种情况是因为国家与地方在立法层面仍旧没有构建起系统有效的农民权利实现机制。“农民权利发展的实现机制，应从农民主体观念、弱势地位及法律规则等层面综合考虑。这既需要通过多维赋权建构农民权利实现的基础，也应该推动农民主动

① 郑翔、史亚军、栾志红等：《都市型现代农业法律制度体系研究》，北京交通大学出版社 2013 年版，第 50—51 页。

作为，同时借助其他多元主体的介入实现对农民权利的协同维护。”[①] 尽管在相对富裕的农村中，经济收入相对较高的村民因为经营活动与社会实践的经验积累，已经熟悉向政府主管部门投诉甚至通过信访维护利益的方式，但基层政府并没有足够的能力来代替自治组织处理琐碎的公共事务。“换将”不如“选将”，“增兵”不如“练兵”，农村居民需要从长期面对强大的行政体制而形成的“习得性无助”状态中挣脱出来，认识到靠基层政府下派干部的“换将”模式不如用好村民自治制度的“选将”模式，与其靠村外人员进入本村处理利益纠葛、开拓本村整体的发展空间，不如靠村民集体行动，自觉训练自我管理与服务的能力。“自己的家园自己建，自己的家园自己管。”只有在推进城乡公共服务一体化、公共设施普惠化的条件下，明确农民的权利主体地位并保障相关权利的有效实现，才能调动农村居民参与公共事务的积极性，进而增强其在村民自治组织内部理性维权的主动性。

（三）乡村治理需要向基层民主与法治模式转型

处于城乡交界地带的农村居民就业方式、收入渠道多元化，使得利益偏好与价值观念多元化的情况渐趋普遍。因此，在处理民间利益冲突方面，需要在构建多元化纠纷解决机制的同时，妥善处理乡规民约与法律制度之间的磨合问题。法治需要借助民主活动获得权威性依据，无论是硬性的国家立法还是柔性的民间规约，如果要成为处理纠纷的权威性依据，就都必须具有足够的正当性来说服当事人。“法治方式是实现农民的合理诉求和全面发展愿望最现实的路径。只有依靠法治，才能够切实保障广大农民群众依法享有的民主选举、民主决策、民主管理、民主监督等民主权利，让广大农民真正成为农村社会管理的主人，成为民主制度的直接受益者，切实体现以人为本的理念，从而实现农村社会的稳定与进步。”[②] 对于城郊村或城中村而言，乡村治理需要直面外来人口融入的问题。通过完善乡村治理模式来挖掘乡村良好的风俗，提升乡村社会的凝聚力，可以为乡村产业振兴创造人力资源条件。公共文化服务的覆盖则可以为乡村振兴提供必要的智识资源。从城乡融合发展的角度看待乡村振兴的对策，

---

① 刘同君等：《农民权利发展——新时代乡村振兴战略背景下的时代命题》，东南大学出版社 2019 年版，第 94 页。

② 杨东霞、贺利云：《法治是推进农业农村经济社会发展的必由之路》，农业部产业政策与法规司、农业部管理干部学院、中国农业经济法研究会编：《农业法律研究论丛（2014）》，法律出版社 2015 年版，第 51—52 页。

需要从调动新兴社会组织参与乡村经济发展、社区服务、公益慈善等方面拓展思路，以民主与法治的方式为村民自主追求产业振兴、生活宜居的发展目标创造条件。

综上所述，乡村振兴的动力在于产业兴旺。产业兴旺需要以完善土地制度、加强环境保护与生态补偿机制建设为前提。坚持以村民自治为基础，以多元化纠纷解决机制为保障，同时强调政府加强公共服务、提升基础设施建设水平，这样才能够实现有效治理的目标。“乡村社会同样存在着政府、市场、社会三大领域，这三大领域之间保持相对平衡的关系，是推进乡村治理的基本依托，也是实现乡村善治的基本前提。处理好政府、市场、社会之间的关系，核心是要实现对公权力的驯服、对资本的节制、对人权的保障。”[①] 乡村振兴需要从完善土地制度，推动集体经济组织发展，强化医疗、养老等公共服务，加强基础设施建设，防治环境污染，优化基层治理模式，提升农业规模化发展水平，促进产业转型升级，加强公共文化建设等多方面采取举措。对于乡村振兴的目标而言，法治保障是基础，人才与组织支持是关键前提，技术与政策扶持是重要条件。

三、推动乡村振兴的法治建议

乡村振兴需要经济、社会、文化、政治等多方面条件的支持，但关键的问题在于土地资源的合理利用、乡村自治的稳健发展与公共服务的全面覆盖。承包地、宅基地与集体建设用地担负着发展农业生产、保障农民居住权益与满足城镇化建设用地需求的功能，是乡村振兴的基础资源。乡村自治需要依靠健全的自治组织与完善的自治规则予以支撑。乡村自治具有的集聚众智、汇集众力的作用，是乡村振兴的内部力量来源。公共服务的公平覆盖是政府需要履行的基本职责。高效地解决教育、医疗、养老等现实且紧迫的民生问题，是乡村振兴的外源性物质条件。

（一）树立“城乡发展等值化”的理念来推动乡村土地整理工作

根据国土空间规划制度的安排，国土空间被划分为生态空间、生产空间与生活空间，体现了人类与自然环境协调相处、永续发展的理念要求。农村的土

① 张英洪等：《善治乡村——乡村治理现代化研究》，中国农业出版社 2019 年版，第 13 页。

地发挥着保障粮食安全、维护生态平衡的重要作用，因此从长远与宏观的视角来看待农村的土地空间，就必须承认城乡发展并无绝对的优先次序，应当采取等值化的态度来支持城乡协调、融合发展。在很长一段时间内，将村庄进行拆并整合，最终改造成为工商业小城镇的目标，被一些地方政府视为乡村振兴的基本路径。这种做法虽然能够在短期内体现政绩，但实际上是在挤压生态空间与农业生产空间、农民生活空间。推动乡村振兴，当然需要从规模化经营、产业链建设等方面构建现代农业体系，将生产服务业与农产品加工业引入乡村区域，但这样努力的目标在于确保乡村农业与配套工业、服务业的协调、同步发展。因此，依法制定符合农民整体意愿、长远利益的乡村整体发展规划，才能将国土空间规划制度中的原则性要求落实到乡村振兴的实践当中。

承包地的碎片化问题亟待解决，这就需要完善农地信托制度，建设县域土地流转信托服务平台，为种植大户开展长期、稳定的规模化经营创造必要条件。当然，通过农业生产合作社为农户提供耕作、病虫害防治、庄稼收割等农业服务，也能够提高农业机械化水平，减少精耕细作方式造成的人力成本过多投入。承包地的改革应当以整合碎片化的农地、确保耕作的农户长期从事农业经营作为基本目标，这是维护基本口粮安全、保障主要粮食品种自给的公共利益要求，也是所有改革探索不能触碰的底线。[①]

宅基地的置换与整治能够为城镇建设提供可观的建设用地指标，因此近年来频繁、广泛地引发利益冲突。在较长一段时间内，宅基地制度的福利保障性质仍然不容否定，这样才能为农村居民与无法顺利在城镇定居生活的进城务工人员提供安居的保障。从近 30 年来不断加强控制农村宅基地使用面积与人员范围的法律和政策背景来看，在基层政府尚未冻结宅基地审批发放功能的区域，有必要严格落实只有本集体经济成员才能依法无偿申请宅基地的规定，为整治未批先占、超标准占地、一户多宅、向非集体经济组织成员出售或出租房产而使用宅基地的问题创造前提条件。对于违反由人均占用宅基地面积构成的每户宅基地面积规定的未批先占、超标准占地、一户多宅问题，应当由集体经济组织采取逐年递增式收取宅基地使用费的方式，督促本集体经济组织成员无偿交回或有偿退出多占的宅基地。未批先占、超标准占地的农户应当无偿交回这部分宅基地，否则就应当按照逐年递增的数额缴纳宅基地（集体建设用地）使用

① 王立争：《新时期农村土地承包制度改革的法律探索》，中国政法大学出版社 2016 年版。

费。[①] 对于因为继承或本集体经济组织内部成员交易而出现的一户多宅现象，则应当照顾到因法律规范之间不协调、此前数年管理混乱等方面的历史因素，采取有偿退出的方式激励使用者退出闲置的宅基地。对于违反现行法律规定的农房交易，需要承认此类交易合同只是触犯了行政管理性规定，因此农户对房屋的处分权仍是支持买卖或租赁合同生效的必要条件。但是，农户在宅基地使用方面并无处分权限，所以应当要求使用农房的非集体经济组织成员缴纳逐年递增的宅基地使用费。通过收取宅基地使用费可以解决农户不公平利用宅基地造成的部分问题，也能够增加集体经济组织收入，为鼓励农户或非集体经济组织成员有偿退出宅基地积累资金条件。

在理顺宅基地有偿使用与退出制度的基本逻辑后，在实践中开展的宅基地置换、合村并居工作就可以通过区分农业维续型、工商业转换型的不同村庄类型来调整工作重点。[②] 经过整治而收回的闲置宅基地，可以被依法发放给申请用地的集体经济组织成员，也可以被转换为集体建设用地。因为宅基地整治而进入城镇定居的集体经济组织成员可以将承包地流转给集体经济组织统一经营，这样也就为促进承包地规模化经营提供了便利。对于集体建设用地的统一经营，需要依靠集体经济组织发挥作用。[③] 这就涉及促进乡村振兴的第二个重要问题，即健全村民自治组织，完善村民自治规则。

（二）放弃“能人治村”的幻想与完善“众人治村”的模式

在改革开放初期，因为乡村普遍处于农耕社会的封闭状态，所以出现了“能人治村”的现象。但是，在 30 多年后的今天，市场经济的发展已经推动大多数乡村突破了封闭的状态，不仅人员外出务工的比例不断提升，而且发达区域的村庄已经形成了多元化发展的态势。[④] 乡村居民从单质化的社群转变为多元化的社群，是乡村治理模式必须适时转换的现实根据。当下的政策要求是村党支部书记一肩挑，兼任村委会主任与村集体经济组织负责人的职务。这样的安排能够便利基层政府、上级党委开展工作，但也给村庄内部的治理结构平衡提

① 吕军书等：《中国农村宅基地退出立法问题研究》，法律出版社 2019 年版。
② 陆剑：《集体经营性建设用地入市的法律规则体系研究》，法律出版社 2015 年版。
③ 何嘉：《农村集体经济组织法律重构》，中国法制出版社 2017 年版。
④ 代瑾、臧鹏、曹义杰：《中国乡村社会治理传统及其法治化转型》，四川大学出版社 2020 年版。

出了新的要求。[①]考虑到村党支部书记个人精力有限、责任重大的现实情况，应当在制度安排上将具体的工作任务分配给村党支部副书记、村委会副主任、集体经济组织副职负责人来完成，而由“一肩挑”三项职务的村党支部书记负责监督、指导几位副职成员开展工作。

为了确保“一肩挑”三项职务的村党支部书记具有足够的民主正当性权威，能够按照竞选承诺依法履行职责，应当完善村民选举环节方面的制度。一是由村民对村内党员进行提名选举，再由上级党委从获得选举提名的党员中确定村党支部的成员。二是在村委会成员选举环节，采取自荐、海选与组团竞选的模式。在2005年第七届村委会换届选举过程中，杭州市民政局曾推广自荐海选模式，以求降低选举成本。凡参加“自荐”的选民，均需在村民选举委员会组织召开的会议或选举大会上，就其所“自荐”的职务发表治村演说。杭州市余杭区塘栖镇唐家埭村曾试点自荐海选模式。为解决自荐人可能过多、自荐人情况难把握的问题，在“自荐”的基础上采用组合竞选模式，即从自荐人中确定村委会主任、副主任、委员候选人，接着由村委会主任候选人在副主任和委员候选人中提名其竞选团队的组成人选，最后由村民投票选举。组合竞选模式可以削弱家族、宗族对选举的影响，注重村委会成员整体关系的和谐与整体功能的发挥。在“四议两公开”工作方法落实到位的情况下，组合竞选模式有利于形成强有力推动工作落实的村委工作团队。

在选举工作完成后，应当完善贯彻“一诺双评”制度，成立党务监督小组、村务监督小组，按照“四议两公开”的模式监督村党支部成员、村委会成员与集体经济组织管理人员履行职责。对村党组织书记实行“一诺双评”制度，对村党支部书记、村委会主任、负责财务工作的干部实行任期和离任审计制度。根据《中共中央办公厅、国务院办公厅关于在农村普遍实行村务公开和民主管理制度的通知》（中办发〔1998〕9号）规定，村委会应该设立村务公开监督小组和民主理财小组。在此基础上，应当成立党务公开小组。党务公开与村务公开监督小组成员分别由党员大会、村民会议或村民代表会议推选产生，一般由5~7人组成。监督小组分别对党员大会和村民会议负责并报告工作，监督、检查本村重大事项是否按照“四议两公开”工作法的要求进行决策与实施，监督评议党务公开内容和村务公开内容的全面性、及时性、真实性。

① 祁勇、赵德兴：《中国乡村治理模式研究》，山东人民出版社2014年版。

实现“众人治村”的目标，需要完善村规民约、村民自治章程，明确自治规则以减少工作推进的阻力，增强村民的责任感与积极性；发挥村民小组长及老年人协会、妇女代表会、乡贤会、村务监督委员会等群众组织的积极作用。村庄内部的村务监督委员会、老年人协会等群众性组织可以配合村委会完成大量公共服务类工作，同时可以为壮大集体经济组织力量、开拓集体经济发展路径夯实群众基础。通过组建乡贤会，吸纳从本村走出去的教、科、文、卫、商、政、军等各界农家子弟为建设乡村贡献力量；也可以充分发挥担任过村干部的人士在协调村内各方面关系中的积极作用，选择合适的方式、场合听取这部分基层精英人士的意见，采用恰当的方式邀请这部分基层精英人士参与推进村内重点工作。村务、党务需要通过党务公开栏、会议、广播、微信公众号或小程序、QQ 群等形式予以公开，确保每季度公开一次，并及时公开涉及村民重大利益的事项。由党务公开、村务公开监督小组负责监督“四议两公开”工作的落实情况。

（三）加强乡村地区的公共设施建设与提高村域公共服务水平

交通、通信、水利、卫生、教育、文化等方面公共设施的建设，能够降低个人谋求全面发展所需支付的成本。[①]显而易见的道理是，在“交通靠走，通信靠吼，耕地靠牛，治安靠狗”“垃圾靠风刮，污水靠蒸发”的物质条件下，个人为了维持基本生活需要，就已经耗尽了大部分精力，当然很难在提高个人发展水平方面取得进步。因此，基层政府在注重硬件基础设施建设的同时，还要完善社会保障、多元化纠纷解决机制等，这是促进乡村振兴的重要外源性物质条件。现实的情况是，村集体经济组织收入是经济发达地区许多村庄公共服务开支的经费来源，基层政府的财政支持仍然不能有效补足乡村地区的公共服务短板。村集体经济组织收入本来应该是村民的财产性收入，现在却成为替代国家税收发挥公共服务作用的资金来源。在欠发达地区，如果没有集体经济组织的收入，那么公共服务的匮乏状况就会更加明显。这种情况如果不能被及时扭转，那么促进乡村振兴就会变成政府空喊口号、农民自发努力的状况。

公共设施建设需要大量的资金投入，因此当下对部分村庄进行合并以建设农村社区的做法具有现实合理性。因为只有在人口适度集聚的条件下，建设基

① 罗兴佐：《水利，农业的命脉：农田水利与乡村治理》，学林出版社 2012 年版。

础设施的投入才能产生充分的效益。从“要想富，先修路”到信息基础设施建设成为开展智慧治理的前提条件，乡村振兴显然需要跨越因为智能设施建设水平差异而形成的“数字鸿沟”。在物联网时代，电子政务平台已经为民众办理事务提供了快捷的通道，因此，加强乡村范围内的终端设备建设，解决公共服务“最后一公里”的问题，具有显著的必要性。在 QQ、微信及其小程序等可供用户便捷地实现资讯传递、预约挂号、资料查询、实时交流等目标的情况下，不仅远程接诊、授课成为普遍的服务项目，而且行政审批、案件审判工作也可以在网络平台上进行。既然从治安监控设备到垃圾清运装置都借助互联网、数字化技术的支持实现了更新换代，那么按照“城乡发展等值化”的理念要求，至少应当在人口聚集程度较高的行政村中心区域或新建的农村社区中，及时建设各类信息基础设施或安装终端设备，从而为实现城乡一体化发展目标夯实基础。

通信、教育、医疗、养老等领域的公共服务是保障居民生活质量的基本要求。从公民终身学习的受教育需要角度来看，基础教育当然具有重要的意义，需要政府在学校分布、师资配备、校舍建设方面履行保障与促进的职责；同时，职业教育、技能培训等针对社会公众的教育服务项目同样影响到乡村居民的发展质量。因此，政府需要在鼓励社会力量办学的同时，增强社区学院的教育辐射功能，为提升农民综合素质、培育现代职业农民创造条件。只有优化保健医疗服务才能预防重大疾病发生，提高公众的整体健康水平，因此需要努力提高乡镇卫生院与村级卫生室的医疗卫生服务质量，依靠新型农村合作医疗制度的支持，预防看病难、看病贵与“因病返贫”等问题的发生。农业技术服务、农业保险与小额信贷等普惠金融服务都是乡村振兴不可或缺的条件，但仅靠农民自发努力很难获取这类服务，因此政府应当加强财政支持与政策倾斜，以补足这类公共服务方面的“短板”。①

结语

总而言之，促进乡村振兴的立法安排，旨在明确政府的职责，在尊重农民自主发展选择的前提下，创造平等的条件甚至提供必要的政策倾斜性支持，以扭转城乡二元化、割裂式发展的局面。在农村长期支持城市发展的条件下，推动“城市反哺农村”的制度与政策形成系统化的合力，这样才能实现“城乡发展等值化”的目标，为建设生态文明、实现全体人民

① 王怀勇等：《中国农村信用制度建设研究》，法律出版社 2017 年版。

共同富裕营造文化氛围、夯实物质基础。

首先，促进乡村振兴必然绕不开土地资源的开发利用问题。土地问题是乡村振兴的基础问题。我国《宪法》第六条与第十条界定了构建土地制度的政治预设。在维护政治传统稳定延续的价值判断指导下，对于当前农村集体所有土地碎片化、闲置化的利用问题进行剖析，首先应当坚持“公有私用”的制度逻辑来看待实践中出现的问题。[①] 在土地公有制的前提条件下分析相关制度的改革与完善对策，首先应当考虑在梳理制度发展脉络的基础上提出革新配套制度的方案。只有充分探究完善现有制度的可能，才能够更清晰地辨别引进域外物权法律制度改造现行制度的成本与风险。在预设土地制度改革稳健推进的条件下，城乡交界地带的乡村还需要借助普惠金融、农村集体资产利用等多项制度的支持，这样才能顺利实现乡村振兴的目标。

其次，从统筹城乡发展、促进城乡一体化视角来看待乡村振兴的建设路径问题，需要讨论建立城乡统一的商品市场与生产要素市场体系、加快建设以农产品加工为核心的农村工业生产基地、发展农村合作经济组织以推动产业化经营等的细节内容，也需要坚持以农民为主体、因地制宜、与时俱进的发展思路。[②] 在农业经营过程中，土地规模化经营有利于提高农业生产效率。在市场经济体制下，发展农业生产合作社、借助市场化运营的农业服务组织的力量来提高耕作效率，已经成为农业生产环节的发展趋势。种粮大户、家庭农场、专业合作社与以债权性经营权入股的农地股公司等不同的组织形式可以为促进农业规模化经营创造条件。除了对组织形式进行探索与创新之外，农村新型金融组织的发展、农产品合格证制度的完善等都是提升农业产业效益的必要条件。农村基础设施建设滞后与社会保障水平不高的实际情况，直接制约了农村居民消费升级的潜力发挥，而农业的弱势地位则是农村消费市场长期低迷的首要原因。[③] 只有革新农业生产经营的组织形式，才能改变农业生产者在市场经济运作过程中的被动地位，从而为开拓农村消费市场创造必要的条件。

再次，乡村是城市建成区以外具有自然、社会、经济特征和生产、生活、生态、文化等多重功能的地域综合体，具有发展水平差异化明显、发展条件依赖城市政府反哺等特征。各级政府推动健全城乡融合发展的体制，一要完善城乡基本公共服务体系，确保财政投入持续增长；二要构建财政优先保障、金融重点扶持、社会积极参与的多元投入格局。在实现乡村保障粮食等农产品供给、保护生态和环境承载力功能的基础上，促进农业全面升级、农村

① 桂华：《中国土地制度的宪法秩序》，法律出版社 2017 年版，第 12 页。

② 曾福生、吴雄周、刘辉：《新农村建设和城镇化协调发展——以湖南省为例》，经济科学出版社 2012 年版，第 140 页。

③ 刘广明、尤晓娜：《新常态背景下推进农村消费的政府干预研究》，法律出版社 2018 年版，第 99 页。

全面进步、农民全面发展。这需要尊重农民的主体地位与首创精神，充分发挥市场在资源配置中的决定性作用，巩固和完善农村基本经营制度，推动城乡要素有序流动、平等交换和公共资源均衡配置。政府在推进农村土地整治和农用地安全利用，加强农田水利设施建设，加强农产品流通骨干网络和冷链物流体系建设，确保农民共享全产业链增值收益方面，应当积极履行职责。构建政府负责、社会协同、公众参与、法治保障的乡村治理体制，应当加强基层群众性自治组织建设，健全村级议事协商和监督制度，增强村民自我管理、自我教育、自我服务、自我监督的能力，依法完善农村纠纷调处机制，建立简约高效的基层管理体制，支持完善村级综合服务设施和综合信息平台。工商资本、城市居民到乡村发展乡村旅游、休闲度假、养生养老等与农民利益联结的项目时，不得破坏农村生态环境，不得损害农村集体经济组织及其成员的合法权益。只有坚持城乡融合发展、人与自然和谐共生，按照因地制宜、循序渐进的改革方案，将乡村振兴工作纳入国民经济和社会发展规划，建立政府、市场、社会协同推进的机制，推行绿色生产生活方式，鼓励和支持市民下乡、能人回乡、企业兴乡，才能稳步实现城乡融合发展背景下的乡村振兴目标。

中　篇

夯实法治基础

论提升我国法治建设自足性水平的思路[①]

摘　要：法治化的治理模式为法律制度、伦理规范、道德习俗等行为规范协调发挥各自作用配置了恰当的空间，因此，以民主政治与社会自治为前提的法治模式，从民主立法、构建多元化解纷机制到合宪性审查的连贯运作，具有逻辑自洽、实践自足的特征。民主商谈的程序机制安排能够为法治提供正当性支持，使人民主权的拥有者在法律实施的场景中，可以被合理置换为人权享有者，从而能够有力回应立法者的决定是否具有足够正当性来要求守法者服从的疑问。在现代社会中，宪法是为整个法律体系提供价值预设基础的根本法，要求其他部门法的规定均不得抵触保障权利实现、规范权力行使的宗旨要求，因此，对法律正当性的追问在多数情况下可以被合理转换为对法律合宪性的追问。宪法应当为民主政治、社会自治、协同治理划定宽松的发展空间。社会自治的状况直接影响法治的自足程度。

关键词：自由主义；法治；正当性；合宪性解释；社会自治

在以法治作为关键词设定话题时，既要看到法的现代化、世俗化、实证化发展趋势，也要考虑公众对法的内容形成的正当性、确定性、开放性要求。在现实与理想的张力作用下，关于法治功能是否存在缺漏及如何实现法治目标的相关争论，就成为辨析提升法治建设自足性水平问题的缘由。实践的非自足性局限不能成为在合理限度内追求某种治理方式而到达自足性理想的绊脚石。对法律系统自洽程度、法治范式自足性水平的认知，是提升我国法治建设自足性水平的必要条件。

① 本文初稿发表于《江汉学术》2021 年第 3 期。此为删改稿。

一、关于法治存在功能缺漏与法治具有自足性的争论

在法治能否独立自主地支撑起现代治理方式方面，不同学科、立场的学者之间存在差异较大的看法。怀疑法治效果的学者们希望借助其他类型的社会规范来补足法治的功能缺漏。在继承本国传统文化的价值期待下，法治功能不彰的现实就成为证明整理国故的必要性时常用的论据。

（一）强调提升法治建设自足性水平的意义

法是国家机关与职业群体的组成人员基于限定的角色、按照预定的程序，对重要的社会行为规范进行确认与解释的产物。相对于法律的概念而言，民间习俗是其初始形态，官方文件是其稳定形式，裁判结论是其现实表现。法治是各种社会角色依据法律、按照预定程序参与和实现社会协同治理的过程与状态。对法治的尊崇意味着对法律的规范性、确定性加以捍卫，同时对法律的正当性、适应性进行证成，使得依据法律的治理能够在眷恋的过往、有序的当下和向往的未来之间实现动态的平衡。

法律规范只是调整社会关系的一种规范，但法治则是为法律机制运作、社会自治、伦理与道德约束提供协调发挥作用空间的治理方式。因此，为社会群体伦理自律、个体道德自省保留合理空间的法治，具有逻辑自洽性与实践自足性的优势。只有政府还权于社会和市场，施行法治的条件才会逐渐完备。在机构配置合理、程序设计完备的法律适用条件下，对法律规定的平等遵守能够实现形式正义的目标；同时，借助法律职业群体的伦理自治机制与必要的立法成果，强化法律人适用法律方法的专业素养与伦理良知，能够为依靠程序与契约的良性互动来实现实质正义的目标夯实基础。“政府主导型的法制建设虽然可以在短时期创制很多法律，但是，也会带来不少问题，主要就是国家创制的法律和社会的需求之间不相契合，不容易获得民众的内心认同。”[①] 推动社会团体依据伦理规范实行自治，避免强制推行某一群体偏好的道德习俗，从而为个体道德自省保留足够空间，可以为推行法治创造必要条件，为法治系统自洽运转扫除观念障碍。

① 蔡伟：《中国法制建设中的矛盾与选择》，《宁夏大学学报（人文社会科学版）》2007 年第 2 期。

（二）“仁政”与“德教”构成的礼治模式缺陷明显

由于对中国古代社会治理方式的优劣存在众说纷纭的观点，激进的法治怀疑论者甚至主张用道德规范代替法律规范进行管制，认为这样才能扭转世风日下的社会境况。这些主张以其他治理方式替代法治方式显然无法形成对法律规范体系的正当性予以确信的态度，相关的论据则主要是中国古代法制史上儒、法两家交锋、争鸣时采用的部分论据。但无论是儒家所倡导的等级化的道德规范，还是法家所宣扬的以法律作为赏罚工具来维持君主权威的观点，都选择了将民众作为专制对象或者排除在治理主体范围之外的理论预设。“古代中国并无法治，法家所谓法治，充其量只是在肯定人治或专制的前提下重视法律的作用而已。”[①] 如果没有民主政治、社会自治、分权制衡作为基础条件，作为现代社会治理方式的法治几乎没有可能发展为成熟的样态。

在中国古代的政治治理模式中，作为权力最高代表的皇帝被预设为道德素养完美的典范人物，能够顺承天意来维护政治与社会秩序，因此为了教化被预设为欠缺道德素养的庶民，朝廷与官府需要像仁慈的家长一样施行体恤、教化民众的政策。但是在实际的政治运行过程中，皇权与官府权力掌控者都缺少向民众负责的足够压力，所以专制政治才是统治集团以道德的名义自我美化的本质内容。“作为法家思想不可分割的部分，‘以法为本’，法、术、势三者结合是君主治国的方法论。君主用‘法’之赏、罚二柄实行统治，用‘术’驾驭群臣，而君主‘任法’‘用术’所凭借的力量即为‘势’。”[②] 因此，如果新近的讨论忽视市场经济发展与社会自治趋势，放弃坚守民主政治的基本立场，那么中国古代社会的“仁政”“德教”“法术势”结合论等观点，自然能借助近年来回归传统的选择偏好成为学术炒作甚至邀宠献媚的资源。清醒地认识到盲目照搬古代思想的危害，能够帮助人们认清体制化与法治化的差异。体制化意味着在高度集权的思路指导下，基于效率目标对政权组织运行机制进行不断改组重构的努力，而法治化则意味着承认国家政权与社会力量之间的互动关系，并以保障权利实现的方式督促政权组织提升权力机制运行的规范化水平。

当然，如果坚守人权保障、社会自治、协同治理、“创造性转化”的立场来汲取传统文化的思想资源，那么这种尝试并不能被视为毫无益处的学术探索。

① 郁建兴：《法治与德治衡论》，《哲学研究》2001 年第 4 期。

② 舒建国、石毕凡：《法家之“法”的实证主义品格及其现代阐释》，《浙江社会科学》2014 年第 10 期。

辨别道德习俗、伦理规范与法律制度的差异，承认法律体系在规范供给方面的体系自足性与实践有效性，能够帮助人们认识到以等级伦理制度为重要特征的礼治与作为民主政治运行产物的法治之间的显著差异。

二、法治运作吸纳伦理、道德因素的方式

在工商文明发展较为成熟的现代社会，通过民主政治的议决程序创制的立法，一方面，有可能吸纳道德习俗、社会伦理规范中的重要内容，并经过立法的技术加工、转换使立法规定能够顺应社会发展的趋势；另一方面，也为社会自治、公众参与、协同共治预留了充足的“接口”，使得诉讼程序与非诉讼纠纷解决机制能够协调发挥维护秩序的作用。因此，相对于以强制推行独断式道德期许为要务的礼治模式而言，法治模式为利益与价值多元化的现代社会提供了有效处理自由与秩序、效率与公平关系的治理范式。

（一）道德、伦理义务与法律义务相对独立

在古代社会，个体隐没在群体之中的生存状态，使得道德习俗能够顺利地转化为法律制度的要求。在现代社会，社会功能系统的分化导致不同群体的道德偏好形成多元化格局，因此通过整合不同群体的道德共识而形成的社会伦理规范开始发挥更重要的社会作用。“‘伦’与‘理’二字合起来组成‘伦理’，指处理人际关系的道理或规则。”[①] 就像自然世界中物体相吸相斥的物理规律具有指导日常行为的作用，社会生活中由人们相爱相憎的人际关系衍生出的伦理规范，也为个人的价值选择提供了稳定的参照标准。公共伦理是在不同群体的价值选择倾向中进行甄别、协调，进而归纳、提炼出的道德共识。从空间广度方面来看，公共伦理具有超越个别群体道德习俗的广延性特征；从时间跨度方面来看，公共伦理是特定物质文明基础上的文化生活组成部分，具有传承统合的耐久性特征。民主自治的社会环境是社会伦理规范发挥作用的前提条件，必要的立法保障能够发挥重要的辅助作用。

社会分工细化使得法律发展成为独立于道德习俗、伦理观念之外的规范系统，因此法律与伦理规范在内容上尽管呈现部分重叠的关系，但两者相互独立

① 常萍：《司法伦理的实效性探析》，《学理论》2017 年第 1 期。

的态势已成定局。道德具有主观面向与客观面向。道德良知是道德的主观面向，是个体道德认知、情感、意志的统称，是道德行为的主观条件；道德习俗是道德的客观面向，表现为具有相似生活境遇的人们基于道德意志形成的价值选择倾向，属于他律性的自发行为规范。“先秦以后，‘道德’一词逐步有了确定含义，意指人的品质、精神境界和处理人与人之间的关系应当遵守的行为规范及准则等。”[①] 个体的道德良知与行为习惯能够汇聚成特定群体偏好的道德习俗。不同群体的道德习俗之间交叠的共识部分就是社会伦理规范的主要内容。“从产生的时间角度来看，应该是先有道德，后有伦理，伦理源于道德，但并非所有的道德都可上升为伦理。”[②] 由于公共伦理中包含了底线性的道德共识，不仅一些伦理义务可能以思想认识、社团纪律、行业规约等形式存在，而且少数重要的伦理义务可能经过立法程序的筛选、改造而被转换为法律义务。通过立法程序筛选、改造部分伦理义务，为立法目的与法律原则提供伦理规范支持，是制定良法的必要选择。在法律制度公布实施后，伦理、道德依据就不再具有影响法律规则的效力。认识到道德义务、伦理义务与法律义务的差异，才能看清法律义务规范从民主立法的程序中获得的正当性基础。

（二）伦理规范、道德习俗主要靠自治、自律的方式发挥作用

在现代社会中，不同群体的道德习俗可能存在明显差异，从奉献者、统治者与交易者的不同角度，会得出关于利益分配等问题在道德上的不同见解，因此通过社会伦理规范总结提炼不同群体的道德共识，就成为维持社会团结、促进社会和谐的必要举措。但是，对于伦理道德的维护首先应依赖社会群体自治、行业自律，通过职业团体、行业协会等平台实现群体内部的自我监督。如果某一群体的道德习俗本身就经受不住公平、正义观念的考验，又不受质疑地被夹带私利的立法者搬运到立法之中，那么道德法律化的做法恐怕只能起到为统治者遮羞的作用。“坚持法与道德相分离，只是意味着法的效力不取决于其内容是否符合某种道德或伦理。”[③] 尽管个体之间的道德质疑乃至群体的道德抗议，都具有督促道德自省的作用；但国家权力若挣脱法治的约束，来参与道德强制的活

---

① 廖炼忠：《当代中国行政伦理制度化研究》，云南大学 2014 年博士学位论文，第 25 页。

② 田佳：《当代中国教育法律法规的伦理问题研究》，辽宁师范大学 2013 年博士学位论文，第 18 页。

③ 纪海龙：《上市与“虐熊”无直接关联——归真堂事件的法哲学透视》，《政治与法律》2013 年第 1 期。

动，就会使个体的尊严与自由无处安置。因此，放弃对道德工具主义的迷思，进行基于个人理性的道德自省，通过民主政治与分权制衡的体制合力开拓的程序交涉路径来规范政府权力行使，才是走向良法、善治目标的正途。

（三）伦理规范的内容在立法与法律实施环节的间接作用

一个能够保障德福一致的社会，可以让践履道德良知追求的人士获得必要的精神与物质激励。即便对悖德者略加惩罚也是对别无他求的施惠者提供的精神激励，能够让人们明确价值选择的正当标准。因此，通过立法对部分重要的伦理义务进行加工、改造，按照民主议决的立法程序将这部分伦理义务转换为法律义务，就成为现代社会处理法律制度与道德习俗、伦理规范相对独立关系的必然选择。虽然立法可以吸纳部分重要的伦理义务，实现有力维护社会秩序的目标，但并非所有伦理义务都适合借助赋税成本的支持而添置法律义务的包装。立法辩论的作用即在于区隔社会公众自发的道德诉求与立法机关自觉的伦理选择，确保立法中彰显的伦理规范内容具备可操作性与妥当性。如果在立法表决后，基于伦理价值的需要，将某一道德习俗加工为法律规定，那么就需要承认在实施该项立法规定时，并无援引这一道德习俗作为执法或裁判依据的必要。如果忽视道德习俗在社会中的普及程度与社会自治水平，单纯地幻想依赖政权强制力量推行包含特定道德期许的倡导性规范，就可能导致法律实效大打折扣的情形发生，进而损害立法的严肃性与权威性。

具有国家强制性的法律制度与具有社会自律性的道德习俗之间的区别，是国家与社会之间功能界域区别的基本表现。“在用法律解决道德问题的同时，我们需要有相当的清醒来提防这样的危险，那就是以强制力而武断地解决本来可以由社会自身解决的问题所可能带来的对社会自主、自治的压抑。”[①] 就实践的细节而言，在立法议决程序中，需要注意衡量、比较道德理由与其他理由之间的分量，把持伦理、道德诉求法律化的合理限度；在权利、义务与责任的配置方面，需要运用立法技术保障法律适用的可行性，并为个体自主的道德反省、社会自治保留充分的空间。尽管部分重要伦理义务可以通过立法程序的加工、改造而转换为法律义务，但在法律适用过程中并不需要将伦理、道德标准作为适

① 邓少岭：《“未定型社会”中的规范难局及其解决——“道德冷漠症”引发的法哲学思考》，《东方法学》2012年第1期。

用法律规则的正当依据。法官应当优先适用法律规则，即使必须适用法律原则来补充法律规则漏洞、矫正法律规则的偏颇之处，也需要权衡不同法律原则代表的伦理价值导向，并借助裁判说理与陪审员参审制度防范个体的道德期许因素不恰当地渗入裁判结论中。法律制度与道德习俗、伦理规范的相对独立，能够防范某种道德偏好不恰当地影响法律适用。法官在穷尽法律规则后适用法律原则时，应当按照比例原则的要求在不同法律原则关涉的伦理价值导向之间合理权衡，并通过严谨的裁判说理防范个人道德偏好的流溢。由此可见，社会伦理规范在立法与法律实施过程中的影响都被限定在法治框架内，所以良法、善治目标的实现仅取决于科学立法、公正司法等方面的制度安排与人员知识储备，并不需要过度渲染将某一群体的特定道德诉求掺入其中的必要性。

综上所述，强调个体自主、社会自治的优先地位，是为了维护个体尊严的独立性。因此，在谨慎借助立法技术吸纳社会伦理规范内容的同时，首先给个人涵养美德留下自主的空间，就成为明确政权组织与社会群体分工界限的必然要求。法治与法制的差别就体现在，法治作为一种社会治理范式，既为法律制度的运行提供了程序导向的机制条件，也为依赖伦理规范、道德习俗支撑的社会自治保留了足够的空间。法律系统是支撑法治模式运行的核心部件，因此在讨论法治自足性问题时需要明确对于法律正当性的认识。

三、法律的正当性是法治自足性的根基

从生活经验来看，物品摆放正当就能够避免因重心倾斜导致的损害，个人行为符合道德习俗的正当要求就可以避免名誉贬损带来的风险，思想言论能够符合公众的正当期待就容易避免偏激、刻薄的质疑。法律规范内容的正当程度较高，就可以促使人们遵守法律义务，捍卫法律的权威，从而降低法律实施的成本，营造社会和谐的氛围。“现代法律秩序的基本危机，可以勘定为共识价值与个人权利之间的矛盾。”[①] 自由多元的生活方式与思想观念一方面充实了社会文明的内容，另一方面给社会秩序的维护带来了压力。因此，为各类社会功能系统提供基础保障的法律规范体系，首先需要应对不同社会群体对法律内容正当性程度提出的质疑，进而引导个体强化对法律规范安定性与法律体系自足性的确信。

① 熊伟：《诠释与反思：法律后现代危机的现代性批判与启示》，《金陵法律评论》2009 年春季卷。

（一）自由主义是法治自足性的思想渊源

自由主义思想是法治理论中的主导思想。这是人类社会发展到工商文明阶段社会分工细化促使个体独立性增强所产生的社会实践方式使然。“即使基于个人的自由也能确保最低限度所必需的社会活动的话，那么社会对于个人的要求就会降低，个人主义理念的妥当性程度就会提高。”[①] 按照自由主义的基本观念，个体在社会合作的体系中保持各自的独特性，有利于社会整体的平衡与发展。因此，对个体尊严的关注与推崇，使得自由主义者唯一的敌对力量就成为不肯宽容的自由存在者。

在坚持“对不宽容者无力宽容”立场的前提下，自由主义的拥护者可以各自在宪法基本权利平等的“思想自由市场”中，阐发符合所属群体利益需要的整全性学说，并愿意接受各种整全性学说之间的竞争与共识，从而使反对质疑的独断者无从掌控他人的观念形态。例如，德里达的后现代法学就主张以自由主义的宪治实践作为现实的最佳解构平台。“一切实质正义诉求的形而上学—神学倾向都可以在这一平台上安全地解构。”[②] 当一种整全性学说可以被充分地解构，随后又能被相关利益群体合理地重构时，这种整全性学说就不会专断地妨碍个人理性的发展与自由的实现。由此，对知识真理的追求就可能不再被笼罩在社会强势群体所塑造的某种意识形态之下，而开始转向对特定时空范围内不同群体思想共识的归纳。“在历史的长河中，人类在任何一段时间所获取的知识都是暂时的、不完备的、可以更正的。那么，终极真理或者每一个人都完全同意的方案是不可得的。”[③] 人类文明的发展总是在生产组织者与劳动提供者、法律制度与文化习俗、政府管制与民众自治等多重不平衡关系的复杂冲突中演进，因此，不断丰富的知识真理体系在个体乃至群体观念中，必然只能映现出模糊的轮廓与片段化的影像。人类追求知识真理能力的现实局限，促使自由主义的拥护者必须寻找可以稳定地生成“重叠共识”的合作机制，来确保知识理性与实践理性对个体认识和行为的有效指导作用得以持续发挥。

---

① 高桥和之：《论宪法与民法在人权保障中的作用》，洪英、潘秀丽译，《学习与探索》2008 年第 2 期。

② 季涛：《法律之思——法律现代性危机的形成史及其现象学透视》，浙江大学 2007 年博士学位论文，第 92 页。

③ 黄春燕：《论正当性法律解释》，《福建行政学院学报》2009 年第 4 期。

（二）民主商谈为法治提供正当性支持

近代以来，由于生产技术与自然科学的发展，事实与价值相对独立的观念成为社会科学讨论的重要预设条件。尽管人们在为特定目的而描述事实的情境下，会不自觉地为所讨论的事实问题涂抹价值期待的底色，但是区分事实与价值的观念在逻辑层面仍然具有显著的启发意义。近代法律科学从神学与哲学的范畴中独立出来后，法律体系的正当性就难以从神学与哲学提供的价值基础上获得普适化的证成支持。实践理性话语可以为法律提供正当性支持，但是“这种正当性不能被转化为知识含义上的真实性，它的基础不是某种以‘实然’形态存在的客体，而是实践理性主体自身设立的‘应然’规范”[①]。如果说凯尔森以“基础规范”作为法律体系内部融洽性的预设条件，仍旧是从外部观察者的视角为法律的正当性转换为形式理性意义的有效性寻找理由，那么哈特以“承认规则”吸纳基本的价值共识为法律在形式理性意义上的有效性夯实社会事实基础的努力，则是从内部参与者的视角为保障法律规范的安定性与权威性提供社会科学方法层面的证成。

对于法律系统的内部参与者而言，其所承认的法律权威可能是以基于功利权衡做出的推定作为初阶理由，也可能是以基于道义要求做出的价值选择作为高阶理由。“从哈贝马斯的规范式论证角度来看，现代国家的两个重要特征——人民主权和人权，都要求法律的正当性必须建立在民主的基础之上。”[②] 民主商谈活动在预定程序机制的导控下，能够确保人民主权的拥有者与人权的享有者、立法者和守法者等概念在最大限度上形成观念上的同义置换效果，同时在人的主体性与主体间性、自然性与社会性之间架设沟通融贯的桥梁。“商谈的民主程序承担着全部的正当化重负，法律正当性来源于此程序。”[③] 当然，合理商谈对理想情境的要求在现实中很难被充分满足，所以对法律规范内容正当性的追寻就需要在立法、司法等连贯、循环的程序环节中持续进行。当个体需要在特定的利益交涉活动中做出决断时，程序化设置将成为当事人平等达成契约的必要条件，而对特定利益纠葛保持价值无涉立场的预定程序服务于实质正义目标的功

① 陈征楠：《试论法正当性的道德面向》，《河南师范大学学报（哲学社会科学版）》2010 年第 4 期。

② 刘毅：《现代性语境下的正当性与合法性：一个思想史的考察》，中国政法大学 2007 年博士学位论文，第 97 页。

③ 肖小芳、曾特清：《“合法律性的正当性”何以可能——哈贝马斯对哈特法哲学的批判与修缮》，《道德与文明》2011 年第 4 期。

能，也可以得到契约内容的支持。由此可见，法律的正当性与个案实质正义的结果之间仍需要契约或当事人信服的裁判结论作为联系媒介；但若是法律缺乏正当性基础，平等地达成契约与获取公正的裁判结论的期望则难以获得保障。民主商谈可能因为参与者素质与现实条件的制约，而难以为法律提供充分、迅捷的正当性支持；但确实为公众评判法律的正当性，提供了具有充裕的时空开放性的可能。

综上所述，近代以来，社会分工细化使得各类社会组织系统的独立性逐渐增强，法律规范也从宗教规范、道德习俗中独立出来，并发展成为其他组织系统可以共享的符码系统，从而形成了安定性、明确性、世俗性等优势。“多元化集团和自然法观念产生了一种不依人们的社会等级而分配权利、义务的法律秩序，而将近代西方社会引向法治。”[①] 法治之所以能够成为统合社会秩序的基础模式，实际上来源于自由主义生活方式与思想理论的支持。只要不同社会群体的利益纠纷持久存在，自由主义的法治理想就永远处于需要不断完善、革新的状态，但基础理论层面的基本命题也必然因其与社会基础的呼应性而具有较强的稳定性。“社群主义的流行，是因为自由主义文化所导致的社群价值观的衰退几乎到了必须加以纠正的地步，离开发达的自由主义就无法真正理解社群主义。”[②] 在个体与群体、自由与秩序、感性与理性等永恒的矛盾关系中，程序、契约与道德习俗、伦理规范具有重要的媒介化合作用，因此，在尊重个体、自由、感性偏好基础作用的前提下，人们可以借助程序、契约等制度化的安排或道德自省、团体自治等灵活的方式，使个人的主体性与主体间性特质需要在交往活动中得到协调满足。“公民扮演双重角色，既是法律的接受者，也是法律的制定者……正当之法确保人权与人民主权的同时实现。”[③] 既然法律体系在事实上覆盖在各类重要社会关系之上，发挥着定向、维稳、减震、保温的作用，那么人们必然对法律规范的内容是否符合生活的长远与整体需要进行反思。正当性恰好是一个满足人们反思、质疑、评判需要的概念。当法律规范的正当性获得人们的确信后，人们不仅会主动遵守法律的规定，而且也会以法律规范为标准对社

① 孙理波：《传统法律在现代社会中的危机——昂格尔的社会批判理论》，《政法论坛（中国政法大学学报）》1997 年第 1 期。

② 郑琼现：《我们该怎样借鉴社群主义的法律思想》，《政治与法律》2012 年第 7 期。

③ 肖小芳：《道德与法律关系的重塑——哈贝马斯对法律正当性的论证》，《武汉科技大学学报（社会科学版）》2010 年第 6 期。

会生活中的行为与关系做出判断和评价。从这个角度来看，法律的正当性是法律体系成为自足性评价基准的首要条件。

四、宪法可以支持法律正当性与法治自足性

对正当性的极限式追问不仅依赖丰富的知识积累，而且给个案纠纷的解决增添了较大的成本负担。由于近代以来的法律规范已经比较充分地吸纳了道德习俗、伦理规范、行业惯例、乡规民约中的合理内容，并经过立法程序对这些内容进行了技术处理，表现为法律条文的法律规范已具有较强的明确性与可行性。因此，解决纠纷时，直接在代议机关依照预定程序颁布的规范性文件中，寻找对权利—义务或职权—职责及法律责任的规定，并衡量位阶次序、颁布时间与适用范围等因素来确定裁判纠纷的依据，自然更符合民众的日常需要。“合法性是一种未经充分质疑和批判的正当性。”[①] 合法性不仅指形式理性意义上的合法律性，而且包含法律应当符合作为根本法的宪法之要求。因为宪法为各部门法设定了价值根据，基于人民主权与人权相互协调的立场为各部门法指明了立法宗旨，所以在对法律规范的解释适用过程中应当基于对宪法基本权利规范的理解，来消除对法律条文进行文义解释所产生的争议，使民众对于法律正当性的追问，可以在合宪性审查及基于宪法的法律解释活动中得到适当的回复。

（一）宪法成为评价法律正当性的初步依据

伴随着法律体系的逐渐完善，用以协调法律体系内部冲突的宪法作为根本法的地位，也逐渐得到认可。从我国宪法的发展历程来看，我们能够看到宪法规范的内容呈现出“政治宣言宪法—经济改革宪法—人权保障宪法”递进式发展的竹笋状结构。这种文本内容变迁的现象正是由市场经济发展与社会生活方式多元化的客观趋势所推动。从世界各国宪法发展的历程来看，也能够看到现代宪法功能扩展的历史事实。“各国宪法以确立基本法秩序、建立法的共同体为追求，对共同体进行了全面的调控，不仅确立了政治国家的活动原则与规则，也为社会中的私人生活提供了根本的、最高的行为准则。”[②] 例如，在我国民法学界

---

① 刘杨：《法治的哲学之维——正当性观念的转变》，吉林大学 2007 年博士学位论文，第 41 页。

② 梁成意：《宪法与民法之关系：误解与正解》，《法学评论》2011 年第 1 期。

与宪法学界讨论《中华人民共和国物权法》草案的过程中，曾经对宪法的性质与地位进行过较为集中的讨论，从而对之前更长一段时间内民法学界忽视宪法作用的认识做出了适当校正。福利国家时代公法、私法的混合与交融不能抹杀宪法的公法性质。就宪法与民法的关系而言，作为公法的宪法是私法的制定基础。宪法的调整重点虽然不同于各部门法，但各部门法的内容不应当与宪法规范的要求相抵触，这是由宪法的根本法地位所决定的立法原则。

尽管在现实的立法活动中存在不区分宪法与部门法功能差异而照抄宪法条文的做法，但这种不合理的立法浪费现象不能成为部门法学者否定宪法功能的理由。“大多数国家的宪法都明确规定了其他法不得与宪法相抵触的原则。”① 按照不抵触原则的要求，在理解我国大量立法中“依据宪法，制定本法”的表述时，需要注意各部门法可以根据调整对象的特点做出灵活的安排，只要未超越宪法规范设定的界限，就属于在宪法设定的立法权限内裁量。当然，公法与私法存在性质上的差异，确立涉及公权力行使的规范时需要坚守“法无授权不可为”的原则，而确立涉及私权利行使的规范时需要贯彻“法无禁止即自由”的原则。同时，公法与私法、各部门法之间并非绝对无关，否则法律体系就无法被融洽、贯通地构建起来，所以公法与私法之间“接轨”的立法技术需要得到充分重视与恰当运用。以民事立法对强制性规范的“接轨”安排为例，“为实现特定公共政策目标的强制性规范是外设型强制性规范，应安排于民事特别法和行政法规中；为自治的私法行为设定最低法律要求及铺设通往公法管道的强制性规范为内设型强制性规范，应安排在民法典内部”②。在立法层面充分运用立法技术协调宪法与部门法的关系后，还需要在法律适用特别是司法救济机制中发挥法律解释与论证方法的作用，依靠合宪性审查的制度安排和基于对宪法规范的理解澄清法律条文语义模糊的方法，及时维护宪法作为根本法的权威与地位。

（二）合宪性解释可维护法律体系的自足性

在合宪性审查活动中，首先应依据合宪性推定原则解释涉嫌侵害基本权利的法律条文，以维护法律规范的安定性。我国的合宪性审查制度安排了全国人

① 蒋德海：《从宪法“不抵触”原则透视宪法与其他法的关系》，《华东政法大学学报》2008 年第 1 期。

② 钟瑞栋：《民法中的强制性规范——兼论公法与私法“接轨”的立法途径与规范配置技术》，《法律科学（西北政法大学学报）》2009 年第 2 期。

大及其常委会作为职权机关，因此法官在普通的诉讼程序中并无直接适用宪法的职权。法学界对司法活动中基于宪法解释法律方式的讨论，并不涉及宪法条文多种可能含义的辨析问题，而只关注依据宪法条文的明确指向来辨析法律条文多种可能含义的问题。[①] 基于宪法确定法律解释结论的情形应当限于，对法律条文的不同解释可能侵害宪法的基本权利，因此需要借助对宪法的理解来澄清法律条文的确切含义。若当事人对基于宪法的解释产生疑义，认为按照不同的宪法规范解释方案可以确认法律条文违反宪法规范，那就需要启动宪法审查程序来解决争议。

若对合宪性解释的内涵进行广义理解，可以认为合宪性解释包括普通诉讼程序中基于宪法的解释与宪法审查程序中基于合宪性推定原则对涉嫌违宪的法律条文做出的限缩解释。“美国的合宪性推定和日本的合宪性限定解释虽基本相同，但强调的重点不同，合宪性推定侧重于司法权对待立法权的立场和态度，合宪性限定解释侧重于一种具体的审查技术。”[②] 在普通的诉讼程序中，在法律条文的文义涉及基本权利保障问题时，法官可以基于对相应宪法规范的理解，对法律条文的不同解释方案做出取舍选择。[③] 只有简单的字面含义解释无法满足当事人对法律规范的期待时，当事人与法官才会选择体系解释、探求主观目的的历史解释、探求客观目的的社会学解释甚至比较法解释的方法，来确定最恰当的解释方案。在这些解释方案难分高下时，法官可以根据所要保障的基本权利并借助合宪性解释的限缩要求，对多种解释方案做出取舍选择。例如，在刑法适用过程中，合宪性解释要求与罪刑法定原则的功能相似，都是为了限制定罪权与量刑权的滥用，确保文义解释符合宪法保障权利实现、规范权力行使的宗旨要求。“把刑法的合宪性解释界定为对刑法做出符合罪刑法定原则的解释，实质上是在提倡形式解释论，要求以自由保障为限度解释刑法。”[④] 由此来看，除非法律解释的方案涉及基本权利保障问题，法官才需要依据合宪性解释的限缩要求来选择恰当的法律条文解释方案，以明确作为裁判依据的法律规范的具体内容。一般情况下，对宪法规范内容的理解都应隐含在对法律原则的解释适用过

① 王锴：《合宪性解释之反思》，《法学家》2015 年第 1 期。

② 夏引业：《合宪性解释是宪法司法适用的一条蹊径吗——合宪性解释及其相关概念的梳理与辨析》，《政治与法律》2015 年第 8 期。

③ 黄晓亮：《刑法合宪性解释界定的另条路径》，《国家检察官学院学报》2015 年第 5 期。

④ 苏永生：《刑法合宪性解释的意义重构与关系重建——一个罪刑法定主义的理论逻辑》，《现代法学》2015 年第 3 期。

程中，从而使部门法能够在法律规则与法律原则的协调状态中保持较高程度的独立性。

综上所述，在法律适用过程中，按照“穷尽规则方能适用原则”的要求，法官首先应当采取解释文义的方法来确定法律规范的具体内容，因此若利用体系解释、历史解释、社会学解释乃至比较法解释的方法，能够确定最佳的解释方案，就不需要适用法律原则进行法律论证。如果在不同的解释方案中难以确定最佳方案，而且法律规则的适用涉及宪法基本权利的保障问题，那么法官应当基于对宪法规范的理解，依据合宪性解释的限缩要求对多种解释方案进行选择取舍。“合宪性解释是指当法律存有不止一种合理解释时，选择其中不与宪法规范相冲突或与宪法规范最相符的解释方案作为其正解。”[①] 普通诉讼程序中的合宪性解释情形并不涉及对宪法条文内容的解释争议，因此，法官并未越权行使合宪性审查程序中的宪法解释权力，也未行使对宪法进行抽象解释的人大常委会职权。[②] 在法律规则存在漏洞或内容存在明显偏颇的情形下，法官需要适用法律原则来确保个案裁判结论的公正性，因此可能依据对宪法条文的理解或行政惯例、商业习惯、道德习俗来论证权衡适用法律原则的理由。在这种情况下，若选择基于宪法的解释作为适用法律原则的理由，则可以视为法官在间接适用宪法。由此可见，基于宪法的解释可能是为了论证权衡适用法律原则的理由，或者发挥合宪性解释的限缩作用来对法律解释的方案进行选择取舍，但这两种情形都不属于直接适用宪法或在多种宪法条文的解释方案中进行选择，因此只能算作间接适用宪法的法律解释与论证方法。

结语

总而言之，法治作为一种治理范式，为法律制度、伦理规范和道德习俗协调发挥作用提供了充裕的空间，因此，从个体自主的视角来看，以程序交涉机制为基本原理、以契约合意作为价值追求的法治，具有逻辑自洽性与实践自足性的特征。在现代社会中，宪法是为整个法律体系提供价值预设基础的根本法，要求其他部门法均不得抵触其保障权利的实现、规范权力行使的宗旨要求。因此，对法律正当性的追问多数情况下可以被合理转换为对法律合宪性的追问。宪法应当为民主政治、社会自治、协同治理划定宽松的发展空间。社会自治的

① 黄明涛：《两种“宪法解释”的概念分野与合宪性解释的可能性》，《中国法学》2014 年第 6 期。
② 蔡琳：《合宪性解释及其解释规则——兼与张翔博士商榷》，《浙江社会科学》2009 年第 10 期。

状况直接影响法治的自足程度。

为了确保法律规范体系整体上的和谐统一，宪法作为根本法提供了各部门法均不得悖逆的价值导向，而合宪性审查程序的完备则为及时发现并处理那些抵触宪法规定的法律条文提供了条件。因此，法律的合宪性问题就成为合理应对法律规范正当性追问的替代问题。在普通的诉讼程序中，法官通常只需适用法律规则做出裁判，但也可能需要适用法律原则来弥补法律规则的漏洞或纠正适用法律规则形成的偏颇结论。在论证适用法律原则理由或者选择解释法律条文的方案时，基于对宪法的理解所提出的论证理由或用以甄选法律解释方案的合宪性解释要求，在我国都是间接适用宪法的重要方式。总而言之，民主商谈的程序机制安排能够为法治提供正当性支持，使人民主权的拥有者在法律实施的场景中，可以被合理置换为人权享有者，从而能够有力回应立法者的决定是否具有足够正当性来要求守法者服从的疑问。

我国程序法治建设的路径[①]

摘　要：以角色分化为前提的利益交涉是法律程序的基本属性。正当法律程序的基本要求表现为，中立的裁决者为程序参与方提供信息交流的充分机会，并在筛选、评价信息的基础上做出说明理由的判断结论。从程序正义的理论视角来看，正当程序的作用在于平衡结果正确性与结果可接受性两种价值追求的关系。立法程序与行政决策程序的法治化建设、正当化构造，对于具有集权传统和行政主导特征的现行政治体制而言，显然具有突出的作用。诉讼程序与行政执法程序的制度完善，直接影响到当事人的具体权利保障程度，是需要持续关注的问题。

关键词：正当法律程序；形式性正当程序；实质性正当程序；程序正义；程序主义

法治建设不仅需要以对法律权利、义务与机关职责、权力的规则安排作为参照标准，而且需要为设定权力运行时序与时限、步骤与方式的程序制度提供支持。从程序视角分析法治建设的路径，对于回应法律正当性的追问、解决法律有效性的实现问题具有重要的指导意义。既往的文献分别从民主政治、法律实施两个层面探讨了程序的价值问题，并重点就立法程序、行政程序和诉讼程

① 本文初稿发表于《广西政法管理干部学院学报》2018 年第 6 期。此为删改稿。

序的改进思路提出了多方面的建议。[①] 在既有研究成果的基础上进行必要的梳理和分类，能够为后续的讨论提供清晰的思路，也有益于促进理论与实践的有效互动。

一、梳理正当法律程序与程序正义理论的关系

从过程的角度看待实存现象，可以在实存现象的空间延展特征之外，看到实存现象的时间沿革特征。在人类生活中，个体对于确定性的依赖使得基于过往经验调控活动过程的现象频繁发生。从原始社会的简单仪式到现代社会的复杂合作，创设程序成为人类应对未来不确定性所附带的成本或风险的重要举措。法律程序是角色分化条件下进行利益交涉的重要方式，可以为参与方提供充分论证利益正当性的机会，也可以为决定者通过说理方式做出裁量利益争执的决断蕴蓄充分的可能。观察源自英美法系的正当程序理念及其制度变迁轨迹，能够为确定当下我国程序法治建设的要点提供重要的经验素材。

（一）从自然正义观念到正当法律程序的传统

正当程序作为法制史和比较法上的重要概念，是程序正义理论依托与观照的实践基础。关于法律程序的学理讨论通常从自然正义、正当程序、程序正义或程序公正等概念展开。基于自然法理念阐释的自然正义要求，为英国普通法中的正当程序原则提供了思想基础。正当法律程序思想的阐释者在追溯其蕴含在英国法律传统的发展脉络过程中，从大宪章等宪法性文件与普通法的判例素材中找到了充分的论证依据。在法官们将“国家的法律”这一词语的含义用“正当法律程序”反复演绎的司法实践中，国家的实定法应当符合正当法律程序要

① 关于正当程序及相关问题的研究成果，学界重点研究了程序价值，形式性与实体性正当程序，立法、行政司法特别是刑事司法中的正当程序，程序正义理论和政治学层面的程序主义范式问题。一是关于程序价值问题的讨论，如，孙笑侠（1992）提出应当把人权作为法律程序的一项价值标准，陈瑞华（1998、1999）评析了萨默斯的综合性程序价值理论，齐建辉（2011）探析了正当法律程序价值理论反思和重构问题。二是关于形式性正当程序与实体性正当程序的讨论，如，丁玮（2005）在博士论文中从法制史角度研究了美国宪法上的正当法律程序问题，刘东亮（2017）论述了实体性正当程序的起源、发展、本质、价值、审查与判断问题。三是关于立法、行政、司法特别是刑事司法中正当程序建设问题的讨论，如，曾祥华（2005）在博士论文中研究了行政立法的形式、程序与实质正当性保障问题，季卫东（2007）强调了正当程序对刑罚权的限制功能。四是关于程序正义理论和政治学层面程序主义范式问题的讨论，如，陈瑞华（2000）从程序正义理论的角度评析了马修的尊严价值理论，季涛（2006）指出新程序主义法学范式是程序理性反抗价值虚无主义的徒劳举措。

求的理想，成为推动自发型法治模式逐渐成形的重要动力。

（二）从形式性正当程序到实体性正当程序

在近代法治的发展过程中，约束国家权力的首要任务在于防止刑事追诉权力被滥用，为犯罪嫌疑人和被告人提供必要的诉讼权利和程序保障。因此，正当法律程序的要求在刑事诉讼领域首先显现出来。伴随着近代社会中“夜警国家”干预行政模式向现代社会中福利国家干预行政与给付行政并行模式转型的时代趋势，正当法律程序开始在行政法领域扩大适用范围，形成了实体性、程序性正当程序并存的局面。程序性正当程序的主要作用在于规范行政权行使的步骤与方式，但其只能在形式正义层面实现维护社会发展秩序的目标，因此公众需要对立法内容本身进行必要的检验来确保实质正义目标的顺利实现。以美国联邦最高法院为代表的司法系统通过对《宪法》第五修正案与第十四修正案的能动解释，创造性地发展出关于实体性正当程序的司法审查方法，使宪法司法化的实践与公民基本权利类型化保障的可能紧密结合在一起。依据美国宪法条款中“自由、财产与安全”等的权利保障安排，将宪法列举权利与暗含的权利解释为立法过程中应当合理考虑的基本要求，使得未能符合严格检验标准的立法内容在司法审查的个案中丧失效力，为司法机关合理发挥弥补议会立法边缘性疏漏的作用创造了可能。因此，实体性正当程序产生了对由司法机关复盘推演立法正当程序实现程度的监督作用。

（三）从正当法律程序实践到程序正义理论

从英国普通法的发展实践来看，自然正义的要求对国家司法、行政权力的行使过程产生了合理的规范作用。美国在继受英国法律传统的过程中，由倾向于按照实质性思维方式思考的法官们将正当法律程序的形式化要求与司法审查的实践不断融合，最终开创出实体性正当程序的判例传统，为宪法司法化提供了呼应社会发展要求的权利类型化保障模式。美国法院通过实体性正当程序设定了联邦与州政府部门的立法权限，产生了分权制衡的效果。分权制衡以维护公民权利与自由为目的，正是英国法治传统的核心内容。正如美国继受英国的正当法律程序理念并创造性地结合本土实践发展出实体性正当程序，从而使正当程序理念分化出两种类型一样，学者在研讨正当法律程序实践的经验与问题时，也尝试着以程序正义理论为法治实践的普遍发展提供必要的思想指引。程序正义理论不仅总结了英美法系的实践经验，也为大陆法系程序法治的发展拓展了参照的空间。因此，尽管程序正义理论向实践转化的路径尚未充分畅通，但依据程序正义最低限度的要求，就可以粗略地评判一个国家法治建设的水平。从我国法学理论界与实务界在推动程序法治建设方面的努力来看，刑事诉讼程序、行政程序与立法程序制度的逐渐完善，显然受到了程序正义理论的启发。当然，对比相关国际公约和法治发达国家的发展实况，我国的程序法治建设仍旧需要在公正与效率两种对立但可能统合的价值追求之间持续寻找动态平衡的尺度。

综上所述，正当程序在推动法定程序制度构建与完善两个方面，为程序正义目标的实现创造条件。对于程序法治建设起步较晚的我国来说，首先应当依据正当程序理念加速构建法定程序制度，为进一步参考程序正义的要求与理论来修补、完善法定程序制度夯实基础。若能够在司法审查制度方面拓展法院的审查权限范围，也有可能激发正当程序制度对具体法律规则的检验功能。在美国司法实践中逐渐发展出的理性基础检验标准就体现出对法定程序在合宪性推定意义上的基本尊重，而严格检验标准则为法院发挥维护立法程序正当性的拾遗补缺作用提供了参照，至于宽严适中的中间层次标准则使正当法律程序的检验标准逐渐发展为系统化的司法审查标准体系。程序正义理论的作用就在于，帮助我们在客观认识程序制度价值的基础上，及时审视正当程序评价标准体系并合理推动其不断完善，为实践应用提供理论指引。

二、辨析程序主义范式与程序正义理论的差异

对程序正义的讨论首先发端于对刑事诉讼程序的关注，随后向行政、立法领域扩展，进而超越法学领域，成为政治学、社会学领域学者借用的话语范式。就法学领域内部而言，围绕诉讼程序问题提炼的法理论述，为行政程序、立法程序的研究提供了论证的素材。“程序正义是通过求同存异的办法来防止实质性价值争论的激化、维护多元化格局的制度框架，限制某种价值观（既包括少数人的偏执，也包括大多数人的思想共识及传统观念）对公共性话语空间的垄断和支配，以防止某一种信仰压倒甚至抹杀另一种信仰这样的精神暴力导致整个

世界出现单调化的倾向。”[①] 由于程序正义理论为研究者呈现了一套说理论证机制有效运转的图景，政治学领域关于政治正统性的程序主义研究范式应运而生。对法学研究者而言，知晓程序主义和程序正义两个概念之间的差异，将关注的重点放在程序正义理论方面，可以避免产生程序主义研究范式相对抽象的学术话语引发的困惑。

（一）关注政治层面立法正当性的程序主义范式

关于政治正统性的研究与关于法律正当性的研究之间具有密切联系，因为法律系统在现代社会已经成为支撑政治系统运作的重要支柱。政治的正统性话语试图为政治运作提供道德、历史、理性等方面的根据。关于法律正当性的研究同样在为法律内容及其运作方式的合理性寻找道德、伦理等方面的依据。例如，“通过‘商谈规则’‘理想商谈情景’‘论辩原则’等理论设计，哈贝马斯试图以一种程序主义的途径对法律正当性与道德的古典联系进行保护。在价值多元的当代社会，该理论的贡献主要表现在开放民主、超越独断论误区、逻辑自洽、坚守实践理性的规范内核等方面”[②]。哈贝马斯认为，法律的正当性源自民主立法过程中的商谈沟通，其使包含在公众意愿中的道德选择可以借助政治代议过程中反复协商促成的道德共识融入法律体系之中。在借鉴域外理论动态和政治学话语推动法学研究的过程中，法理学者对程序主义范式的意义做了必要的阐释。例如，季卫东教授曾撰文指出，“如果说全球性制度变迁的主旋律在19世纪是自由，在20世纪是民主，在21世纪是沟通，那么在法学领域与此相对应的则依次是各国民法典的编纂、社会法的兴隆及把法律作为关系调节器和沟通媒体的程序主义范式的浮现”[③]。在价值取向多元化的现代社会中，在程序框架内协商以求达成各方相互妥协的基本价值共识，是避免因价值偏好导致暴力冲突的重要方式。季卫东教授认为，相对于将自由主义的价值追求放置于程序建构理性模式之中的旧程序主义范式，新程序主义范式注意到程序理性与实质理性的循环关系。“旧程序主义将诸神之争看作能够通过程序朝向众神共欢的。而

---

① 季卫东：《法律程序的形式性与实质性——以对程序理论的批判和批判理论的程序化为线索》，《北京大学学报（哲学社会科学版）》2006年第1期。

② 陈征楠：《论哈贝马斯的程序主义法正当性学说》，《厦门大学学报（哲学社会科学版）》2012年第3期。

③ 季卫东：《法律程序的形式性与实质性——以对程序理论的批判和批判理论的程序化为线索》，《北京大学学报（哲学社会科学版）》2006年第1期。

事实上人们对自由、权力、利益、文化的理解都可能在各自统一信念的支配下形成完全不同的整体性理解，这些集合了所有基本要素的具有根本歧异之整体性理解就是不同的价值观，它们之间的不和无法单一地靠程序来解决，这恰恰是新程序主义替代旧程序主义的原因。”[①] 根据政治自由主义理论中“倡导宽容，但对不宽容者无力宽容”的论断来看，达成契约的可能性需要借助程序框架的支持，但也需要对拒斥契约者进行防范，以免程序空转或被弃置的情况发生，因此新程序主义范式需要明确维护政治自由主义的坚定立场。季涛副教授曾从程序理性与实质理性的循环无法避免生存决断性选择的境况展开分析，指出旧程序主义价值中立的目标难以实现，是新程序主义明确政治自由主义实质性立场的根本原因。

（二）关注法律实施结果可接受性的程序正义理论

要实现良法获得普遍服从的法治理想，既需要关注民主政治层面对立法正当性的追求，也需要强调在法律实施过程中对结果正确性与可接受性两种价值目标的协调。就诉讼程序而言，当事人对不利裁决结果的态度可能有接受或承受两种表现。因为无法对抗国家强制力而承受不利诉讼结果，对当事人而言，意味着内心的拒斥和外在言行的忍耐之间产生矛盾。程序正义理论的着力点即在于，通过对交涉过程的合理规范来增强当事人通过充分参与而接受程序运行结果的可能性。纠纷的解决与矛盾的化解需要程序化的过程框架提供依循的轨道，也需要以当事人认同的契约式结果作为终结的凭据。孙笑侠教授对程序的要素、功能及特征、价值等问题做过详细的论述。“就绝大多数程序类型来看，现代程序都必须具备：对立面、决定者、信息和证据、对话、结果这五个形式要素。”[②] 在程序启动之前，当事人因为重大纠纷或激烈的矛盾很难达成互谅互让的契约，就需要设置对立面将当事人置于受程序法约束的角色之中，然后安排中立的决定者主持当事人展示信息和证据的活动，并听取各方当事人的诉求与答辩意见，最终依据关于权利、义务的既定规则形成裁判结论，为当事人提供可能被接受或承受的结果。在经历了抑制感情冲动，服从程序导向，充分表达

---

① 季涛：《程序理性反抗价值虚无主义的徒劳——就“新程序主义法学范式及其对中国法学发展之意义”和季卫东教授商榷》，《浙江社会科学》2006 年第 5 期。

② 孙笑侠、应永宏：《程序与法律形式化——兼论现代法律程序的特征与要素》，《现代法学》2002 年第 1 期。

意见和权衡成本、收益的心理过程之后，当事人更容易在言行与观念上接受这种程序化、契约式的结果。“法律程序虽然是法的一种形式，但它对法律、对权利，起到十分重要的作用，有抑制、导向、平衡、感染（暗示）的功能。”[①] 从以诉讼程序为模本的论述中，我们很容易想到，在行政程序、立法程序中同样可以通过吸纳参与方理性、充分地表达意见，来努力达成依法平衡各方利益诉求的合理结果。

无论是权利、义务或职责、权力的规则安排，还是程序的繁简分流、精巧设计，都需要通过个案中的主体活动来转化、落实。因此，实体规则的安排与程序制度的设计均难以获得作为评价标准的资格。若将预设的普适性规范视为形式正义的载体，那么个案的裁判结论才是实质正义的载体。从形式正义过渡到实质正义的桥梁，则是受职业伦理、程序规范约束的决定者主持实施的程序。“我们既不能以实体的正义作为参照去评判程序的正义，也不能以程序的正义作为基准去决定实体的正义，这两种相反的思路都具有片面性和逻辑上的矛盾。恰当的方法应当是从更高一级的逻辑概括去寻求一个评判正义的标准，应当说实质正义才是合乎逻辑的唯一选择。”[②] 良法获得普遍服从，意味着在公众参与的基础上制定的法律具有正当性，且法律实施的结果能够被公众广泛认同、接受。这固然离不开遵从职业伦理规范的法律人群体对实体规则和法律适用技术的精确理解，但更需要法律人群体在程序框架内完成对法律事实的认定与法律依据的甄选工作。从这个角度来看，程序法治建设必然是法治建设的重头戏。

三、立法与行政决策领域的正当法律程序

社会分工细化导致个体与群体之间的利益差别扩大化，利益差异促成价值取向多元化。在价值多元的社会境况下，程序化机制为不同角色提供了表达利益诉求的必要机会。国内对于司法程序与行政执法程序的研究成果，已经充分展示了程序机制在化解矛盾、消弭纠纷方面的积极效用。“程序表现为规范认定和事实认定的过程。但实际上，程序既不单纯取决于规范，也不单纯取决于事实，更不是一种固定的仪式，甚至也不宜过分强调其过程侧面。程序的对立物

① 孙笑侠：《法律程序剖析》，《法律科学西北政法学院报》1993 年第 6 期。

② 赵旭东：《程序正义概念与标准的再认识》，《法律科学（西北政法学院学报）》2003 年第 6 期。

是恣意，因而分化和独立才是程序的灵魂。”[①] 国家机关履行职责需要行使必要的裁量权力。即使近年来各地行政执法部门制定了较为详细的裁量基准，也不能绝对限定权力的裁量空间，因此，只有让程序机制中的不同角色充分表达利益诉求并陈述相关理由，才能防范公职人员恣意行使裁量权造成的危害。尽管立法程序、行政决策程序不同于行政执法程序、司法程序，但信息公开、角色分置、充分交涉等正当程序要求同样需要逐渐得到落实。

（一）促进立法正当程序的完善

在立法审议过程中，需要有效呈现在草案征求意见过程中收集到的信息，因此，应当为审议草案的代表提供逐条讨论的机会，为逐条表决提供理性的参照标准。“立法的过程充满矛盾与冲突。但人类社会之所以要有立法，恰在于希望借助于立法来谋求一种有序的、和平的生活，指望通过一个充满矛盾的过程来追求一种和谐的结果，这本身就是一种悖论。悖论必须消解，而消解这一悖论的任务，便历史性地赋予正当程序。”[②] 尽管我国的人民代表大会制度在会期安排方面尚不便于对立法草案展开逐条讨论，但在草案的审议、表决环节前通过预备会的方式充分征求意见，也有利于不同职业、阶层的代表充分发挥代议职能。对列入立法议程的法律草案公开征求意见，可以最大限度地考虑到选民的利益诉求，为审议和表决过程中的平衡与妥协提供参考依据，避免拟订草案的部门受到相关利益集团的影响而滥用立法资源。“我国应进一步完善立法公开制度、立法回避制度和立法听证制度，以实现立法的正当程序。”[③] 目前，《中华人民共和国立法法》以下简称《立法法》与全国人大及其常委会的议事规则已经对立法程序制度的相应内容做出规定。2015 年修改《立法法》后，289 个设区的市、30 个自治州、4 个不设区的地级市均享有立法权，因此有必要在立法议案的提出、审查、讨论、修改、表决等方面进一步完善立法程序，为各级机关立法活动的有序、高效开展设定必要的规范。近年来，慈善法、民法总则、监察法的草案都经过全国人大常委会 2 次或者 2 次以上审议，才提请全国人大审议通过。全国人大常委会分组会议审议、联组会议审议或专门委员会审议，宪法和法律

① 季卫东：《程序比较论》，《比较法研究》1993 年第 1 期。

② 牛静、赵倩：《公众参与、媒体沟通与正当立法程序》，《社科纵横》2010 年第 5 期。

③ 汪全胜：《论立法的正当程序》，《华东政法学院学报》2006 年第 2 期。

委员会统一审议等方式，有利于协调解决法律草案中的重点、难点问题。对法律草案与审议记录的公开，能够调动公民参与立法的积极性，增强公民对法律的认同感。“通过立法公开保障公民的参与权，不仅是立法实现正当性和权威性的需要，也是人民主权原则的最好诠释。”[①] 近年来，全国人大常委会对物权法草案审议了7次、对行政强制法草案审议了6次、对证券法草案审议了5次、对预算法草案等法律草案审议了4次，反映出立法机关充分听取民声、反映民意、借鉴民智的谨慎态度。对于食品安全法、环境保护法等事关民生的重要法律草案审议4次的事实表明，构建立法听证制度，引入立法辩论环节势在必行，这样能够促进立法机关内部机构的专门化发展，并为人大代表专职化的改革积累经验。

（二）推动行政决策正当程序的建设

尽管行政机关在行政决策程序中居于主导地位，需要对最终的行政决策承担政治、法律与道义责任，但是若没有公众的平等参与机会和理性的交涉程序支持，就无法确保协商治理的状态实现良性循环；所以，完善行政决策的程序化交涉机制显然有利于保障公共利益目标的实现。“我国在一定范围和程度上推行的行政决策程序，已经在执行中产生了信息量与真实性不足、专家不专、公民参与热情降低和监督乏力等新问题。”[②] 专家论证、合法性评估、公众参与意味着三种程序角色的分化，使行政决策的科学性、合法性与民主性都能够得到基本保证。专家匿名评审制度可以确保专家之间的意见得到相互检验。政府法制部门与外聘法律顾问对合法性问题的审查，可以有效避免行政决策方案出现违法问题。公众参与可以通过听证制度或非正式参与制度得以实现，从而确保公众代表能够充分反映本行业、阶层或群体的现实利益诉求。“加强行政决策程序建设，是推进行政决策科学化、民主化、法治化的内在要求。在行政决策过程中，程序参与性、公开性和及时终结性是行政决策最低限度的程序正义要求。行政决策应以‘行政参与’与‘行政公开’的程序理念为基础，以公众参与、专家咨询、可行性／不可行性论证、合法性审查等程序制度为核心，建立具体的

① 李店标：《立法公开与公民权利保障》，《大庆师范学院学报》2012年第2期。

② 周实：《行政决策程序法制化的再研究》，《东北大学学报（社会科学版）》2014年第6期。

正当性程序规则。”[1]目前的行政决策听证制度普遍存在“程序空转”的问题，其原因首先可以归结为其在论辩环节的设置方面始终难以突破。公众代表若具有必要的专业知识，可以自己参与论辩；若缺少必要的专业知识，可以聘请专家作为代理人参与论辩。只有通过论辩的方式，才能让参与听证会的各方代表充分表达意见，并理解其他参与方利益诉求的要点，为不同利益团体根据论辩结果协调、妥协寻找依据。“行政决策适用听证程序，并非要求所有的决策行为都必须召开正式的听证会，在实践中，我们应当平衡适用行政听证程序所带来的人财物力耗费和综合效益。”[2]听证程序需要公民利益组织化表达的制度条件支持，意在通过激烈的抗辩来发现公众的价值偏好与专业的技术判断所形成的重叠共识。如果在缺乏相应条件支持的情境下组织听证程序，通常只能达成附和式论证的效果，所以地方政府可以考虑选择借助网络平台应用“公告—评论—反馈”模式培养公众参与能力的做法，为将来立法调整听证程序的功能定位创造条件。《重大行政决策程序暂行条例》在2019年已经生效，为规范重大行政决策行为、提升重大行政决策质量提供了明确的法律依据。

正当法律程序的要求在刑事诉讼等司法程序中通常更为严格，在干预行政领域则体现出正式听证程序与非正式听证程序并行的特征，而在福利行政领域则通常以非正式听证程序为主。这体现出正当法律程序的要求同样需要在公正与效率的价值追求之间保持平衡，但无论如何确定不同价值追求的平衡点，都需要将通过听证维护当事人权利作为思考的基点。在满足合理听证要求的前提下，充分告知与听取意见，以及说明理由都是需要兼顾的要求。立法程序与行政决策程序具有一定程度的相似性，且相对于诉讼程序、行政执法程序而言显得更为粗陋，所以我国的程序法治建设需要尽快补足短板。

总而言之，中国古代等级化的制度模式没有给强调权力分立制衡的程序制度腾挪出必要的发展空间。“礼俗之治”对尊卑等级的强调，使得个体深陷在责任型文化传统之中。对君主与臣僚责任的强调，使得权力之间的监督制衡理想必须服从于集权合作的内在要求。对家长与自我责任的强调，使得个人主张正当利益的诉求必须随时回应群体生存合作的现实期待。从礼治向法治迁转，意味着从古代农耕文明时期的管制模式向现代工商文明时期的治理模式转型。在

① 戴建华：《行政决策的程序价值及其制度设计》，《云南社会科学》2012年第4期。
② 尚苏影：《我国行政决策听证制度发展与完善》，《金陵法律评论》2007年第1期。

漫长且充满波折的转型过程中，如何构建新的法治范式、引导民众树立对于法治理念的信仰，是一个紧要的时代命题。英美法系中的正当程序传统，为纠结于法律正当性与个案实质正义问题的国人提供了一种全新的视角。具有集体主义底色的道德习俗压力，如果能够被角色分立的当事人和缓地在正当程序交涉的过程中释放，那么对平衡法律与道德关系的不懈追问就可能获得让程序参与方能够初步接受的妥协方案。

良法获得普遍服从的法治理想，其实可以理解为具有不同利益诉求的公众选派代表所制定的良法，能够被卷入利益纠纷的个体在充分表达诉求之后视为解决纠纷的合理依据。从制定作为纠纷解决依据的法律开始，到援引恰当的法律条文裁断纠纷为止，参与方一直需要基于个别利益的立场充分表述意见。这种以角色分化为前提的利益交涉过程就是法律程序的基本属性。正当法律程序的基本要求则表现为，中立的裁决者为程序参与方提供信息交流的充分机会，并据此做出说明理由的判断结论。从程序正义的理论视角来看，正当程序的作用即在于平衡结果正确性与结果可接受性两种价值追求的关系。尽管域外的法治建设经验曾经证明了正当法律程序在保障权利实现、规范权力行使，甚至为宪法司法化提供动力方面的作用；但在不同的国情下，我们仍旧需要在有效平衡公正与效率、成本与效益、自由与秩序等价值追求的条件下，渐进地创设与改良相应的法律程序制度。立法程序与行政决策程序的法治化建设、正当化构造，对于具有集权传统和行政主导特征的现行政治体制而言，显然具有更为突出的作用。诉讼程序与行政执法程序的制度完善，直接影响到当事人的具体权利保障程度，因此其也是需要持续关注的问题。

重大行政决策活动的法治化进路[①]

摘　要：重大行政决策的事项范围应当合理限缩，避免将人大及其常委会议决事项、行政立法、紧急行政决策甚至类型化行政行为纳入其中。地方政府在通过目录式动态调整的方法确定年度重大行政决策事项方面积累了有益的经验。在程序化规制方面，分别针对合法性审查、集体讨论决定、决策评估等行为设置规范准则，可以更有效地提高重大行政决策活动的法治化水平。充分、及时的行政决策信息公开与必要的释明、辅导，是政府吸纳公众充分、理性、有序参与的必要条件。

关键词：行政决策；决策事项目录；专家论证；公众参与；决策评估

重大行政决策事项通常是政府向人大及其常委会提交年度工作报告时需要重点提及的行政决策事项。行政决策是政府为完成行政任务而制定行动方案的行政活动。在行政决策的内容涉及对行政相对人权益的赋予或剥夺时，需要经过外部行政程序、司法程序的规制，以免发生违法行政的行为。行政决策不同于针对特定行政相对人正在做出的或已经完成行为所作的行政决定，也不同于为实现行政目标而针对不特定多数人未来行为制定的行为规范式的行政规定，而是在行政立法行为之外具有内部命令性与外部指导性特征的行政活动。

行政许可、行政处罚、行政强制等行政决定在形成的过程中需要行政裁量，但这种裁量行为不同于行政决策。行政规定具有行为规范的功能，旨在追求令行禁止的效果，具有“要件—裁量”式的文本特征，不同于以“目的—手段”为

---

① 本文初稿发表于《上海政法学院学报》2018 年第 5 期。此为删改稿。

特征的行政决策。[①] 在《重大行政决策程序暂行条例》于 2019 年生效实施的条件下，需要从基层政府实务需要的立场出发，对重大行政决策规制的操作细节问题进行研讨，并提出必要的参考方案。

一、重大决策事项的静态范围与动态设定

部分地方政府已经在限定重大行政决策范围方面积累了有益的经验，并且通过目录式动态调整的方法来确定每年的重大行政决策事项。因此，未来的立法与行政实践可以在确立重大行政决策议题形成机制的前提下，将符合民情、具有民主正当性且符合知识理性、回应科学正当性要求，作为证明重大行政决策不仅具有形式合法性而且具有实质合理性或民主、科学正当性的必要条件。

一是严格限定重大行政决策的事项范围。在行政立法及行政法学理论已经基于行政行为概念构建起基本的行政活动规范的条件下，过于宽泛地使用行政决策概念来指称某些已经被立法或理论类型化的行政行为，缺乏现实必要性与理论可行性。因此，将行政决策视为尚未被行政行为理论类型化的行政活动，可以为将来立法与行政法学理论的恰当衔接夯实基础。[②] 在实务中，对重大行政决策的事项范围可以从正反两方面进行限定。对制定政府规章的行政立法、缺乏外部指导性特征的内部管理活动、应对突发事件的紧急行政决策进行排除，可以从操作层面降低规制重大行政决策活动的难度。[③] 按照政府与市场、社会协同共治的现代治理理念的要求，政府需要从控制成本、评估实际能力的立场出发，避免对市场自律、社会自治的事项过多干预。因此，在划定重大行政决策的事项范围时显然应当尊重政府与市场、社会的合理分工。例如，“广州、邯郸、苏州反面列举了不得作为行政决策的事项，包括四类：（1）市场竞争机制能够有效调节的；（2）公民、法人或者其他组织能够自主决定的；（3）行业组织

---

① 戚建刚（2014）对我国行政决策风险评估制度做了反思；熊樟林（2015）论述了重大行政决策概念证伪及其补正问题；李晓果（2015）对价格决策中公众参与机制进行反思与重构；卢护锋（2016）分析了行政决策法治化的理论反思与制度构建问题；胡斌（2017）通过检视北京市公共交通票价改革的听证历程，讨论了行政决策公众参与的名与实问题；茅铭晨（2017）论述了“行政决策”概念的证立及行为的刻画问题。

② 管弦：《重大行政决策社会稳定风险评估法律制度研究》，《湖北警官学院学报》2015 年第 8 期。

③ 例如，《广州市重大行政决策程序规定》第五条指出：“本规定所称的重大行政决策是指由政府依照法定职权对关系本行政区域经济社会发展全局，社会涉及面广，与公民、法人和其他组织利益密切相关的重大事项所作出的决定。”但是，在第七条中又将诸如“政府规章制定”“政府人事任免”“政府内部事务管理”“突发事件处理”等行为予以排除。

或者中介机构能够自律管理的；（4）基层群众组织能够自治管理的。”[①] 既然是重大行政决策，那么通常就会在政府向人大及其常委会提交的工作报告中，予以重点介绍，所以借鉴浙江省政府从人大代表议案中寻找关系民生的实事作为重大行政决策议题来源的做法，可以考虑将重大行政决策限定为由人大及其常委会提出建议，以及需要向人大及其常委会报告实施状况的行政决策。这样可以为重大行政决策事项划定静态的范围。[②]

二是完善基于理性共识的年度重大行政决策目录制度。重大行政决策的议题形成过程，应当接受多重理性的检验。民众参与的常识理性、专家论证的科学理性与实务部门的技术理性相互校准所形成的理性共识，是在静态的重大行政决策事项范围中选定年度重大行政决策事项的智识基础。参与式治理的理念为重大行政决策的规制指明了方向，要求在设定重大行政决策议题环节吸纳民意需求。“在人民代表大会闭会期间，人民代表大会代表可以发挥其利益代表的表达功能，为参与式治理提供支持。”[③] 从确定决策议题的环节来看，苏州市政府依托互联网技术平台征集议题的做法，实现了吸纳实务部门技术理性与公众常识理性、专家科学理性的目标，使参与式治理从理念要求转换为实际行动。[④] 在未来的立法安排中，应当借鉴苏州、广州、邯郸等地通过目录确定重大行政决策事项范围，并利用电子政务平台动态确定年度重大行政决策议题的经验。“在当前重大行政决策概念认识较为模糊的背景下，‘肯定性列举’的作用是最直接的，且不可或缺。但要及时应对未来的行政决策新变化，‘概括性规定’也必不可少。‘目录’的方式主要解决地方自主性的问题。”[⑤] 立法对重大行政决策事项范围的合理限缩，可以避免地方政府盲目设定重大行政决策事项的乱象。当然，更重要的是利用电子政务平台征集决策议题的实践探索。政府在向人大及其常委会报告下一年度工作安排后，可以邀请人大代表对列入年度重大行政决策目

① 王万华、宋烁：《地方重大行政决策程序立法之规范分析——兼论中央立法与地方立法的关系》，《行政法学研究》2016 年第 5 期。

② 例如，政府规划与国企改革、资源利用及环境保护、民生服务与社会保障等事项。2014 年 1 月 1 日实施的《苏州市重大行政决策程序规定》第十四条提及公共安全、教育卫生、劳动就业、社会保障、环境保护、城乡建设、土地管理、交通管理、价格管理等事项。

③ 王锡锌、章永乐：《我国行政决策模式之转型——从管理主义模式到参与式治理模式》，《法商研究》2010 年第 5 期。

④ 苏州市政府法制办于 2015 年申报的“重大行政决策目录化管理和网上运行”获第八届中国地方政府创新优秀实践奖。《苏州市重大行政决策目录管理办法（暂行）》自 2016 年 11 月 1 日起施行。

⑤ 韩春晖：《行政决策的多元困局及其立法应对》，《政法论坛》2016 年第 3 期。

录的事项进行讨论，从而增强决策议题设置的民主正当性。

三是从合情、合理与合法三个维度来增强行政决策的正当性。合情是行政决策民主性的要求，合理是行政决策科学性的要求，合法是行政决策形式合法性的要求。正当性是用来证明国家机关行为妥适程度的概念，可以被解释为在法学领域经常使用的实质合法性概念，反映了对国家机关行为民主性、科学性的要求。按照人民主权的观念，国家机关的行为应当服务于作为公民的纳税人基本的权利需要，而且应当以较低的成本和较高的效率来实现保障公民基本权利的目标。所以，民主性与科学性就成为反映国家机关行为与民意契合程度、检测民意满足水平的重要指标。在行政机关职能逐渐扩张的时代形势下，仅凭形式合法性难以满足公民对行政机关行为正当性的期待，因此对民主性与科学性的强调成为行政机关证明行为正当性的重要方式。“现代行政决策过程必须是‘民主决策、科学决策和依法决策’的有机结合。”[①] 民主决策的要求不仅反映在政策议题设置的环节，而且反映在决策方案的选择、决策实施的评估环节，这些环节都需要吸纳公众充分、有序、理性参与。为了弥补公众在专业知识上的短板，不仅应当允许公众委托专家作为辅助人员，而且政府要及时公开相关信息并做出通俗易懂的解释，以便公众能够准确理解相关信息并做出理性判断。

二、参与重大决策的多元主体与关系协调

行政决策的制定过程不仅需要政府指定的决策承办机构、合法性审查部门参与，而且需要表达价值偏好的公众、做出技术判断的专家参与。“知屋漏者在宇下，知政失者在草野。”因为公众具有的零散的知识与信息能够弥补行政机关收集信息能力不足导致的疏漏，所以从形成决策议题环节开始，就要注意听取公众的意见以确定行政决策追求的价值目标。不仅公众可以委托专家作为辅助人员表达价值诉求，而且决策承办机构、合法性审查部门也可以委托专家提供参考意见。特别需要强调的是，专家群体作为技术理性的代表应当有超脱于公众或政府部门主观偏好的相对独立性，因此行政决策所涉领域的技术专家基于客观知识体系做出的专业判断需要得到重视。

一是完善专家说明利害关系、同行匿名评审等方面的制度，提高重大行政

① 湛中乐、高俊杰：《作为“过程”的行政决策及其正当性逻辑》，《苏州大学学报哲学社会科学版》2013 年第 5 期。

决策的科学性程度。重大行政决策的效果需要在贯彻实施决策的过程中进行验证，因此仅靠附和决策承办机构拟订方案的专家论证，很难避免专家的知识局限及利益偏好导致技术方案背离决策价值目标要求的情况发生。[①]尽管通过舆论宣传可以降低公众对政府所选方案质疑的概率，但仅靠部分丧失客观中立价值追求的专家提供论证意见，显然不利于维护政府的信用。科学知识具有预设条件及可以根据研究方法还原推理过程的特征，因此竞争性的专家咨询论证方法才更容易保证重大行政决策的科学性。“只有引入多元的、竞争性的专家咨询和论证方式，政策的科学性和理性才能在有意义的知识竞争和讨论过程中得以产生。”[②]美国兰德公司研究院设计并使用的德尔菲法就是客观收集不同专家意见的合理方式，其能够避免专家之间因为相互熟识而彼此照顾情面的情况发生。[③]在政府主导重大行政决策制定的国情下，投入必要的成本同时征求社科院或专门研究院、大学智库、市场化运作的专业研究机构中的专家提供的咨询意见，可以最大限度地保证重大行政决策内容的科学理性。在专家发表利害关系声明的前提下，即便某些专家与特定利益团体存在紧密联系，也可以采取只听取专家意见但不授予相关专家表决权的做法，确保尽量充分地听取专家意见。在专家的利害关系声明、决策方案依据的科学理由可以依法充分公开的情形下，监督问责的行动就能够顺利开展，因此专家基于利害关系肆意做出缺乏中立性的意见而导致的危害，应该能够被充分预见与防范。

二是完善公众参与的利益组织化条件与充分遴选制度，增强重大行政决策的民主正当性。公众参与重大行政决策需要信息与能力方面的条件支持。政府主动公开信息并解释说明，可以促使公众充分认识相关行政决策对日常生活的可能影响，从而增强积极参与的主动性。仅靠个体支付参与成本，无法解决因

① 例如，2012 年 12 月耗资近 7 亿元的蚌埠大庆路淮河公路桥建成通车，仅 9 个月后，主桥面就出现了“脱皮”现象。对此相关部门解释说：“除了车辆超载因素外，最主要的原因是桥面上使用的全部是进口材料，而外国的材料设计不适应蚌埠的高温。”

② 王锡锌：《行政决策正当性要素的个案解读——以北京市机动车“尾号限行”政策为个案的分析》，《行政法学研究》2009 年第 1 期。

③ 美国的德菲尔法（Delphi Technique）是 20 世纪 40 年代美国兰德公司研究院赫尔默和达尔奇设计的使得多数专家充分发表意见并取得一致的方法。德尔菲法并不将专家们召集在一起面对面发表意见进行讨论，而是采取背靠背的方式征集专家意见。其做法为：①不公开各个专家的姓名，用通信方式征询意见，专家均与主持人联系；②进行匿名的反馈联系，专家从反馈回来的意见征询表上得知集体意见、各种观点及理由，并据此提出自己的新观点，形成专家之间的匿名相互影响，并多次往复，排除面对面时不当的个人或群体影响；③对征询结果做定量处理。（多丽斯·A. 格拉伯：《沟通的力量——公共组织信息管理》，张熹珂译，复旦大学出版社 2007 年版，第 216—217 页。）

为“搭便车”心理导致公众参与意愿水平降低的问题。因此，充分培育社区自治型组织、环保公益型组织等，可以提升公众积极参与的能力。“公众参与的基础性制度包括信息公开和利益组织化两个方面。”[①] 长期以来，我国公民的自组织能力停滞在比较薄弱的状态，政府扶持发展的利益表达团体虽然可能自觉代表公众主张相关利益诉求，但因为科层组织的影响难免遮蔽公众自发表达利益诉求的可能。“我国制度内的利益表达集团有四大基本类型：民主党派、工会、共青团、妇联。制度内的利益表达团体因为与政治体系的互动关系良好，能有充分的机会进行表达。但也不可避免地带来一个相反的结果，即利益表达的不充分问题。”[②] 在社会力量的成长速度短期内不会有变化的条件下，充分利用互联网技术传播资讯、收集信息便利的优势，采取“开放报名—随机抽选代表”的方式，可以有效地完善代表结构，增强公众参与的实效。“在理想状态下，应当对代表人的特征、年龄、群体归属、职业构成、收入水平、教育层次等进行全面充分考虑，以保证代表结构的完备，并力求信息传输渠道的多元和开放。”[③] 在具有激烈抗辩特征的听证程序中，被选定的公众参与代表需要通过书面陈述的方式表明价值立场，以避免政府操纵公众代表上演“民主秀”的现象发生。听证程序需要公民利益组织化表达的制度条件支持，意在通过激烈的抗辩来发现公众的价值偏好与专业的技术判断所形成的重叠共识。如果在缺乏相应条件支持的情境下组织听证程序，通常只能达成附和式论证的效果，所以地方政府可以考虑选择借助网络平台应用“公告—评论—反馈”模式培养公众参与能力的做法，为将来立法调整听证程序的功能定位创造条件。[④]

三是注重协调政府相关部门的关系，增强重大行政决策的统筹性。由政府部门承办重大行政决策方案拟订工作的方式，可能导致决策的综合性不强，从而影响决策的实施效果。2013 年 7 月 1 日起施行的《湖北省人民政府重大行政决策程序规定（试行）》在第三章中规定了“协商与协调”的相关内容，有利于理顺决策承办部门与其他部门之间的职责关系。有些行政决策还涉及政府与人

---

① 刘伟：《行政法视野下行政决策的正当性分析——以北京、杭州、成都三地汽车限行为例》，《甘肃政法学院学报》2013 年第 2 期。

② 姬亚平：《行政决策程序中的公众参与研究》，《浙江学刊》2012 年第 3 期。

③ 骆梅英、赵高旭：《公众参与在行政决策生成中的角色重考》，《行政法学研究》2016 年第 1 期。

④ 在上海磁悬浮事件持续的两年中，其经历了从公众上访、上访失败后的上街到行政机关“下访”的转变。行政机关开放地听取意见就能够促成实质性的沟通，因此只要政府有听取民意的诚意，就不需要选用以激烈抗辩为核心特征的听证程序。

大的关系，因此人大或其常委会审议批准的事项可以被归类为地方人大或其常委会的决策事项，不宜作为重大行政决策事项讨论。在纪律监督与责任追究方面，决策承办部门的协调工作全面到位、资料保存完整、合法性审查与廉洁评估细致周到，可以为分清主管领导、分管领导、承办人员的责任归属夯实基础。“为了保证可行性论证的有效性，必须保证论证机构的独立性。”[①]根据谋划、评估与决断相对分离的思路，可以考虑组织非常设的部门联席会议对决策承办部门拟订的草案进行统筹效能评估，论证决策方案的可行性，避免决策承办部门协调工作“走形式”的现象发生。

三、重大行政决策的配套制度及其完善思路

重大行政决策既需要合法性审查、集体讨论决定等内部流程规范，也需要政府信息公开、听证程序等外部程序制度对行政权力进行约束。2008 年北京等城市机动车尾号限行、2012 年高速公路节假日期间免费通行、2014 年北京公共交通价格听证、2014 年取消除夕法定节假日地位等事件引发的争论表明，重大行政决策需要处理利益、价值、理性等多重问题，因此需要完善配套制度以实现民主、科学、依法决策的目标。

一是坚持过程主义原则，优先选择“公告—评论—反馈”模式吸纳公众充分、有序、理性参与。在缺乏利益团体组织化条件支持的国情下，借鉴审判程序抗辩模式的听证会很难发挥实际效用。实践经验表明，各地政府在我国立法对听证会功能定位过于谨慎的背景下，基本上将听证会开成了论证会、涨价新闻发布会。这种滥用听证会形式包装行政决策的做法，不仅导致政府的信用受贬损，而且使公众丧失了参加听证会的动力与热情。“评判行政决策的公众参与主要看参与的过程本身是否科学、真实和合理，而不能以结果论英雄，更不能以‘参与即有效’的观念自我满足。”[②]由于我国公民的自组织水平较低，积极参与公共事务的公民更多是出于对直接利益的关注而愿意支付个人参与的诸种成本。“具体到我国行政决策的民主化领域，社会公众主动参与社会事务、维护社

① 戴建华：《作为过程的行政决策——在一种新研究范式下的考察》，《政法论坛》2012 年第 1 期。

② 胡斌：《行政决策公众参与的名与实——检视北京市公共交通票价改革的听证历程》，《行政法学研究》2017 年第 1 期。

会公益之初衷其实很简单，就是为了维权。”[①] 从重大行政决策公众参与的组织成本与实际效益分析的角度考虑，在互联网技术迅速获得普及应用的社会条件下，在政府网站或官方媒体平台上以“公告—评论—反馈”模式听取公众意见，并及时回应、归纳各类利益群体的代表性意见，同样可能实现在国外召开听证会所要实现的目标。“在非正式听证程序设计中，应特别注重‘公告—评论’环节对参与权的保障。一是公告的内容应当尽量公开详细，满足公众知情权和信息对称的基本要求；二是针对决策方案开展多样化的评论，广泛听取参与人的意见。”[②] 充分、及时的政府信息公开与必要的释明、辅导，是政府吸纳公众充分、理性、有序参与的必要条件，而且对公众评论意见的真诚回复是信息公开与官方释明的重要表现，能够借此培育公众的公民精神与公共理性。

二是以抗辩为核心重塑正式听证程序，对接司法审查制度，确保正式听证程序的正当性。既然我国立法规定了听证制度[③]，那么就需要根据实践需要调整听证制度的功能定位，解决制度运行实况背离立法目的导向的问题。听证制度可以分为价格听证等公共听证制度与行政处罚听证等私益听证制度两种类型。重大行政决策听证显然属于公共听证。为确保公共听证的程序效果，需要参与听证的代表具备相应的判断能力。为了解决利益代表覆盖面与代表人知识素质之间可能存在的矛盾，未来的立法可以引入专家辅助人制度，为参与听证的公众代表提供专业咨询意见支持。在听证程序完成后，应当考虑建立“异议—复核”制度，为重大行政决策行为设置“冷静期”，给公众表达不同意见提供必要的制度通道。在法院形象逐渐独立的情况下，行政诉讼制度若能将在公共听证程序中产生的争议纳入受案范围，则可以有效地提升公共听证程序的正当性与权威性。在政府强势、行政主导的国情下，未来立法从可行性角度出发，可以考虑扩展行政复议制度的受理范围，给听证代表的“异议—复核”需求提供制度支持。

三是纠正重大行政决策过度行政化规制的偏差，构建多元主体复合评估的

① 朱海波:《论中国行政决策程序中公众参与的理论脉络、宪法基础及立法原则》,《甘肃行政学院学报》2013年第2期。

② 李晓果：《价格决策中公众参与机制的反思与重构——以 2014 年北京市公共交通价格调整听证会为证》，《行政论坛》2015 年第 4 期。

③ 我国行政听证制度始创于 1996 年的《行政处罚法》，后在 1998 年的《价格法》和 2000 年的《立法法》等法律中规定了价格听证和立法听证。2003 年《行政许可法》则在听证制度实践的基础上，做了更为详细的规定，如关于听证笔录的效力问题。章剑生：《现代行政法基本理论》，法律出版社 2008 年版，第 359 页。

模式。对重大行政决策的评估既包括预先评估，也包括对实施效果的阶段性评估。目前，各地在预先评估环节侧重对决策可行性与社会稳定风险隐患的评估。“架设过多的行政部门及过度行政化将导致国家资源的浪费。”[①] 纠正过度行政化规制导致的成本高企、效果虚化的偏差，需要从厘定重大行政决策评估的功能定位着手，将结果评估与责任追查制度挂钩，防止地方官员“拍脑袋决策、拍胸脯保证、拍屁股走人”的现象继续发生。除了对重大行政决策进行审计、监察、监督之外，人大及其常委会对代表议案、政府工作报告的审议也是开展重大行政决策结果评估的重要方式。体制外的新闻舆论监督通常能够更灵活地收集到政策实施过程中产生的负面信息，因此多元主体复合评估的模式显然更有利于降低成本、提高收益。“对行政决策进行评估的方向应该是复向的。”[②] 从参与式治理的视角来看，多元主体复合评估行政决策实效的过程是政府公信水平动态变化的过程。同时，在接受多元主体评估意见的过程中，也可以收集关于修改、完善重大行政决策方案的建议，可以将听民意、集民智的要求融贯到日常的行政实践中，提升服务型政府的工作质量。

结语

综上所述，重大行政决策的事项范围应当合理限缩，避免将人大及其常委会议决事项、行政立法、紧急行政决策甚至类型化行政行为纳入其中。为增强重大行政决策的正当性，需要在保障决策的民主性、科学性方面加强制度建设。政府信息公开制度、公民利益组织化的制度保障是公众参与取得实效的基础条件。在程序化规制方面，由于国务院对重大行政决策涉及的行为步骤提出的要求难以用一套程序制度进行整体化规范，分别针对合法性审查、集体讨论决定、决策评估等行为设置规范准则，可以更有效地提高重大行政决策活动的法治化水平。[③] 由于政府强势、市场与社会发育缓慢的国情在短期内难以改变，地方政府应当继续探索拓展行政决策信息公开范围与提升公众参与实际效果的合理路径。

一是在政府信息公开制度逐渐完善的条件下，完善及时、全面公开重大行政决策信息

① 戚建刚：《我国行政决策风险评估制度之反思》，《法学》2014 年第 10 期。

② 黄学贤：《行政法视野下的行政决策治理研究——以对〈重大节假日免收小型客车通行费实施方案〉的检视为例》，《政治与法律》2014 年第 3 期。

③ 例如，南昌市政府针对重大行政决策涉及的行为要求，分别制定了行政规范性文件：《南昌市人民政府重大行政决策听取意见办法》《南昌市人民政府重大行政决策听证办法》《南昌市人民政府重大行政决策合法性审查办法》《南昌市人民政府重大行政决策集体决定规定》《南昌市人民政府重大行政决策实施情况后评价办法》。

的工作机制。“决策公开和公众参与之间存在良性互动的关系。前者是后者有效实施的前提，后者是前者的民主动力。”[①] 需要强调的是，行政机关内部人员在讨论决策方案过程中形成的信息，不同于听证笔录或专家咨询意见，属于不需公开的内容。

二是政府应当重视向社会还权、放权的民主化要求，培养公众参与的能力，提升协同共治的水平。“公民在公众参与的自我表达和辩论过程中增强了政治责任感和‘公民美德’，有利于培育公民在政治领域的‘公民精神’。”[②] 尽管正式的听证程序制度落地生根还需要经历一个较长时间的磨合过程，但利用互联网技术探索“公告—评论—反馈”的参与机制，同样可以达到听证会追求的制度目标，可以为社会治理方式的现代化转型提供增强民主的动力。

① 夏金莱：《论行政决策公开从公众参与行政决策的视角》，《河南财经政法大学学报》2014 年第 4 期。

② 朱捷：《北京市东城区公众参与机制研究》，《行政法学研究》2010 年第 1 期。

权力清单改革的法治化构想[①]

摘　要：行政权力清单大致上可被认定为行政规范性文件，具有行政惯例的地位。职权目录表、运行流程图与问责事项单是权力清单应当涵盖的内容。公开权力清单是政府主动公开政府信息的行政自制形式。行政权力清单改革是推进行政部门整合、简政放权的有力举措。确保内容的合法性审查与动态调整的及时有效，是提高权力清单公信水平的必要条件。增强各部门之间权力清单的协调性，可以为政府部门信息的分享与整合创造条件。电子政务是构建权力清单长效机制的重要载体，能够促进协同共治目标的实现。

关键词：权力清单；正当程序；问责机制；行政审批；电子政务

目前通过行政立法形式制定的权力清单还未出现，仅是理论上的可能形式。所以，政府部门制定的权力清单大致上被理解为行政规范性文件或行政规定。[②]既然政府部门公布了权力清单，就意味着该权力清单至少具有行政惯例的地位，能够被本部门执法人员认同，也为行政相对人提供了相对稳定的预期标准。如果行政主体的行政行为理由与权力清单中提供的参照依据之间存在差异，就需要提供更为翔实的理由予以证成。规范政府权力行使的法治要义需要依靠具体

① 本文初稿发表于《汕头大学学报（人文社会科学版）》2019 年第 9 期。此为删改稿。

② 关保英（2014）认为完善权力清单需要将行政系统中的综合权限和职能权限予以厘清；王春业（2014）提出应以地方性法规的形式对权力清单的内容及其制定程序予以法制化；林孝文（2015）指出当前我国地方政府所推行的权力清单制度在编制主体、编制程序及清单内容等方面极不规范；薛瑞汉（2016）提出应引入地方人大审议机制以保证权力清单制度的稳定性和权威性；汪玮（2016）认为权力清单改革面临的问题包括公民参与政府绩效评估刚性规定不够，政府职权清理下放中社会组织承接能力有待提高；王克稳（2017）认为目前行政审批权力清单在形式上粗糙简略，内容上多鱼目混珠，没有完全起到有效约束审批权的作用。

而微的运行机制加以落实。依法完善行政权力清单制度，有利于推动服务型政府、责任型政府与法治型政府的建设。本文将围绕权力清单改革的法治化趋向问题展开论述，基于功能分析的视角，对权力清单改革在政府信息公开、简政放权、电子政务建设方面的发展可能进行探究。

一、作为政府信息公开资料的权力清单

从安徽等省市的情况来看，权力清单包括职权目录表、运行流程图、问责事项单三部分内容。[①] 从近年的政府实践情况来看，权力清单改革在从公布行政审批权力清单发展到全面梳理各级政府部门所有行政职权的过程中，发挥了政治改革举措的合理作用。依据行政权力清单进行监管与服务是提升政府工作效率、增强公众满意程度的有益举措。“发布权力清单，公开权力运行流程，……为公民有效参与和监督行政权力运行提供了基础。”[②] 从市场主体的角度来看，就像翻阅家用电器说明书可以快速了解电器的基本功能一样，政府信息公开意义上的权力清单可以比喻为行政部门这类国家机器的使用指南或工作手册。通过公开权力清单内容，落实《中华人民共和国政府信息公开条例》第十九条的要求，有利于促进透明政府的建设。

第一，公开职权事项详单，从行政组织法制完善的层面为行政行为法治化创造条件。在裙带官僚制向科层官僚制过渡的过程中，曾在官僚系统中发挥决定作用的非正式关系逐渐向民主选举与依法行政要求塑造的正式关系衍化，政府的行为偏好从唯上是从的效率模式向合法化模式转型。“权力清单通过对各级人民政府所行使权力的梳理和列举，补充了我国行政组织法在此方面的不足。”[③] 从各地公布权力清单的形式与内容来看，各级政府部门的致力方向在于逐条梳理行政职权的法律依据、问责情形与方式等内容，使公布在官方网站上的权力清单呈现出行政执法手册与政府信息公开资料的外观。在各地政府公布的部门权力清单中，通常包含行政许可或行政审批、行政确认、行政检查、行政强制、行政处罚、行政征收、行政裁决、行政给付、行政指导、行政奖励等刚性或柔

① 例如，安徽省公布的权力清单包括“运行流程图”“廉政风险点”“追责情形”等内容。

② 申海平：《权力清单的定位不能僭越法律》，《学术界》2015 年第 1 期。

③ 关保英：《权力清单的行政法价值研究》，《江汉论坛》2015 年第 1 期。

性的职权内容。[①] 在公开职权目录的同时，若能公开职权事项详单，则将最大限度地方便公众查询相关信息。

第二，公开职权运行流程图，吸纳正当程序理念规范行政行为。政府机构的精简整合与行政流程的优化改造，是推进法治政府建设的重要契机，为管制型政府向服务型政府转型铺设了前提条件。“权力清单中的‘权力运行流程’并非仅仅是对法律规定的行政程序的简单‘拷贝’，还要在遵循‘正当程序’理念的基础上，对有关单行法规定的行政程序进行再造和补强。”[②] 通过权力清单制度明晰职权与职责并完善行政程序，可以为构建从事前审批、管制向事中、事后监管转型的负面清单管理模式创造条件，也能为公布便利相对人办理行政确认、备案登记等事项的服务清单夯实基础。各地公布的权力清单中列明的职权内容都表现为类型化的行政行为，通过明确承办岗位、运行环节、办理时限等内容，可以将服务行政的口号落到实处。公布权力清单改革实践只是促进依法行政的手段，应当服务于简政放权的长远目标。如果要将这一有益的政治举措固化为稳定的法律制度，就需要站在依法行政的立场，有效激发权力清单制度在政府组织法与行政程序法层面的发展潜能。借助正当程序观念的塑造，可以在避免强势政府肆意作为方面构建起程序性的防护栏，为市场经济健康发展、基层民主自治有序运行创造保障条件。

第三，公开问责事项单，督促公务员廉洁自律，推动责任型政府建设。国务院在我国加入世贸组织后曾展开行政法规与规章的清理工作，现在为了进一步推进依法行政、加速简政放权，采取了要求各级政府盘点行政职权与职责内容的改革举措。通过公开权力清单与权力运行流程图，能够产生在实体与程序上控权的作用。权力清单应当包含职权依据、追责情形、责任形式等内容。在行政权力清单中公布职权依据与追责方式，可以使公众清晰地看到行政权力与职责的对应关系，从而推动责任型政府、透明政府的建设。“权力清单以减权限权为抓手，通过权力‘瘦身’和责任‘强身’，使监督制约行政权力有了制度保

① 例如，深圳市政府各部门公布的权责事项共为 7950 项，其中行政处罚 5607 项、行政强制 460 项、行政征收 12 项、行政检查 215 项、行政许可 489 项、行政确认 163 项、行政指导 2 项、行政给付 70 项、行政裁决 7 项、行政服务 925 项。广州市政府各部门公布的权责事项共为 6144 项，其中行政处罚 3699 项、行政强制 204 项、行政征收 71 项、行政检查 427 项、行政许可 283 项、行政确认 67 项、行政指导 90 项、行政给付 48 项、行政裁决 6 项、行政奖励 33 项、其他 1216 项。

② 王太高：《权力清单：“政府法治论”的一个实践》，《法学论坛》2017 年第 2 期。

障。”[①] 各地政府在权力清单中逐渐增加对不作为、乱作为行为进行追责的依据及责任形式、幅度等内容，有利于实现建设责任型政府的目标。通过权力清单制度明晰职权与职责并完善行政程序，可以为构建从事前审批、管制向事中、事后监管转型的负面清单管理模式创造条件，也能为公布便利相对人办理行政确认、备案登记等事项的服务清单夯实基础。

综上所述，公开权力清单是政府主动公开信息的行政自制形式，有利于消除因政府与公众之间信息不对称而导致的官员暗箱操作、权力寻租现象，是促进透明政府、廉洁政府建设的有利举措。公开职权目录的工作在《行政许可法》与国务院《全面推进依法行政实施纲要》实施后就在逐步推进，因此当下需要从公开职权事项详单方面着手，推进行政组织法制建设，为行政行为法治化创造条件。程序法治建设是强势政府向法治政府转型的重要方式，因此，通过公开职权运行流程图来吸纳正当程序理念的要求，可以在一定程度上补足当前程序立法欠缺的短板，促成行政相对人与行政主体的良性互动。责任追究机制是将权力关进笼子的铁锁，可以为瘦身的权力提供强身的目标，防范掌权者乱作为、不作为的恶政、“懒政”现象大面积蔓延。伴随着简政放权改革的推进与法律、法规的调整，对权力清单需要适时进行调整、完善，因此需要从公布权力清单的机制建设方面做出妥当的安排。

二、作为简政放权表现形式的权力清单

依据行政权力清单进行监管与服务是提升政府工作效率、增强公众满意程度的有益举措。行政权力清单改革是推进行政部门整合、简政放权的可行方式，能够激发社会发展的活力。从维护稳定的政治需要来看，行政体制改革是为政治体制改革创造条件的重要方式，也是培育公共精神的基本途径。在统一行政权力清单的编制标准、建立动态调整制度、健全程序规制功能的条件下，政府就有可能从依赖行政审批、全面管制的“暗箱操作”模式管理市场秩序的路径中走出来，将职能重心调整为加强事中、事后监管与全程服务。

第一，简政放权需要遵循依法行政的要求，避免职权下放与履职能力、担责主体的联系失当。从行政组织法的角度来看，行政权力的总量调控是科学配

① 夏德峰：《地方政府权力清单制度的实施现状及改进空间》，《中州学刊》2016 年第 7 期。

置权责、设立机构、确定编制的前提条件。部门之间职权交叉重叠是权责清单改革力求解决的重要问题，而整合部门职能则是最有效的方式。当然，对于直接开展部门职能合并改革难度较大的城市政府而言，梳理各部门权力就成为推动部门精简合并的条件。[①] 除了横向整合权责外，纵向合理分配权责的问题同样亟待解决。在实践中已经出现"放小不放大、放虚不放实"及"点面不协调"的形式化下放职权现象，导致出现"过去办事费劲儿，现在变得更麻烦"的现实问题。[②] 这种情况表明简政放权同样应当遵循依法行政的要求，从维护规则稳定性、增强规则便捷性的角度考虑问题，避免点与面不协调的现象发生。如果上级政府部门希望依法通过行政委托的方式来方便行政相对人获取公共服务，那么其应当从财力、物力与人力方面为移转行政任务创造匹配的条件。"对于应该下放但一时承接有困难的权力事项，需要有一个培育承接能力的过渡过程。"[③] 行政权力清单的公布与部门职能的精简能够产生相互促进的良性循环效应，可以为服务型政府建设创造必要的体制与机制条件。行政任务的法律形式是行政职权，而行政执法权是行政职权的重要内容。在强调基层综合执法能力建设的简政放权背景下，重视对基层政府与社会组织协同治理能力的培育，是权力清单改革依法获得实效的基本条件。

第二，服务于简政放权目标的权力清单，需要接受合法性审查。对权力清单的编制与审查主体进行明确规定，确保内容的合法性审查与动态调整的及时有效，是提高权力清单公信水平的必要条件。各级政府部门在编制权力清单的过程中将部分权力取消、合并与下放涉及职权法定的根本问题，因此机构编制委员会办公室（简称编办）及相关部门应对清单进行合法性审查。人大及其常委会与检察院、监察委、法院在各自的工作实践中也应充分重视权力清单的合法性审查问题。"从目前各地方的实践情况来看，大部分地区的政府权力清单均由地方政府负责制定，同时结合审改办、法制办的审核意见，并召开专家听证

① 通过查阅深圳市的权责清单及相关文件内容，可以看到深圳市政府在大部门制改革方面走在前列。既然对权力清单的梳理能够促进政府部门的精简整合，那么各城市公布的权责清单情况就会随着当地政府行政体制改革的深化而发生变动。对行政权力清单的公布与对部门职能的精简工作能够产生相互促进的良性循环效应，可以为建设服务型政府创造必要的条件。

② 例如，在建设审批领域，已经形成的同级政府部门并联审批模式，会因为某一部门下放相关职权而导致行政相对人办理申请事项时从跑一级政府部门改为跑两级政府部门。

③ 蓝蔚青：《在权责清单下政府职权的三维配置优化》，《党政研究》2016 年第 1 期。

会，听取专家的意见进行修改。”[①] 通过人大或政府的立法确立权力清单的编制与审查制度，是当下值得肯定的理性选择。权力清单制度需要设置处理部门职权交叉问题的责任主体，从行政组织法的层面为政府部门权力清单的无缝衔接与动态调整提供可能。部分地方政府以政府规章或规范性文件的形式明确编制权力清单的依据、动态调整的要求、监督审查的方法，可以使权力清单成为强化依法行政意识的参照基准。“若有关部门在梳理过程中，发现侵益性行政行为的权力来源为规章以下的规范性文件，则该权力事项应被视为无法定依据，予以废止。作为授益性行政行为权力依据的规范性文件中若没有相应的程序规范，则应当要求制定单位细化程序，若在规定期限内没有细化，也应当视为依据不足，予以废止。”[②] 在清理编制权力清单所依据的行政法规与规章的工作不断推进的前提下，审查权力清单中的职权依据与现行立法规定存在的冲突、抵触之处，是保障依法行政目标实现的重要条件。就政府部门公布的权力清单而言，首先需要在制度层面明确主导部门、审查主体与发布形式等关键内容。相关部门除了在编制清单的过程中发挥统筹与监督作用外，吸纳公众参与监督的意义不容小觑。若地方人大能够对权力清单的编制权限等问题通过立法等方式进行规范，则可以使政府的自制努力与人大、法院的他律举措相互结合，从而取得良好的政治与社会效果。

第三，国务院应当设定编制权力清单的基本标准，借助统一编码的形式增强不同省市权力清单之间的协调性。在各地政府公布的部门权力清单中，除了明确类型化的行政职权[③]外，在权力清单中还包括“其他权力”或“行政服务”的项目类别，容纳了大量性质模糊的行政职权，因此需要行政部门与研究者尝试对这些权力内容进行细化分类。目前，深圳市完全取消了非行政许可类审批权力，并大量下放、转移行政职权给基层部门、社会中介组织。因此，逐渐取消非行政许可审批权力，明确区分外部许可与内部审批，是防止行政审批权力被隐匿在权力清单中“其他权力”类别的有效方式。在权力清单的编制内容方面，

① 于琳琳：《地方政府权力清单的多维度诠释》，《重庆社会科学》2015 年第 11 期。

② 史莉莉：《准确认识权力清单制度》，《探索与争鸣》2016 年第 7 期。

③ 例如，深圳市人民政府办公厅于 2016 年 3 月 7 日，以深府办〔2016〕10 号文件形式公布了《深圳市人民政府办公厅关于印发深圳市政府部门权责清单管理办法的通知》以下简称《权责清单管理办法》。该《权责清单管理办法》第二条规定：“本办法规范的行政职权包括行政许可、行政处罚、行政强制、行政征收、行政裁决、行政检查、行政确认、行政给付、行政指导、其他 10 类。政府信息公开、信访维稳、行政监察、行政复议、行政赔偿、行政调解等行政机关共有的行政职权不适用本办法。”

设定明确的标准不仅可以约束政府部门的恣意行为，而且有利于督促各地政府开展具有可比性的职权内容清减竞争，向市场与社会交还更充分的自由与自治空间。目前，各地政府部门编制权力清单可能是以法律条文中的条、款、项或目为统计标准，因此在职权内容的数量表现方面会出现巨大差异。[①] 尽管地方性法规、地方政府规章与政府规范性文件可能是影响职权事项数量的因素，但若产生较大的差异则说明标准不统一才是导致差异的主要原因。例如："长沙市公安局行政处罚清理表中囊括了 208 项处罚职权，杭州市公安局的处罚项目却只有 24 项，而广州市公安局保留的处罚权力则有 291 项之多，三者处罚权的数量差异极大。但事实上各地公安部门所管辖和处理的事务相差不多。"[②] 有些地方政府及其部门为政绩需要刻意将职权数量在外观上减少，这样虽然能够在上级政府的形式化考核中获利，但并未达到方便行政相对人办事的服务行政目标。当然，也有一些政府部门因为所处地区经济、社会发展速度较快，已经可以将部分公共服务职能通过外包的形式转移给社会组织，所以相应的管制职权内容就会比欠发达地区略少。[③] 这些原因表明中央政府至少可以考虑对不同经济、社会发展水平的地区设定相对一致的参考标准，或者采取分档设立标准的形式供不同省市的政府选择。有学者提出，"中央政府应该通过汇总整理各省情况，经过充分论证后给出一个相对规范的参考意见，统一权力的分类和编制口径，从而避免各省在权力清单制度编制过程中的随意性。此外，要对整个制度体系进行标准化建设，建设统一的平台，对权力事项进行统一编码，从区域联网逐步实现全国联网"[④]。在形成相对统一的标准后，各地政府部门职权与职责交叉重合的问题也更容易解决。这并不会阻碍地方政府推进相关部门职能整合的过程。例如，深圳市政府对市场监督管理部门进行合并并成立了市场和质量监督管理委员会，对规划与国土管理部门进行合并并成立了规划和国土资源委员会。在部

① 例如，行政权力事项最多的是青海省，为 7488 项；其次为广东省，为 6971 项。不同省域的权力清单对上下级政府共有权力的认定也存在差异，杭州市有 4227 项，广州市有 4972 项，南京市有 5122 项，成都市有 7437 项。

② 张茂月：《权力清单制度认识的几个误区与纠正——兼谈制度完善的几点思路》，《云南行政学院学报》2015 年第 3 期。

③ 例如，重庆市政府各部门公布的权责事项共 3687 项，其中行政处罚 2036 项、行政强制 143 项、行政征收 44 项、行政检查 74 项、行政审批 673 项、行政确认 134 项、行政给付 31 项、行政奖励 42 项、行政裁决 11 项、其他 499 项。天津市的权责清单中包含职权 4654 项，其中行政处罚 3066 项、行政强制 142 项、行政征收 57 项、行政检查 275 项、行政审批 404 项、行政确认 122 项、行政给付 19 项、行政奖励 59 项、行政裁决 5 项、其他 505 项。

④ 蔡小慎、牟春雪：《我国地方政府权力清单制度实施现状与改进对策——基于 30 个省级行政区权力清单分析》，《学习与实践》2017 年第 1 期。

门整合的情境下只需要在权力清单中标注与相关法律条文与行政职权对应的编码，就可以方便行政相对人或公众查询相关内容。在此基础上，积极培育社会中介组织，拓展提供公共服务的渠道，才能更有效地实现政府与市场、社会之间协同共治的改革目标。

综上所述，由于中国社会的结构具有政府主导、市场与社会组织依附的鲜明特征，强势的政府需要加强行政自制的努力，给市场自由与社会自治腾挪出必要的活动空间。公布权力清单改革实践只是促进简政放权的手段。对于直接开展部门职能合并改革难度较大的城市政府而言，梳理各部门权力也相应地成为推动部门精简合并的辅助条件。依法行政应当是简政放权的基本条件，可以确保行政改革的基本秩序，因此对作为简政放权表现形式的权力清单进行合法性审查，能够巩固简政放权的实际效果。通过国务院制定相对统一的权力清单编制标准，并设定与相关法律条文对应的统一编码，可以从技术上解决各地权力清单内容缺乏协调性的问题，为电子政务平台的建设创造条件。

三、作为电子政务建设前提的权力清单

在各地、各级政府部门都已公布权力清单之后，需要着重考虑的问题是权力清单的动态调整与及时完善。[①] 如果缺乏长效机制的保障，那么权力清单改革也会沦为一场虎头蛇尾的政治游戏。电子政务平台建设是权力清单动态调整机制的有效载体。电子商务平台的建设经验可以为电子政务的迅速发展提供技术支持。国务院可以在省级电子政务平台建设的基础上，“按照统一标准，建设在横向上覆盖所有行业部门、纵向上联通各级政府的全国性平台”[②]。通过对权力清单中职权事项的编码整理，可以为电子政务平台的建设提供基础数据，而电子政务平台的建设与运行则为权力清单内容的动态调整提供了实践动力。

第一，基于整体政府理念推进基于权力清单的信息共享、整合工作，为电子政务的开展创造条件。政府部门“条块分割”的痼疾是“信息孤岛”现象产生的病源。仅靠线下的行政服务中心建设来降低行政相对人的办事难度，还不足

① 例如，上海市已连续 3 次公布了取消、调整行政审批事项的决定。深圳市连续 11 次公布了取消、清理行政职权、行政审批事项的相关决定，在网站上显示的数据涉及行政许可 489 项、行政处罚 6103 项、行政强制 474 项、行政征收 24 项、行政裁决 5 项、行政检查 230 项、行政确认 117 项、行政给付 82 项、行政指导 2 项、其他服务 847 项。

② 王春业：《权力清单制度及其顶层设计》，《天津行政学院学报》2016 年第 1 期。

以解决各政府部门各自为政的难题。电子政务平台的建设可以使政府部门分享信息的成本降低，而权力清单则可能成为政府部门对职权交叉、重叠事项决定是否分享信息的参考依据。各地建设审批服务中心或行政服务中心的实践经验，以及电子商务平台处理海量用户购销信息的成功模式，为搭建由省级政府统筹的电子政务平台提供了必要的条件。“强化整体政府概念，不仅需要理念层面的坚持，更需要花大力气构建技术层面的支撑，其中最重要的当属跨部门协作的信息共享系统。”[①] 权力清单的内容不仅包括职权目录表及职权事项详单，还应当包括职权运行流程图。电子政务平台的运行可以增强公务人员遵循职权运行流程安排、重视正当程序理念要求的服务意识，通过技术监督的方式避免因为个人工作能力或主观态度的差异造成公共服务缺位、错位的情况发生。

第二，打造以公众为本位的电子政务平台，推动权力清单转变为公共服务清单。由于网站的建设与维护成本较高，由省级政府建设电子政务平台为下辖的各级政府提供服务窗口是比较合理的选择。在电子政务网站中的职权事项模块化分布设计方面，可以从权力清单分类上做好必要的准备。“分类编制权力清单，可以考虑按照社会管理、市场监管、公共服务、生态保护等职能的基本范围和框架来进行。”[②] 权力清单作为基础数据并非一定要直接反映在电子政务网站的页面上，而是可以按照用户的使用需要进行通俗化、亲民化的导引式设计。“在形式上，可以借鉴上海浦东新区权力清单网上公开的六大模块，用浅显易懂的语言和形式表现出来，确保老百姓‘看得懂’。诸如‘我想申报有关证照和批文’‘我想反映违法行为和情况’‘我想申请政府救济和奖励’‘我想查询行政复议等渠道’‘我想提供政策意见和建议’‘我想了解行政指导’等信息。”[③] 电子政务平台可以借助网络联系降低沟通成本的方式，减轻行政服务中心提供人工服务的压力，也为行政流程的优化、再造提供了技术支撑，是推进裁汰冗员工作、加速建设服务型政府的有效工具。

第三，以规范行政审批权力为首要目标，明确电子政务平台服务经济、社会发展的基本定位。尽管政府工作千头万绪，电子政务平台也应当包含更广泛的内容，但考虑到每届政府的任期限制与政绩需要，以及当前经济发展明显呈

① 包世琦：《关于推行政府权力清单制度的若干思考》，《中州学刊》2015 年第 10 期。

② 孙彩红：《权力清单与地方政府职能转变——以苏州市相城区为例》，《甘肃社会科学》2017 年第 2 期。

③ 夏德峰：《关于深化权力清单制度内涵式改革发展的若干思考》，《理论导刊》2016 年第 4 期。

降速态势的国情，各地政府应当首先集中力量推进电子政务平台行政审批功能的建设。权力清单改革是规范行政审批权力的重要举措，与负面清单构成了相互照应的关系。从政府、市场与社会之间的关系来看，负面清单宣布了政府对市场管制的限度，权力清单标识了政府行为的可能边界，责任清单向社会公示了政府必须作为的事项。“未来清单制的机制调适和运作机制均需跳出以政府为中心的实践逻辑，侧重以市场主体和社会主体为中心，建构清单制的市场属性和社会属性。”① 通过电子政务平台的建设吸纳市场与社会力量参与到督促政府倡导的权力清单改革中，是减弱全能型政府与萎缩型社会之间巨大张力的可行方案，符合市场、社会与政府力量协同共治的现代治理方式需要。因此，中央政府应当加强对长三角、珠三角经济发达地区电子政务平台建设经验的总结，尽快出台指导全国各省（区、市）政府电子政务平台建设的规范性文件，为电子政务法等相关立法草案早日列入立法议程创造条件。

综上所述，各地政府部门公开各自的权力清单仅是满足了权力清单改革工作的初步要求，如果缺乏动态调整机制的跟进支持，就难免成为中央政府无法演绎出实际效果的“独角戏”。电子政务平台建设可以吸纳市场、社会力量来督促地方各级政府不断完善权力清单的内容，因此是推进协同共治的有效方式。权力清单属于建设电子政务平台的必要数据条件，所以各地政府部门应当基于整体政府的理念要求，增强各部门之间权力清单的协调性，为政府部门信息的分享与整合创造条件。由于每届政府的任期限制及官员的政绩需要等条件限制，当下应着重建设电子政务平台的行政审批服务功能模块，使线上的行政审批系统逐渐取代线下的行政审批服务中心，达到降低行政相对人获取服务的成本及裁汰冗员的作用。既然大量的制造企业及服务企业已经完成了“机器换人”的升级转型工作，那么在扩张型政府与萎缩型社会张力凸显的国情下，政府更有必要通过电子政务平台建设的方式节省国库开支。

总而言之，如果简政放权改革无法推进，那么权力清单的作用只是阶段性的政府信息公开资料，最多只能发挥行政惯例的作用，很难获得长效机制的支持。除非政府能够在电子政务平台建设方面取得可观的成绩，为市场与社会力量参与监督权力清单的功能激活工作提供平等的机会；否则目前各地政府行政审批服务中心建设后劲不足的窘境，就会成为权力清单改革收尾时的先兆。按

① 付建军：《清单制与国家治理转型：一个整体性分析框架》，《社会主义研究》2017 年第 2 期。

照整体政府理念的要求，下一阶段的权力清单改革应当注重破除“条块分割”的信息孤岛现象，由中央政府设定相对统一的编制标准，增强各地权力清单的内容协调性，并通过设计与法律条文对应的统一编码来为电子政务平台的建设创造条件。从经济、社会发展整体需要的角度来看，加强行政审批的电子政务工作是当前最应重视的内容，其可以成为优化行政审批权力运行流程、吸纳正当程序理念、规范行政行为的有效嵌合点。

法官独立审判的保障条件①

摘　要：法院的审判权力具有一体化的属性，因此能够产生确保国家法制统一的积极作用。在《宪法》第一百二十六条明确要求法院独立审判的基础上，通过主审法官制度的构建，审判权力运行机制的完善，对审委会进行合议制改造，加强裁判说理与司法公开，可以为法官充分独立行使审判权力夯实基础。法官问责制度的建设需要遵循程序法治的理念，与人大及其常委会的人事监督和法官惩戒委员会的职业自律相结合。

关键词：司法独立；人事监督；主审法官；法官问责制度；法官惩戒委员会

法官相对独立行使审判权力需要宪法层面的体制保障、具体工作过程的机制保障、问责环节的职业自律保障。从人大的人事监督功能、检察院的法律监督功能来看，以一体化形式存在的审判权力系统具有相对独立的宪法地位。从国家机关职能与社会自组织机能的关系来看，多元化纠纷解决机制吸纳、处理大量纠纷，是法院独立审判的重要前提。诉讼程序繁简分流与司法工作岗位分工，则是法官独立审判的必要条件。权责对应的制度安排应当以法官职业团体的自律作为基础。由法官惩戒委员会负责监督法官违反审判纪律的失当行为，是立法层面的法官问责制度产生实效的有力支撑。因此，当下的司法改革应当在宪法框架下，根据法官独立审判的理念要求，认清多元化纠纷解决机制对司法救济机制的基础作用，案件分流与工作分工机制对法官专业化发展的支持作用，以及法官职业自律机制对司法独立的保障作用。

① 本文初稿发表于《时代法学》2018 年第 3 期。此为删改稿。

法院的审判职能具有守护民众社会正义诉求以维护社会公序良俗的或然功用。纠纷当事人可以通过协商和解的方式处理利益争端，也可能因为无力承受申请法院公力救济的成本，而转向容易滑向暴力争执局面的自力救济。公民若对法院保障正义实现的功用丧失纵向信任，就意味着维持法院运转的税费投入难以转换为让民众满意的司法救济服务。随着经济、社会形势的发展，民众之间矛盾纠纷的类型与数量也会产生相应的变化，因此法院需要不断主动或被动地调整其在纠纷解决机制中的定位，在有效率地向社会提供维护正义诉求的公共产品方面表现出持续变革的姿态。自 20 世纪 90 年代以来，学界关于美、英、法、德、意、韩、日、新加坡与俄罗斯、越南及拉美国家司法改革问题的讨论，反映出各国法院在回应民众期待方面做出的差异化努力及其阶段成果。[①] 从宪法实施的角度看待司法改革问题，不仅需要考虑法院在国家机关体系中的地位沿革，而且需要权衡法院在工作人员培训、技术设施更新、工作机制调适等方面的投入比例。本文力图从审判权力的一体化属性着眼来审视法院组织体制变革的宪法界限，从审判权力运行模式更新的角度分析陪审员参审、工作人员分类管理的发展趋向，以司法责任的确定与法官自治组织惩戒模式构建的关系为切入点讨论司法独立原则的落实可能，进而实现立足宪法实施立场概观我国司法改革前沿动态的写作目标。

---

① 关于各国司法改革情况的论文包括：

（1）对英、法、德等国情况的介绍。① 刘敏（2004）从程序基本权保障与鼓励 ADR 的角度阐述了英国民事司法改革的启示，张涛（2016）论述了英国行政权、立法权和司法权对法官选任的影响。② 周建华（2013）总结了法国民事司法改革追求多元化、亲民、和谐的特点，施鹏鹏（2015）评述了法国公诉替代程序中反映的“自然演进”型司法改革观。③ 齐树洁（2002）评价了德国民事司法改革的借鉴意义，姜保忠（2007）阐述了德国司法改革的动因、内容及启示。

（2）对美洲国家情况的介绍。① 蔡从燕（2003）介绍了美国民事司法改革架构中的 ADR，奉晓政（2011）论述了美国《上诉法院标准》的借鉴意义。② 杨建民（2013）研究了拉美国家司法改革与政治转型的关系，杨建民（2015）讨论了拉美国家司法改革与治理能力建设的关系。

（3）对日本、越南等亚洲国家情况的介绍。① 王云海（2002）剖析了日本司法改革政治与社会背景，季卫东（2002）解释了日本司法改革的政治与社会需要，王云海（2003）分析了日本刑事司法改革在处理法律与社会关系时的可能走向，林剑锋（2002）认为日本民事司法改革中证据收集程序的扩充是争点中心审理主义的重要保障，刘薇（2008）分析了日本司法改革的经济动因，丁相顺（2011）讨论了日本司法改革与检察官养成制度的关系，柴煜峰（2011）以日本《裁判员法》为视角讨论了中日刑事司法改革与公民参与问题，张玲（2012）阐述了日本知识产权司法改革的启示。② 陈明凡（2013）评价了越南司法改革的状况。

一、宪法对审判权一体化属性的保障

我国法院的基本职能是审判职能，同时附带的职能是对各级法院组织的司法行政管理职能。目前在审判职能的行使方面，最高法院尚缺乏依靠宪法诉讼程序支持来审查立法内容的政治平衡能力，同时为指导下级法院开展审判工作而难以摆脱借助司法解释文件进行隐性“立法”的路径依赖；在各级地方法院内部，司法行政的附属职能对审判权力行政化运行模式的形塑，仍旧需要借助对案件审批制度较长一段时间的改革试点经验来发挥矫正作用。因此，从宪法条文的解释着手，阐释法院的审判职能与附属的司法行政职能之间的关系，才能为法院审判权力运行模式的改革指明方向。各级法院通过管辖与审级制度的安排实现对国家立法的一体贯彻，能够避免地方割据或部门倾轧式的利益保护倾向，为民众开展经济与社会交往提供稳定的秩序预期图景。“纵观宪法文本变迁，地方法院自 1954 年取得宪法地位以来，其三项宪法属性的演变趋势为：国家性增强，地方性减弱，审判权一体性在经历低潮之后基本恢复到原点。”[①] 由此可知，法院行使审判权力的依据并非地方政府或中央政府的利益需要，而是包含政府公共利益追求与社会公众合理秩序期待内容的国家立法。在依据《宪法》第一百二十六条、第一百二十七条阐释出审判权作为国家职能的一体化属性后，才可以更顺畅地讨论审判权独立行使、审判组织配置方式、法院与人大等机关的联系等问题。[②]

（一）巩固法院相对独立的宪法地位

审判权属于国家权力的重要组成部分，不能被认定为地方权力或中央权力。司法权的职能在于一体化贯彻国家立法，保障法律在国境内获得普遍、平等的适用。法院的司法行政权力与审判权力行使的方式存在差异。人大对司法行政工作的监督主要表现为对财政预决算的监督，而对审判权力的监督则表现为法官任免方面的人事监督。在各级法院行使审判权力的法官依据法律做出判断的

① 王建学：《地方各级人民法院宪法地位的规范分析》，《法学研究》2015 年第 4 期。

② 关于宪法与司法改革关系的论文包括：秦前红（2014）指出应当捋顺最高法院院长与全国人大及其常委会的关系，刘茂盛（2014）表达了对与行政区划适当分离的司法管辖制度的隐忧，沈寿文（2015）强调法院同时具备司法（审判）机关和司法行政（审判管理）机关的双重性质，王建学（2015）论述了地方各级人民法院的宪法地位问题，翟国强（2016）提出设立跨行政区划法院需要立法机关根据宪法对现行的法院组织法进行修改和完善。

一体化行动方式，使法院相对独立于行政、检察、监察、军事等机关，但其应当接受人大及其常委会在事后的人事任免监督。“人民代表大会对司法的监督应是事后性的、外围性的。”[①] 虽然近年来法院仿效政府向人大及其常委会报告工作，以期主动接受人大代表的监督，但法院报告的审判工作情况通常是总体的案件办理情况，并不需要包含对审判中个案情况的报告。对于司法行政工作及审判工作方法、机制等方面的报告，从整体上而言具有督促与支持法院提升司法工作水平的意义。“张友渔教授指出：‘人大和人大常委会对行政机关的监督要比审判机关、检察机关的监督更多，更直接一些。新《宪法》第九十二条规定国务院要向人大、人大常委会报告工作，而对法院、检察院就没有这样的硬性规定。’”[②] 在法院审判工作机制逐渐完善和司法公信程度提升到公众可接受水平的条件下，其不再沿循向人大及其常委会报告工作的惯例，更能彰显法院在国家机关体系中相对独立的司法地位。

法官通过自治组织加强职业伦理自律，人大通过任免程序淘汰不合格的法官，都是确保合格的法官终身任职的有效举措。“人大对法院行使监督权的最好方式莫过于严把法官任命关。”[③] 当法官遴选委员会的组织架构在中央与省级层面建成后，由人大及其常委会任命法官遴选委员会推荐的人选，可以在严把法官素质关方面做好充分准备，使得审判权力在相对独立行使上获得可靠的人才条件保障。为克服地方保护主义对实现审判权一体化目标造成的客观障碍，跨区划设立法院的试点需要组织法层面的立法支持，以此来确保人大对法院工作必要的人事监督权限不被架空。《宪法》第一百二十八条规定：“当前修改两院组织法，应首先将‘地方各级人民法院、人民检察院对本级人民代表大会和本级人民代表大会常务委员会负责并报告工作’修改为‘地方各级人民法院、人民检察院对产生它的人民代表大会和其常务委员会负责’。”[④] 目前，在直辖市范围内设立的中级人民法院在组织体系与运行保障方面，已经为跨区划设立法院提供了接受人大及其常委会监督的参照模式。

（二）限定监督法院的机关与程序

① 张震：《全面深化司法体制改革的宪法依据论》，《暨南学报（哲学社会科学版）》2016 年第 7 期。

② 钱宁峰：《我国人大与司法机关之间关系的宪法文本分析》，《学海》2005 年第 5 期。

③ 刘练军：《我国宪法上的司法制度省思》，《江苏警官学院学报》2010 年第 3 期。

④ 张梁：《省统管及跨行政区划法院检察院设置中的宪法问题》，《河南财经政法大学学报》2017 年第 1 期。

人大的法律监督职能主要由检察院承接行使。检察院对法院的法律监督表现为对再审程序的启动职权。在人大及其常委会对法院适用的法律情况进行监督，对法院的司法行政工作开展监督与加强对法官的人事监督工作之间，人事监督工作的实质化落实可以借助未来有关法官遴选、惩戒等自治组织的配合，而司法行政工作监督可能因为行使职权主体的转换而淡化与法院的直接联系，法律监督则可以基于《宪法》第一百二十九条的规定转由检察院直接承担。[①]从检察院职权内容的组成部分来看，对刑事案件侦查活动的指挥权具有偏重行政权的属性，批捕、公诉职权等属于审前程序的职权内容反映出监督刑事侦查权力依法运行的要求，目前试点的公益诉讼与固有的抗诉职权则直接表现出法律监督的属性。[②]因此，人大及其常委会的法律监督功能主要可以通过督促检察院依法履行职责等形式展开。未来可能逐渐扩大规模的监察委员会承接的同样是人大及其常委会的法律监督功能。在将检察院对法院工作的法律监督权理解为再审程序的启动权后，需要接着讨论《宪法》第一百三十五条调整的事项范围。

在20世纪80年代我国重建刑事司法工作秩序时，《宪法》第一百三十五条发挥了重要的规范作用。就《宪法》第一百三十五条的规范内涵而言，其旨在处理刑事诉讼环节刑事侦查、批捕与审判权力的运行模式问题。多年来流行的说法——“公安做饭，检察端饭，法院吃饭”的比喻，映射出刑事司法工作关系中法院在是否“吃饭”的选择权方面力量偏弱的境况。从维护法院审判权相对独立行使的立场来讲，侦查、批捕、公诉等审前程序的工作环节对审判程序不应产生决定性作用，否则法院依据法律做出判断的功能就必然受到不合理压制。因此，有学者建议“将现行《宪法》第一百三十五条修改为：‘人民法院、人民检察院和公安机关办理刑事案件，实行以审判为中心的诉讼制度，以保证准确有效地执行法律。’这样改，便为修改《刑事诉讼法》，改革司法权力运行机制，建立以审判为中心的诉讼制度提供了宪法依据”[③]。参照审判权一体化的思路来看，具有打击犯罪行为、维护社会秩序功能的刑事侦查职权同样需要挣脱地方利益的桎梏，因此，应当通过侦查组织体制的改革来增强相对独立性。“为了使改革的成本最小化，改革的思路与路径是：在现有体制框架内，侦查权作为中央事

① 上官丕亮、陆永胜、朱中一：《宪法原理》，苏州大学出版社2013年版，第274页。

② 杨海坤、上官丕亮、陆永胜：《宪法基本理论》，中国民主法制出版社2007年版，第307页。

③ 徐静村：《法检两院的宪法定位与司法改革》，《法学》2017年第2期。

权由公安部实行大部制成立侦查总局，把管辖危害国家安全罪、破坏市场经济秩序罪、毒品犯罪、普通刑事犯罪等事项且履行侦查职能的机构和分散在治安行政管理机构中的侦查权限统一并入侦查总局，以解决目前侦查职能过于分散的问题。”[①] 在明晰刑事司法工作关系中刑侦部门与检察机关的法律地位后，我们可以将检察机关法律监督功能的发挥与公益诉讼等试点探索联系起来，看到检察机关在促进政府依法行政方面的发展潜能。在检察院有效承接人大及其常委会法律监督职能的情况下，人大及其常委会的工作重心依旧是做好立法工作与管好“官帽子”“钱袋子”，通过人事任免与对财政预、决算的表决来发挥权力机关的关键作用。

综上所述，法院的审判权力具有一体化的属性，因此能够产生确保国家法制统一的积极作用。人大及其常委会对法院的监督应当侧重于对法官任免的人事监督。在跨区划设立法院试点的过程中，应当积极推动法院组织法的修改，确保产生法院的人大及其常委会能够对其行使人事监督权。人大及其常委会的法律监督权应当主要由检察院与监察委员会行使。检察院对法院工作的法律监督权只宜表现为对再审程序的启动权，而其对行政机关的监督权则可以表现为行政公益诉讼程序中的公诉权。

二、优化法官独立审判的运行机制

在廓清法院与人大、检察院的外部关系后，对审判权力运行机制的讨论就已亟待展开。从多元纠纷解决机制的构成要素来看，民事调解、商事仲裁等社会化的纠纷解决机制应当与行政裁决、司法审判协力发挥定分止争的作用。在多元纠纷解决机制中，审判程序的定位应当是解决纠纷的最后一道防线。对于进入诉讼渠道的纠纷，法院应当设置繁简分流的程序加以应对，从而最大限度地确保审判工作的效率，降低当事人与法院投入的解纷成本。在非诉讼程序与诉讼程序衔接顺畅的情形下，法院工作人员的合理分工同样具有举足轻重的作用。法官的精力应当集中在裁判事实与适用法律方面，法官助理可以完成组织交换证据等专业辅助工作，而书记员等辅助工作人员则可以完成送达、记录、装订卷宗等技术与程序方面的非专业辅助工作。在诉讼程序的设计理念方面，

① 程小白：《主办侦查员制度：全面深化公安机关刑事司法改革的着力点》，《江西警察学院学报》2015 年第 2 期。

应当强调超越职权主义与当事人主义的协同理念，同时吸纳人民陪审员参审以增强司法活动的民主正当性，为保障法官独立审判创造完善的制度条件。

（一）主审法官与审委会制度的衔接

对审判委员会制度的专业化、合议制改造是推动主审法官制度完善的重要条件。由较高级别的法院审委会探索试点少数意见制，公开多数意见、附和意见与少数意见，能够推进裁判说理水平的提升。陪审制度是平衡司法的专业性与社会适应性、技术性与伦理性的合理安排。此前几年，各地法院根据最高法院“四五改革纲要”指导推进的主审法官试点探索，就是要解决案件审理与裁判环节被领导审批行为割裂的现实问题。在法官能够依法独立行使审判权力的情形下，需要借助人民陪审员参审来吸纳公众的合理观念，以免法官的专业知识与社会发展现状之间出现脱钩的现象，影响裁判结论的公平性。“从国际上看，高度专业化的司法往往伴随着民众参审。”[①] 关于民众参审的形式问题，需要考虑民众的整体素质、参与期望、配套福利与保障制度的安排，因此虽然陪审团制度未必适合中国的国情，但人民陪审员制度的逐渐完善则反映了发展的趋势。在重大疑难案件中吸纳人民陪审员参审具有现实必要性，能够在司法独立与司法民主之间形成合理的平衡。在法院依法独立行使审判权力的过程中，对于疑难、复杂案件的处理需要发挥解释法律、适当裁量的作用，因此民众参审的形式自然就会产生对审判权力行使范围的正当性证成作用。当然，更为关键的环节体现在裁判文书的制作方面，细致的裁判说理是司法权威得以确立的重要保证。法官独立行使审判权力与对裁判结论进行细致说理之间存在密切的表里联系，因此，提升法官的专业素养水平与保障法官的任职条件，都是增强司法公正程度与维护司法权威的必要条件。

对于疑难、复杂案件而言，目前，审判委员会可以发挥必要的指导与决定作用。从长远来看，改革审判委员会制度需要围绕保障法官独立行使审判权力的目标展开。“法官独立人格实乃司法独立之基础、司法公正之保障。”[②] 从总结审判经验、抵制外部干预、增加案件审批权力民主成色等方面来讲，审判委员会在司法实践中存在一定的积极功用。对于确实需要审委会讨论的案件，可以

① 龙宗智：《加强司法责任制：新一轮司法改革及检察改革的重心》，《人民检察》2014 年第 12 期。

② 徐晓峰：《法治、法律解释与司法改革》，《法律科学》（西北政法大学学报）1999 年第 4 期。

在增强司法亲历性、专业性方面下功夫，使得审委会的意见不仅可以在裁判说理过程中公开展现，而且能让当事人感受到程序正义的实现可能。在裁判文书的写作方面，审委会依照规定讨论的案件只占少数，因此详细说理不仅可能，而且对未来的审判工作能够提供参照。为了充分地展示可能存在的分歧，给民众提供更精确的预期可能，可以尝试在裁判文书中公开多数意见、附和意见与反对意见。有学者建议："最高人民法院审判委员会委员人数为十多位，与国外大多数国家最高法院法官的人数基本持平。先在最高人民法院审判委员会这个较小的范围内实行少数意见制，在收到该制度之利的同时，也能避免不同法院、不同审判组织分别公开不同意见而引发的混乱局面，最大限度地保持法律的统一性和稳定性。"[①] 对审委会进行合议制改造，使得独任制与合议制成为行使审判权力的两种基本形式，应当是审委会制度从行政化审批向民主化审议转型的可行方案，因此各地法院在积累必要经验后应当形成立法建议来推动审判权力运行制度的完善。

（二）多元化解纷与程序分流机制

多元化纠纷解决机制、专业法庭或专门法院的设置都是为了阻隔大量纠纷被不加区分地导入成本高昂的正式诉讼程序，同时确保对经过分流的案件进行高效审理。对纠纷分流与司法效率的重视，可以为主审法官改革、审判权独立目标的实现，创造有利的司法环境。倡导法官独立审判只是为了提高保障社会正义的最后一道防线抵御各种因素腐蚀的概率。如果社会自身能够预防和化解纠纷，法院就可以作为备而不用的司法权威存在。通过司法救济程序申请权利保障，不仅需要当事人支付必要的诉讼成本，而且意味着法院需要花费大量的财政投入。完善、高效的多元化纠纷解决机制是社会自身具备纠纷处理能力的显著表现。不仅社区组织可以发挥人民调解的作用，其他法律服务机构也可以通过借鉴英国的"早期中立评估"等模式为纠纷当事人创造达成协议的条件。例如，"在荷兰，拥有相对快速、廉价的民事司法系统，避免了诉讼拖延和耗费过大等问题，其主要原因在于荷兰存在着能够与律师行业竞争的其他法律服务业和社会机构。这些非律师行业和社会机构提供了替代诉讼的有效率、低成本的

① 刘风景：《日本最高法院的少数意见制》，《国家检察官学院学报》2006 年第 4 期。

争议解决方式"[①]。在多元化纠纷解决机制与法院司法救济机制的关系方面，应当强调前者相对于后者的优先地位，当然司法救济机制的保障作用也需要得到肯定与重视，但大量的纠纷过度地涌入法院则反映出多元化纠纷解决机制的构建受到阻碍或忽视的状况。

在司法程序中，当事人双方的必要对抗有利于发现案件事实，但过度的对抗则会导致程序延滞，产生浪费财力与精力的不良后果。因此，在借助当事人主义诉讼模式打破职权主义诉讼模式的弊端之后，立法应当导入协同进行主义的思路，引导当事人在对抗之后选择合作解决纠纷。在审判程序的分类方面，划分简易程序与普通程序就是为了对案件进行繁简分流，降低纠纷解决成本，提高审判工作效率。自 20 世纪 90 年代以来，英、法等国都为着力提高诉讼效率而开展司法改革。例如，"英国民事诉讼改革的主要措施之一，是法院根据诉讼标的金额、诉讼复杂性等因素将民事案件分为三大类，分别适用小额索赔审理制度、快捷审理制和多轨审理制"[②]。对于家事纠纷、社区纠纷、知识产权纠纷、互联网纠纷等不同类型的纠纷设置对应的审理机制，不仅可以提高诉讼效率，而且有利于保障纠纷解决的社会效果。例如，"新加坡设立社区司法审判部门（CJTD），处理所有的社区司法问题。该社区司法审判部门于 2015 年 4 月设立，有专业的法官处理相关案件，为社区案件提供集中化解决途径"[③]。自 1993 年在北京市中级人民法院成立我国首个知识产权审判庭负责民事与行政案件的审判以来，各省市在知识产权案件审判方面展开了广泛的探索。有学者在总结分析各地经验的基础上指出，"三审合一符合知识产权案件特点和审判认知规律，可以有效避免因不同审判庭审理而产生裁判标准不统一的司法风险。当然，在推行三审合一制度的同时，要强化法官审理思路的转换和协调"[④]。在纠纷向多元化解决机制分流、案件在不同审判程序间分流的基础上，推动审判工作的内容在法院工作人员之间分流的改革，有利于提升法官群体的职业化水平，构建专业化的人才梯队结构。2017 年 8 月 18 日，国内第一家互联网法院在杭州成立[⑤]，反映出法院积极利用信息化技术提高审判工作效率的态度。在 2017 年 4 月

① 齐树洁：《德国民事司法改革及其借鉴意义》，《中国法学》2002 年第 3 期。

② 徐昕：《英国民事司法改革之借鉴——以英国民事诉讼基本目标及其贯彻作为考察主线》，《法学》2001 年第 5 期。

③ 陈晓聪、齐凯悦：《论 1990 年代以来新加坡的司法改革以及启示》，《社会科学》2016 年第 7 期。

④ 张玲：《日本知识产权司法改革及其借鉴》，《南开学报（哲学社会科学版）》2012 年第 5 期。

⑤ 谢军：《互联网法院需技术与法律双轮驱动》，《法制日报》2017 年 8 月 22 日。

17 日，最高法院批复同意杭州铁路运输法院试点通过互联网审判民事案件后，该院“从 5 月 1 日到 8 月 15 日共立案 2605 件，审结 1444 件，平均开庭时间仅 25 分钟，平均审限 32 天”[①]。随着语音转换笔录内容技术、身份数据提取技术、认证与保密技术及电子签名规则、电子证据认证规则的完善，诉讼效率整体提高的效果必然能够为法官员额制改革提供更加有力的技术支持。

综上所述，多元化纠纷解决机制分流纠纷、各种类型的审理机制分流案件、法院工作人员分类管理机制对审判工作内容的分流，都是法官高效开展审判工作的前提条件。在《宪法》第一百二十六条明确要求法院独立审判的基础上，通过主审法官制度的构建，审判权力运行机制的完善，对审委会进行合议制改造，加强裁判说理与司法公开，可以为法官充分独立行使审判权力夯实基础。为了防止辅助的司法行政职能对法院审判职能造成干扰，有学者甚至建议将法院管理人、财、物的司法行政职能剥离出来。这种畅想的落实可能性似乎较小，但追求的目标则不因手段的可行性而减损价值。保障法官独立行使审判权力与民众参审以增强司法权威的民主正当性并不冲突，可以通过不断完善人民陪审员制度达到兼顾的目标。

三、完善法官独立审判的必要条件

学界强调法官独立行使审判权力的目标在于促进司法公正。仅靠法官的道德良知发挥内省作用，显然无法充分抑制法官选择腐败行为的冲动，因此行业自律规范与国家制度约束就成为维护司法公正的必要手段。[②]法官自治组织的自律应当发挥比国家制度更加广泛的行为导向作用，而国家制度的意义则在于防范法官群体的自律失效现象。“无论是社会精英，还是普通民众，对我们的法治和司法都存在信赖不足的问题。”[③]若想扭转我国法官形象日渐颓废的局面，就需要借助培训教育和行业自律来加强对法官行为的全面规范，为国家制度发挥约束作用创造前提条件。

① 金春华、袁秀佳：《首家互联网法院在杭成立　用互联网方式审理互联网案件》，浙江新闻网，2017 年 8 月 19 日。

② 讨论法官司法责任制问题的论文包括，陈杭平（2015）从司法独立与司法负责关系角度评述了美国的州法官考评制度，冯之东（2016）以司法责任制为切入点讨论了审判委员会工作机制改革的问题，姜保忠（2016）讨论了司法责任制视角下错案刑事追责机制的构建问题，马渊杰（2016）论述了司法责任制下审判团队的制度功能及改革路径问题，张文显（2017）辨析了司法责任制与司法民主制的关系。

③ 龙宗智：《加强司法责任制：新一轮司法改革及检察改革的重心》，《人民检察》2014 年第 12 期。

（一）构建合理的法官问责制度

无论是纪律责任的审判还是违法责任的认定，都需要以法官遵循审判职业规范的情况作为监督重点。主客观相结合的归责原则是判断错案责任、信访责任是否合理的首要依据。通过对违法行使审判权力导致严重后果的案件进行责任倒查，来警示法官避免做出违反个案公平要求的裁判结论，能起到亡羊补牢的作用，但无法实现“防患于未然”“止恶于未萌”的目标。从结果导向的视角转换到过程导向的立场，才能更充分地预防失当的司法行为产生严重的负面影响。因为审级制度的作用就在于纠正下级法院认定事实、适用法律的瑕疵或错误结论，所以发挥审判程序的作用、赋予当事人充分的诉讼权利，可以更有效地避免发生冤假错案。在制度构建方面实现审判权力与诉讼权利有效平衡的条件下，规范法官行使审判权力的行为细节能够更直接地维护司法权威的形象，实现司法公正的目标。“2005 年年底，北京市第一中级人民法院率先取消错案责任追究制，代之以‘法官不规范行为认定制度’，既不对法官认定事实、适用法律本身问责，也不在意法官的审判结果是否被法院否定，而只对法官在审判过程中的不当、违法行为进行惩戒。”[①] 从法官责任的类型来讲，未造成严重后果的纪律责任与产生严重后果的违法责任，能够涵盖对各类失当司法行为的规范需要。在确定存在违法行使审判权力的事实后，责任人员应当承担刑事责任或根据《国家赔偿法》的规定承担民事追偿责任。

近年来，新闻媒体报道的若干典型冤假错案造成的社会影响，促使不论责任人员是否转岗、升职都需要倒查违法办案行为的司法责任制，成为司法改革中备受关注的热点内容。相对于独任制审判而言，在合议制审判的情形下，确定违法责任问题的难度更大。“当合议庭的裁判错误是多数意见造成的，应当由发表此意见的合议庭成员承担责任，其他成员不承担责任。审判长属于少数意见者，而最后签发该判决致使裁判错误者，也不应当承担责任。”[②] 根据主客观相一致的问责原则，司法过错与危害后果之间的对应关系需要被兼顾，以免出现法官并无故意或过失且未造成严重后果的情形下，却被追究信访责任、错案责任的情况。因此，基于反映政治许诺与期望的司法责任制构建合理、有效的

① 金泽刚：《司法改革背景下的司法责任制》，《东方法学》2015 年第 6 期。

② 王震：《“由裁判者负责”：法官司法责任追究制度的重构——以司法责任制改革为背景》，《福建警察学院学报》2015 年第 5 期。

法官问责制度，是当下的司法改革需要冷静面对的问题。“法官问责制度的建构应当采取以下原则：错案责任追究严格化，信访责任追究退隐化，纪律责任追究实效化，法官问责规范统一化。此外，应当确立‘二元双层’的法官问责基准，并采取宏观与微观相结合的方式建构法官责任豁免制度。”[①] 在依据宪法与刑法等基本法构建法官问责制时，需要对一些饱含政治期许的词语进行法律化的转换或解码，确保法律体系内部的协调统一。例如，“办案质量终身负责制的‘终身’是相对意义上的，必须受到法律中关于时效规定的限制”[②]。在法官问责制中，应当包含问责主体、问责情形、责任类型、问责程序、豁免条件等内容。人大及其常委会的人事监督是异体问责的重要形式，司法机关对违法责任的追究程序也容易理解，但纪律责任能在多大程度上移交给法官自治组织进行追究，则是当下需要着重讨论的问题。

（二）发挥法官惩戒委员会的作用

法官惩戒委员会作为职业自治机构应当在追究纪律责任方面发挥基础作用，因此在成员构成方面可以考虑适度吸纳非法官群体人士。最高法院在2010年12月6日修订后重新发布了《法官职业道德基本准则》，在2010年12月6日修订发布了《法官行为规范》。此类举措有利于改善审判工作作风、增强司法公信程度。就概念而言，不同群体的道德取向可能存在差异，但超越个别群体的道德认知形成的社会伦理规范则是不同群体道德共识的表现形式。因此，现代法律职业伦理的内容显然包含了法律人群体内部形成的基本道德准则，而且社会公众对这些道德准则也表示基本认可。不仅道德的内容存在道德良知与道德准则的主客观差异，伦理规范的内容也存在德行伦理与职责伦理的主客观区别。职业伦理显然属于职责伦理的范围，尽管其可以避免被某一群体的道德判断所左右，但也可能催生由道德中立选择引发的情感冷漠现象。正如客观的道德准则不能脱离主观的道德良知滋养，客观的职责伦理也不宜抛弃主观的德行伦理所预设的导向。因此，加强对法科学生的法律职业伦理教育、重视对在职法官的职业伦理培训，就成为提升司法公正水平、塑造司法权威形象的必要条件。

① 周长军：《司法责任制改革中的法官问责——兼评〈关于完善人民法院司法责任制的若干意见〉》，《法学家》2016年第3期。

② 陈光中、王迎龙：《司法责任制若干问题之探讨》，《中国政法大学学报》2016年第2期。

情感的熏陶、知识的点拨、意志的锤炼与行为的落实，是德行伦理要求转换为职责伦理的理想路径；但为了客观公允地评价司法行为的伦理妥适程度，人们只能依据职责伦理的规范内容做出判断，从而将德行伦理安置在高蹈的理想境界供法律人独自求索。

对于职责伦理规范的遵循情况，首先可以由法官自治组织负责监督。行业自律具有成本低、见效快的优点，虽然缺乏国家强制力量的支撑，但通常具备足够的柔性力量实现对在职人员的软约束目标。由于法律职业伦理是法律人群体内部的道德准则与其他群体的道德要求融合而成的行为规范，惩戒法官违反职业伦理行为的机构应当体现充分的代表性，吸纳非法官群体人士参与监督。“法官惩戒委员会应当主要由非法院系统的法律人士及其他相关专业人士组成，尽力保证委员会的‘外部性’。”[①] 上海、吉林、辽宁、福建、河北、北京等省市已经成立法官、检察官惩戒委员会，并制定了试行章程，为构建审判员职业伦理维续机制夯实了基础。“司法惩戒制度通过一套纪律措施来执行法官高标准的职业伦理要求，以实现司法独立和司法责任之间恰当的平衡。”[②] 美国法律人协会在加利福尼亚州颁布的法官惩戒规则曾被认为是法官伦理规范的样板，所以我国可以基于国情选择借鉴其中的合理内容。由于我国当下仍缺乏充分借重行业自治的社会条件，由法院系统组织筹建相对独立的法官惩戒机构更为可行。“在我国台湾地区，法官惩戒机构为职务法庭。职务法庭的陪席法官，必须具备实任法官 10 年以上的资历。由台湾司法主管部门法官遴选委员会遴定 12 人，每审级各 4 人，提请台湾司法主管部门负责人任命，任期 3 年。其人数视业务需要增加之，各法院院长不得担任职务法庭的成员。”[③] 由最高法院和省、自治区、直辖市高级法院分两级设立法官惩戒委员会可以与加强审判权一体化属性、支持人大及其常委会对任命的法官开展人事监督的趋势相呼应。在省级法官惩戒委员会的工作内容中，可以包括指导各地分支机构建立法官与律师关系信息库并开展相关数据的收集、分析等活动。反腐不仅需要宣讲倡廉，而且需要建制督廉。深圳等地法院推行与人员分类管理制度相呼应的权力清单体系，有效地界定了主审法官与法官助理、书记员及审委会的权责内容，为法官惩戒委员会问

① 郑曦：《司法责任制背景下英国法官薪酬和惩戒制度及其启示》，《法律适用》2016 年第 7 期。

② 赵增田：《美国司法惩戒制度研究》，《嘉应学院学报（哲学社会科学）》2015 年第 6 期。

③ 金泽刚：《司法改革背景下的司法责任制》，《东方法学》2015 年第 6 期。

责失当司法行为创造了条件。在法官职业自律与国家制度约束形成全覆盖的纪检、督廉机制后，法官独立行使审判权力的条件将更加完备。

综上所述，对法官的失当司法行为及时进行查处与纠正，需要遵循主客观相一致的问责原则，并给予其提出异议、说明理由的辩论机会。法官问责制的建设需要遵循程序法治的理念，与人大及其常委会的人事监督和法官惩戒委员会的职业自律相结合。由法院系统筹建相对独立的法官惩戒委员会，能够在司法独立与司法责任之间寻求合理的平衡。通过建立相关数据库共享信息来攻克法官与律师违规联系的隐形代理难关，建立与法院人员分类管理相匹配的权责清单，可以促成全面督廉的制度目标有效实现。在加强对法官职业伦理行为监督的同时，对人民陪审员的参审行为也要加强规范。法官裁量权力的范围扩展需要民众参审制度发挥规范、制约的作用，因此对人民陪审员的资格与行为进行必要的监督就理所当然。在法官惩戒委员会的机制运行逐渐顺畅后，监督人民陪审员的任务就比较容易完成。

结语：对法院审理基本权利案件的展望

法院的职责内容在于依据国家立法裁断纠纷，因此，各级法院的审判权力具有一体化的属性，应当具有独立于人大及其常委会之外其他国家机关的地位。通过法院对法律的适用能够检验立法的成效、发现立法的不足，这时就需要法官独立地运用专业知识、发挥司法智慧对法律规定进行恰当的解释。“我国司法改革的目标有三：司法公正、司法效率和司法独立。其中，首要的问题是实现司法独立，通过司法独立目标的实现，保证司法公正，促进司法效率的提高。”[①] 司法独立与司法效率都应当服务于司法公正的终极目标。个案正义是社会公正的组成部分，因此维护司法公正的法院所推进的各项机制改革自然需要立法、行政机关与社会各界的配合。[②] 对于法院内部开展的司法改革而言，依据宪法、法律接受人大及其常委会的监督，就是接受“整体治疗”思路指导的表现。“不论是最高法院还是最高法院院长，在行使权力时，都应该受到宪法和法律的限制与制约。因此，无论是《人民法院改革纲要》的

① 张朝霞、冯英菊：《从〈所有人的正义〉看英国的刑事司法改革》，《法学家》2004 年第 6 期。

② 在日本推进司法改革的过程中，改革机构的主事者曾借用动脉与静脉的比喻，来说明行政与司法机关对国家政治体制的作用。若促进分配正义的行政机关出现了动脉硬化问题，当政者可能也要注意维护矫正正义的司法机关是否出现了静脉栓塞症状。面对国家的政治体制、机制发生的问题，改革者在对症下药的同时，还需要采取整体治疗的思路，避免亚健康状态的持续。

制定抑或是其实施，都应该回归至宪法法律所确定的框架之内。”[①] 在司法改革过程中坚持依法有据，是实现依法治国目标的必然要求。对于突破现行法律规定的试点，必须获得全国人大或其常委会的依法授权，这样才能使法院依法独立行使审判权力的局面得到不断巩固。

法院依法审判的法律依据应当包括宪法在内。宪法具有规范国家权力行使、保障公民权利实现的双重效用，因此在全国人大及其常委会行使对立法行为的合宪审查权之外，法院可以通过合宪性解释方法来规范适用法律原则裁判案件的行为，给较高级别的法院受理基本权利诉讼案件创造条件。法院除了能够解决社会生活中的纠纷之外，还因为相对独立于其他国家机关的地位，能够发挥在国家机关组织体系内的政治平衡作用。随着我国法院相对独立地位的稳固，在法官独立行使权力的意义得到政治与立法层面的肯定后，法院有限度地适用宪法的可能也需要提早获得关注。尽管学者的理论畅想不能取代当政者的政治权衡，但随着各项条件的成熟与完善，全国人大及其常委会有可能将实施宪法的部分权力下放给法院系统。因此，充分借鉴各国经验，结合国情设计可行的方案是学界不能推脱的时代使命。

总而言之，法院不仅是中央或地方国家机关的组成部分，而且是独立适用国家立法的司法机关，因此法院的审判权力具有一体化的属性。人大及其常委会若依据宪法规定维护法院的独立审判地位，就需要区分对法院审判、司法行政工作的监督方式，将监督工作的重心放在对所任免法官的人事监督方面。检察院根据宪法规定开展法律监督工作时，只能依据再审程序启动对法院审判工作的法律监督。在明确法院在宪法制度中相对独立的地位后，从多元化纠纷解决机制建设与诉讼程序繁简分流、法院工作人员合理分工等方面推进司法改革，这样可以让法官发挥专业特长独立处理重要的诉讼纠纷。对审判委员会进行合议庭化的改造，可以使主审法官制度成为法官独立审判的坚固基础。法官独立审判的妥当性需要基于法官问责制的合理完善之上，而且法官惩戒委员会作为职业自律机构，应当发挥监督司法失当行为的首要作用。在法官独立审判、职业自律与裁判说理形成塑造司法权威的巨大合力后，法院依据宪法受理公民关于基本权利的诉讼请求，同时尊重人大及其常委会对法律进行合宪性审查的权力，以使我国司法机关的政治平衡功能得到启动，从而为公民基本权利获得充分的司法救济保障提供有力的支持。

① 秦前红：《论最高法院院长与全国人大及其常委会的关系——以司法改革为视角》，《甘肃政法学院学报》2014年第5期。

审判员职业伦理的实现方式[①]

摘　要：对审判员而言，司法公正是职责要求，司法宽容是悲悯情怀。司法公正是要确保对行为的裁判结论公正，而司法宽容则是指向对行为人的宽容。裁判说理与陪审员制度都是确保司法裁判的技术性与伦理性动态平衡的必要条件。法律共同体内部的行业自治与立法对重要伦理义务的确认，都是保障司法公正的有力举措。以公开促公正是构建审判员职业伦理维续机制的首要原则，以民主促公开则是维续机制的动力保障。

关键词：司法公正；司法宽容；法官惩戒委员会；陪审员制度；裁判说理

2019 年 4 月 23 日，第十三届全国人大常委会第十次会议表决通过了新修订的《法官法》。该法的第四十八—五十一条规定了法官惩戒委员会运作机制方面的内容。审判员职业伦理的维续需要作为行业自律组织的法官惩戒委员会发挥基础作用。公正与宽容是审判员职业伦理的基本内容，需要职业伦理自律机构与法律规定予以维护，也需要陪审员制度、裁判说理等配套制度的支持，这样才能有效落实到司法职业的实践中。司法的首要职能在于维护个案公平与社会公正，保障公众对未来的可靠预期。在司法场域中，公众对审判员公正行使裁量、判断职权的角色期待获得回应的圆满程度，不仅依赖法律规则与法律原则对司法裁量权的合理约束，也离不开审判员逻辑推理能力、语言表达能力等裁判能力的支持，还取决于审判员个人道德良知与职业伦理自律的状况。职业伦理建设与国家法律强制之间的主辅关系，是重视司法职业伦理自律的逻辑前

① 本文初稿发表于《辽宁公安司法管理干部学院学报》2019 年第 3 期。此为删改稿。

提。[①]司法职业伦理建设服务于增强司法权威的目标，从结果角度来看，裁判文书对技术性与伦理性要求予以兼顾是反映审判员履行伦理义务状况的客观形式。通过专业推理与民意常理在审判员独立司法与陪审员参审过程中的合理平衡，可以实现在司法公正前提下追求司法宽容的伦理目标。从过程角度来看，以媒体监督为代表的公众舆论监督和以法官惩戒委员会为代表的行业自律监督，对确保审判员遵循审判规则发挥着约束功能，其他国家机关则依据相关职能发挥着辅助保障司法职业伦理维续的作用。

一、司法公正与宽容要求的职业伦理意蕴

对我国公务员职业伦理规范的基本认识，是讨论审判员职业伦理问题的评判前提。对于公务员而言，作为底线要求的廉政义务应当通过制度、法律予以确认；作为高尚追求的勤政义务，需要借助内化的人格力量提供支持。“我国的法官道德毫无例外地都是在行政化的指示下建立。”[②]在讨论司法职业伦理问题时，首先需要考虑对“干部”设定的行政伦理标准。检察院的检察员与法院的审判员都首先需要遵循公务员职业伦理要求的廉政义务。

（一）审判员职业伦理建设的迫切性

法院与审判员的职能在于维护个案公平与社会公正，守护社会秩序的底线，为公众提供合理预期的参照基准。审判员精湛的司法技能与优良的道德品质能够充分展现的必要条件之一，即在于职业伦理规范的完备与有效。以人格与角色独立为基点的职业伦理规范，不同于以服从与责任承担为基点的职业伦理规范，因为前者更可能是以个体对宗教理想、政治信念等超越式理念的虔诚信仰作为理念前提，而后者以个体对群体的忠实奉献作为现实要求。在我国，审判员的职业伦理规范显然是建立在集体主义文化传统的基础之上，更加注重

① 孙笑侠（2001）指出，法律家的专业技能需要与特殊的职业伦理相匹配，岳悍惟（2002）对法官的司法伦理内容做了分层次探析，许富仁（2003）探讨了司法与伦理结合的内在基础问题，赍国栋（2010）讨论了法律职业的伦理精神问题，韩红俊（2011）分析了法官言论与公正审判的关系问题，江必新（2012）对法官良知的价值、内涵与养成方式问题进行了分析，宋远升（2012）提出了实用司法伦理主义的观点，刘薇（2012）参照日本经验探讨了构建法官与律师共同职业伦理的问题。

② 王申：《法官职业的道德义务和美德》，《法律科学》（西北政法大学学报）2016 年第 4 期。

个体对群体的自觉认同、积极奉献，因此审判员需要在爱国亲民、廉洁公正的长期、全面的意识规训的状态下，努力塑造符合组织期待与民众偏好的角色形象。这种将伦理规范的基础完全构筑在现世生活细节上的文化形态，不同于国民普遍信仰宗教的国度给个体保留适度超越尘世寄托之思维空间的文化类型，认为外在意识规训强于个人反躬内省的作用，所以在职业伦理规范的安排上容易倾向于对行为结果的监控而忽视对行为过程的督导。在结果导向的文化氛围中，人们容易忽视任何行为过程都依赖相应的社会条件支持才能导向预期结果的规律，而是经常强调个体应当通过个人努力克服现实条件的障碍来确保预期结果的实现。从概率论的角度来看，少数人的确有可能凭借强韧的意志做到攻坚克难、拒腐防变，但也会有少数人选择在外在行为上迎合组织与公众的角色期待，却在伦理规范与法律制度监管疏漏的环节更多考虑个人需要的满足。这种表面上无私、暗地里苟且的人格分裂现象，可能因少数投机者对预期秩序的肆意破坏而呈现蔓延的趋势，从而有力地瓦解长期、全面的意识规训营造的观念氛围。“破解司法活动中腐败之难题，其要在于构建制度、伦理、环境三位一体的治理模式。”[①]《财经》杂志在 2013 年刊发的《法官腐败报告》中对 200 位法官的腐败案例进行分析，得出了包括窝案与串案增多、中高级法院腐败现象堪忧、法院院长成为腐败高发人群等结论。这反映出预防、惩治法官腐败的难度。“2004 年 5 月，时任湖南省高级人民法院院长的吴振汉和 10 多名法院庭局负责人、法官因严重违法、违纪，先后东窗事发；2005 年至 2006 年，安徽省阜阳市中级人民法院在爆发‘腐败窝案’后，又相继爆发了三任院长‘前腐后继’的惊人案例；同期，武汉中院两任院长腐败落马，深圳市中级人民法院 1 名副院长和 4 名法官因涉嫌受贿被逮捕。”[②]2008 年被查处的原最高法院副院长黄松有、2015 年被“双规”的原最高法院副院长奚晓明牵涉的案件，都是发人深省的警示案例，反映出过度依赖法制监督但对审判员群体内部的职业伦理自律机制重视不够的问题。推进职业伦理建设的前提是承认制度建设的基础作用。在我国的传统文化中，会强调借助个人的品行修养来弥补制度监控的疏漏，这种对于“有德者宜在高位”的价值预期，经常会因为公职人员无法妥善处理多重社会角色冲突的现实矛盾关系干扰而陡然落空。因此，只有承认个体自私的本性需要

① 赵山星：《浅议司法腐败现象的危害、成因及其治理》，《塔里木大学学报》2007 年第 1 期。

② 李军、陈淑萍：《和谐社会视野下的司法伦理》，《湖北警官学院学报》2008 年第 6 期。

制度安排予以约束，才能构建出让公职人员在面临角色冲突时“不敢腐、不能腐、不想腐”的制度条件。在制度有效运行的前提下，职业伦理建设才能够发挥引导公职人员树立并坚定“不愿腐”信念的作用。

为改善司法工作作风、增强司法公信度，最高法院在2010年12月6日修订发布《法官职业道德基本准则》后，又于2010年12月6日发布了修订的《法官行为规范》。维护司法机关与审判员的独立地位，以保障实现司法公正目标，是现代社会关于法治建设的价值共识。“2001年2月国际预防犯罪中心和促进国际透明度及司法公正组织起草了《法官行为准则》。”[①] 法治的优点在于为公众提供稳定的秩序预期，并以对司法裁判的强制执行来保障法律秩序的实现。审判员公正地适用法律做出裁判，是公众对立法构建的秩序框架增强信任的前提条件。在集体主义文化氛围短期难以改变的情况下，基于审判员职业伦理的特殊要求，重视对审判员独立司法地位的制度保障，提升职业群体内部对审判员行为进行全程监督的效能，给审判员在审判程序空间内展开基于司法良知的裁判说理创造必要的条件，这样才能解决依靠外在监督难以督促个体主动追求更高道德标准的难题。职业伦理的导控作用主要表现为对行为过程、方式的约束，因此并非判断案件裁判结论公正与否的重要标准。对于裁判结论的评价，主要依靠陪审员参审与裁判说理的制度建设及不断提升审判员职业技能水平。

（二）司法公正是司法宽容的前提

审判员在运用法律解释技能、事实认定技能的过程中，始终需要持守独立司法的信念，不偏不倚地适用法律，在法律程序设定的空间内裁判。在可以适用法律规则的条件下，优先适用法律规则；在法律规则存在漏洞的情况下，衡量适用法律原则，是审判员在司法过程中应当遵循的首要准则。[②] 司法程序的基本作用表现为，对利益交涉过程的规范化。在当事人充分表达利益诉求、展开论辩的情形下，审判员通过指挥庭审过程、中立地认定事实和适用法律，为当事人达成和解协议或信服裁判结论创造必要条件。在遵守审判程序要求的前提下，对于司法裁量的理由进行充分的说理论证，这样才能让当事人直观地感受

① 王申：《法官德性是法治之力量》，《东方法学》2016年第2期。

② 关于“受道德偏好驱使而过度越法裁判，将破坏法治”的论述，参见杰弗里·布兰德：《法治的界限：越法裁判的伦理》，娄曲亢译，中国人民大学出版社2016年版。

到司法公正。从程序制度对司法适用过程的规范作用来看，维护司法公正的伦理义务，首先表现为中立、平等地对待当事人。这是准确适用法律的必要条件，也是追寻个案公平与社会公正目标的必然选择。“司法公正无疑是‘实现社会正义的最后一道防线’，是司法伦理的基本内容。”[①] 廉政是公务员应当遵循的伦理、法制要求；对审判员而言，公正司法的义务也是如此。基于公正司法要求展开的职业伦理监督，意味着对不当司法行为的预防与规制，而非仅对违法裁判行为的追究。对于适当司法行为的判断标准需要以审判员群体的阶段性共识为依据，而且审判员群体的共识应该获得社会公众的基本认同，因此通过构建职业自律组织的形式来强化审判员群体内部对司法公正目标的尊崇，是塑造审判员职业共同体意识的首要任务。

审判员的职业伦理表现为司法公正与司法宽容。司法公正是要确保对行为的裁判结论公正，司法宽容则是指向对行为人的宽容。司法宽容只能在保证司法公正的前提下实施。立法者与裁判者均非全知全能的超人，而通常只是在专业技能与伦理水平上略高于诉讼当事人，所以在努力做到公正适用法律的同时，还应当对当事人的过错抱以宽容地惩戒的态度。在对涉案行为的公正评判与对行为人的宽容理解之间，并不存在紧张的冲突关系。“司法宽容只能在保证司法公正的前提下实施。”[②] 人性本能无善恶，趋利避害的行为动机不存在善恶之分，但演化为具体目的之行为选择却需要接受关于是非、善恶的评判。因为人类社会需要基本的秩序来确保文明的维续与个体的安宁，所以对于反社会行为或越轨行为必须予以适度规制。法律视角的评判首先关注行为，并力求基于关系疏离的预设条件来拆解式地评判具体行为对法律关系的影响；但审判员也需要兼顾在不同的成长条件下与现实境遇中做出行为选择的行为人个体的独特性，从而做出呼应公众情理期待的裁判结论。“法律人应当为整个法律的道德吸引力负责”[③]，因为从公共理性的角度来看，实施越轨行为的个体同样是群体不应轻易疏离的组成人员，而法律制度的宗旨首先是维护人权、构建良序社会，所以在惩戒越轨行为的同时对行为人存有必要的同情态度，是增强社会凝聚力的基本要求；那么在追求司法公正的同时秉持司法宽容的态度，就成为审判员义不容辞

① 王淑荣、孟鹏涛、许力双：《司法伦理在法治国家建设中的价值论析》，《社会科学战线》2014 年第 12 期。

② 张善燚、柳成柱：《宽容：现代司法的一项基本价值》，《江汉论坛》2009 年第 9 期。

③ 陈景辉：《忠诚于法律的职业伦理——破解法律人道德困境的基本方案》，《法制与社会发展》2016 年第 4 期。

的职业伦理义务。

综上所述，从功能视角来看，法律主要是用来解决社会生活中自由与秩序、效率与公平等价值冲突问题的规制工具，很难从根本上解决基于不同价值标准产生的善恶评价问题。审判员在适用法律做出裁判的过程中，需要追求平等地对待双方当事人的目标，以实现公正地评判涉案行为是否合法及如何分配法律责任的问题。由于作为个体审判员不可避免地需要依赖专业知识、思维方式与价值偏好对事实和法律问题做出判断，所以在廉洁司法的基本前提下，将对行为评判的司法公正与对行为人认知局限的司法宽容作为对审判员职业伦理的基本要求，这样有利于发挥法院化解利益纠纷、维护社会秩序的功能。在扎实开展职业技能训练的条件下，审判员群体的职业自律是促进司法公正追求顺利实现的首要方式，而立法层面的强制督导则发挥着必要的辅助保障作用。在司法实践中，如果忽视诉讼当事人的程序参与权利，审判员可能在事实认定、法律适用方面出现严重的认知失误，因此对审判员遵循职业伦理要求的情况也应当以程序化监督作为首选方案。至于裁判结果的对错，则不应被视为评判审判员是否遵循职业伦理的重要依据。否则，行政化的请示与审批现象干扰审判员独立审判的问题，就难以得到根本解决。

二、设立审判员职业伦理自律机构

审判员职业伦理的首要作用在于，通过防范滥用司法权力的腐败行为，防范司法不公的现象出现。伦理义务的履行状况首先取决于职业团体内部的自治水平，其次需要借助伦理义务适度法律化的转换，但绝不能过度迷信国家机构包办、统揽的效果。仅靠伦理规范的宣教引导，显然难以达到反腐倡廉的目标，但片面依靠法律制度督廉也不足以促成审判员的自律行为。唯有借助具有社会自治性质的伦理规范与具有国家强制底色的法律形成的合力，才能更有效地实现依靠他律、促成自律的目标。

（一）审判员职业伦理自律机构的作用

公职伦理规范属于社会自治规约，因此充分发挥公务员职业协会、法官惩戒委员会的职业自律功用，才能使公职伦理规范切实地发挥督导个体行为的作用。从域外的法官职业伦理发展实践来看，法官群体的内部监督是法律职业共同体形成内聚力的重要保障。我国司法实践的复杂现状，使得名义上的法律职业共同体内部存在诸多矛盾，究其原因在于司法体制改革亟须推进、法官遴选制度不够合理、社会氛围不容乐观。“对法官在不同场域中予以不同的角色定位是造成角色冲突的根本原因。”[①] 只有努力构建审判员应当独立、公正行使司法权力的共识，才能按照法治发展的规律推动司法职业伦理建设向恰当的目标前进。在政府向市场、社会还权的时代背景下，利用职业自律机构、社会舆论监督的力量，实现对审判员的他律目标，具有成本低、收益高的优势。当然，由于我国新闻行业的职业伦理水平仍存在较大的提升空间，媒体监督必须被限制在合理的范围内，不能造成舆论干预司法的负面影响。

维护法律秩序是法院的基本职责，促进社会和谐则是法院工作追求的永恒目标。法院通过审判员的公正司法行为实现维护法律秩序的功能，借助审判员司法宽容的悲悯情怀实现促进社会和谐的功能。在法院独立审判的制度背景下，审判员应当承担维护司法公正的伦理义务，并具有砥砺司法宽容的思想境界。伦理规范内化为道德人格需要经过认知、情感、意志与行为环节的连贯锤炼。尽管职业教育、个人修养等因素能够提升审判员的伦理认知水平，但缺少必要的制度支撑，就会让坚守伦理义务的审判员承受过高的成本甚至面临损失。域外诸国设置公职人员伦理监督机构的做法，显然是维护恪守职业伦理者的正当利益的有效举措。“现今的中国司法仍然呈行政化管理特征，法官无独立超然的地位且收入菲薄，法官并不认为自己在从事一项神圣的职业。”[②] 既然仅靠倡廉无法确保审判员自律，那就需要通过创设制度、完善立法来进行督廉。在加强审判员职业伦理制度化与法律化建设的过程中，域外设立审判员职业伦理自律机构的做法值得效仿。从裁判结果、诉讼程序与职业伦理三方面整合审判员责任制度，使职业伦理自律成为督促审判员诚信、廉洁司法的首要方式，可以在司法独立与责任追究的价值目标之间实现恰当平衡，有利于从根本上预防不当司法行为的发生。

---

① 黎晓露：《论我国法官的角色定位》，《法商研究》2016 年第 3 期。

② 岳悍惟：《法官的司法伦理基础探析》，《法学论坛》2003 年第 6 期。

（二）设立审判员职业伦理自律机构

以公开促公正是构建审判员职业伦理维续机制的首要原则，以民主促公开则是这一维续机制的动力保障。职业伦理的他律功能是促进道德人格养成的现实基础。审判员职业伦理维续机制包括诸多方面的内容，但按照社会自治与法律监督的划分方式来看，职业公会的自律与新闻媒体的监督都属于社会自治的内容。法律共同体内部的行业自治与立法对重要伦理义务的确认，均为保障司法公正的有力举措。司法公信度的提升需要经济、社会与政治条件的合力支持，审判员职业伦理维续机制建设是其中的关键一环。对于职责伦理的遵循情况，首先应当由法律职业共同体组建的职业公会进行监管。同行评价是提升职业伦理水平的优先选择，立法干预只是退而求其次的选择。审判员职业伦理的维续机制首先表现为，法官协会对遵循职业规范情况的监督。随着各界呼声的不断提高，近几年来最高法院已经开始推行探索建立法官惩戒委员会的举措。2019年10月1日实施的最新修订的《法官法》已经将各地试点探索的重要经验纳入相关的法律条文予以确认。

2017年8月29日，《江苏法制报》在第二版用整个版面公布了《江苏省法官惩戒委员会法官代表委员库组成人员基本情况》《江苏省检察官惩戒委员会检察官代表委员库组成人员基本情况》，其中江苏省法官惩戒委员会法官代表委员有60名，分别来自三级法院不同的审判庭室，以及执行、管理岗位。目前，京、沪等市与吉、辽、闽、冀等省已经成立法官惩戒委员会，并制定了相应的试行章程，初步构建起审判员职业伦理的维续机制。选任职业伦理惩戒机构组成人员仅为开展监督工作创造了初始条件。针对审判员的言论、社交等行为设定细化的行为准则，以及受理社会各界投诉，听取被投诉审判员的抗辩意见等具体程序机制的完善，都是近期应当抓紧推进的重要工作。

综上所述，在立法上为审判员队伍职业化建设预留自治空间的条件下，通过立法督促审判员廉洁司法的切入点在于构建法官问责制度，按照主客观相结合的原则明确问责情形、究责程序、豁免条件等内容。除了通过立法监督维护司法公正之外，审判员的职业自律规范应将预防、惩戒审判员违反裁判规范的行为作为重点，使审判员的司法失当、违法行为能够在伦理规范与法律制度的双重约束下得到及时矫治。法律制度的施行成本较高，运行效率偏低，因此，其在防范审判员违背职业伦理要求方面只能发挥补漏、兜底的作用，法官惩戒委员会作为行业自治组织应当发挥比法律制度更加便捷、有效的行为督导作用。

三、协调法理与常理的司法制度安排

在审判员队伍职业化建设方面，增强审判员的裁判说理能力，发挥陪审员在裁判结论社会效果方面的权衡作用，加强法官惩戒委员会作为职业自律机构的基础作用，都是当前亟待探索、完善的重要工作内容。对于裁判结论合理性的保障，首先需要依靠陪审员制度等方面的改革。陪审员基于社会生活常识的立场提供的庭审意见，则是防范审判员在逻辑与经验之间选择失衡的重要判断依据。裁判说理与陪审员制度都是确保司法裁判的技术性与伦理性动态平衡的必要条件。

（一）陪审员制度保障司法公正的功能

审判员的专业判断是否符合公众基于常情、常理、常识形成的观感，直接影响司法公信度的提升。陪审员制度的推行有利于实现在专业判断与常识判断上的恰当平衡。在刑事司法领域，域外的陪审员制度对事实认定与法律适用的司法公正程度发挥着直接的作用。例如，“在法国，由 3 名法官和 9 名陪审员审理刑事案件时，案件结果由合议庭投票决定。其中 8 票及以上决定案件事实，6 票及以上决定法律适用。在决定案件事实时，至少需要 8 票。这说明在决定被告人有罪或无罪时，即使 3 名职业法官都认为被告人有罪，还需要至少 5 名陪审员的一致选票”[①]。如果在事实认定方面，陪审员享有 5/8 的决定权，在法律适用方面，陪审员享有 3/6 的决定权，那么立法规定不合理或法官裁判有失公允导致影响司法公正的情况，就可能最大限度地被预防与矫正。“陪审员与当事人有共同的价值观，目的是保护被告免于受贪污或偏颇的检察官控诉，非中立的法官对于法律的任意解释及不合情理的、恣意的法律适用”[②]。由于刑事审判事关被告人的人身自由或财产权益，发挥陪审员制度的平衡作用显然有利于最大限度地保障司法公正目标的实现。裁判结论的合理程度不仅体现在专

① 金泽刚：《司法改革背景下的司法责任制》，《东方法学》2015 年第 6 期。

② 韩红俊：《法官言论与公正审判》，《法律适用》2011 年第 5 期。

业的逻辑推理方面，而且反映在其与民意常理的契合程度方面。中国目前仍处于形式法治初创时期，因此通过完善陪审员制度来有效化解司法与民意之间的观念冲突，可以不断增强司法的公信度与权威性。司法精英化、职业化与司法大众化之间的张力，可以通过陪审员制度的逐渐完善而被控制在合理的范围内。

在民事、行政审判领域，通晓民情的陪审员同样可以发挥促进个案公平、提升司法公信度的作用。在社会内生的规则与国家立法机关颁布的法律之间，可能存在一定的罅隙，陪审员则是熟悉并能够合理反映社会内生规则具体内容的有生力量，可以给审判员依法行使裁量职权提供翔实的参考依据。“法庭上需要的人民陪审员应当是通晓事理、公道正派、熟悉当地风俗民情和生活习惯的‘社会贤达’。”[①] 最高法院院长周强于 2016 年 6 月底，在向全国人大常委会汇报的《关于人民陪审员制度改革试点情况的中期报告》中，总结了陪审员履职的经验与困难，并提出了相关的完善建议。[②]2018 年 4 月 27 日，由第十三届全国人大常委会第二次会议表决通过的《人民陪审员法》，已经对人民陪审员制度做出了相应规定。随着司法责任制改革的深入推进与陪审员制度的逐渐完善，推动裁判说理的工作也有望得到合理加强，有利于确保法院裁判文书的技术性与伦理性特征获得兼顾。

（二）通过裁判说理促进司法公正

审判员对司法公正与宽容的伦理追求，都能够通过裁判理由与结论，直观地展现在当事人和公众面前。“许多国家的立法都非常重视裁判文书的说理性。如比利时《刑事诉讼法》第一百九十八条第二款规定，所有判决必须简明扼要地说明法官在法律规定的范围内择定某种刑罚或措施及其程度的理由；意大利《刑法典》第一百三十二条第一款规定，法官在权限内自由判刑，但须附具自由裁量的正当理由。”[③] 裁判说理制度就是要通过审判员的说理行为，来检验其对司法公正伦理义务的遵循状况。新中国成立以来，我国的司法工作机制注重追求“案结事了”的社会、政治效果，因此沿袭了中国传统的“礼情司法”模式中的

① 邵栋豪、梁晓峰：《以司法伦理化为基础重塑人民陪审员制度》，《山东青年政治学院学报》2011 年第 6 期。

② 2016 年 12 月底，在全国法院司法责任制改革督察推进会上，28 家来自全国部分省市的高级、中级、基层法院交流了工作经验。兰州市新区法院等法院还权于合议庭、主审法官的做法，为陪审员发挥民主参与的作用创造了条件。

③ 梁静：《法官刑事自由裁量权及其限制》，《中州学刊》2010 年第 5 期。

一些做法，但也在一定程度上抑制了现代社会多元价值并存背景下民众法治信仰的形成。我国目前的司法管理体制具有强烈的行政化色彩，因此审判员为避免被舆论监督或上级问责，不敢或怠于说理的现象比较普遍。这就使得司法公信度难以获得裁判说理具体实践的支持。在司法责任制改革的背景下，向审判员与合议庭还权，以及成立法官遴选、惩戒委员会的举措，都有利于保障法官独立司法，解决审判员不敢或怠于说理的问题。

法律内容安排的合理性不能代替法律适用过程的正当性。审判员对职业伦理义务的遵循状况，直接关系到对优良立法的恰当解释或对立法偏颇的适度矫正。如果审判员的裁判说理内容不能充分地向当事人展示，而只能保存在副卷中用于向领导汇报和接受日后的监督检查，那么审判员与作为紧密结合型组织的政府中的普通公务员就没有实质区别。“对法院独立的司法体制应当予以检讨。改革的路径，应围绕法官独立这一核心展开。”[①] 域外的法治建设经验能够为我国法治建设提供有益的参考。在法院与法官的关系处理方面，过分强调行政化的特色，只能带来贬损司法公信度的后果。随着我国司法责任制改革的深入推进，审判员真正转变为独立法官的可能性也在逐渐增强。作为独立施动角色的法官，才更可能将职业伦理要求内化为对高尚品格的期求。裁判说理是审判员在逻辑上说服当事人认同法律规范与裁判结论的必要方式。详细说理的裁判文书是评价审判员是否恪守公正司法伦理规范的基本凭证。

综上所述，提升审判员裁判说理能力与成立法官惩戒委员会，都是维护司法公正的必要举措。陪审员制度作为弥补精英司法过程中审判员社会生活经验不足的合理安排，同样是促进司法公正与宽容的重要保障。随着司法程序制度的逐渐完善，对实质司法公正的追寻已经更多地体现出依赖司法职业伦理规范作用的倾向，因此在司法责任制改革向审判员与合议庭还权的形势推动下，积极构建审判员职业伦理维续机制是保障法官独立司法的必要条件。

总而言之，就像医生在诊断病症的过程中需要依赖专业知识、技能做出独立判断一样，审判员在裁判案件过程中也需要根据庭审过程中的论辩交涉情况形成裁判结论。这类高度专业化的业务行为需要受到职业伦理规范的有效约束。虽然立法可以吸纳部分重要的伦理义务要求，实现有力维护社会秩序的目标，但并非所有伦理义务都适合借助赋税成本的支持而添置法律义务的包装。司法

① 范进学：《法律职业：概念、主体及其伦理》，《山东大学学报（哲学社会科学版）》2000 年第 5 期。

职业伦理追求的实现，不仅需要诉讼程序制度的完善、审判员裁判说理能力的提升、陪审员参审作用的有效发挥、法官惩戒委员会运行机制的成熟等条件支持，而且需要在理念层面上对审判员独立审判地位的尊重，以及审判员对司法公正与宽容的目标发自内心的认同与维护。仅靠国家的立法规定只能最大限度地实现对形式司法公正的保障，只有发挥审判员职业伦理维续机制的社会自治作用，才能卓有成效地实现追求实质司法公正的目标。

下　篇

建设德化社会

依法规范德化社会建设的技术进路[①]

摘　要：从提升法律制度正当性与实效性的角度来看，只有倡导自由、平等理念的交易者道德，才能够与法治建设的伦理价值依据相契合。因此，研究者需要慎重分析法律制度、伦理价值与道德习俗之间的互动关系，避免受盲目夸大的某种伦理信条或道德习俗影响的偏颇举动。自由、平等、民主、和谐之类的价值理想，都属于现代社会伦理规范的基本内容。在立法过程中，依据宪法确认的政治伦理共识确立的法律原则，可以成为社会伦理规范与具体法律规则之间的传导媒介。

关键词：法治建设；社会自治；伦理规范；公职人员；文明行为

在中国，法治建设是由政府自上而下推动而逐渐展开的政治文明建设活动。因为在现代社会中，法律系统已经成为各类社会功能系统之间相互沟通的重要中介系统，所以法律规范体系应当被视为政府与社会各界开展交往活动的基本依据。法治的基本表现是依据法律推进社会协同治理，因此，社会生活中形成的道德习俗与伦理规范只要不违反法律规定，都可以在社会协同治理的过程中发挥对行为的导向作用。由于政府自上而下推进的法治建设亟须获得公众的认同与支持，借助社会组织对道德共识的塑造作用，能够自下而上地为法治信念的强化创造条件。法治政府与德化社会的协调互动，能够促进政府与社会之间的力量平衡与积极合作，因此依法规范德化社会建设的技术进路问题值得关注。

① 本文初稿发表于《四川行政学院学报》2018 年第 6 期。此为删改稿。

一、推动社会自治以酝酿普适的道德共识

德化社会建设的主体是公民与社会组织，而不是政府。这是国家机关与社会、市场力量相互平衡的现实要求使然。在市场经济比较发达的国家，市场与社会的力量比较独立，政府只需要纠正市场、社会领域的自治可能对公益造成的侵害行为即可。在市场经济处于萌芽、起步状态的国家，政府的力量比较强大，而市场与社会的力量相对薄弱，因此，依据法律规范政府权力行使、培育市场与社会力量以发挥自治作用具有重要的意义。通过社会自治来促进道德规范内容的发现与调整，可以避免政府滥用职权实施“道德强制”的行为侵害个人自由、阻碍经济与社会发展的负面现象蔓延。

（一）警惕“以德治民”传统的危害

在讨论道德建设的问题时，传统的儒家思想是无法绕开的话题。中国古代的儒家思想强调“德政”与“德教”的意义，直到民国时期才出现用于分析专制统治弊端的“德治”概念。“德政”思想探究的是政治统治正当性问题，“德教”思想追求的是官吏发挥言行的表率引领作用以提振社会风气的理想目标。“德政”的实施者是君主，“德教”的实施者是官吏集团及作为其政治附属的士大夫阶层。因此，民众在中国古代的政治思想中，始终未获得积极、主动的政治主体地位，只是作为一个整体意义上的“载舟者”与“覆舟者”形象呈现；无法通过组织化的形式担当参与常态下的地方治理即“行舟”“掌舵”活动的重任，而只能在政权稳定期间被动接受朝廷与官府的统治。无论是“礼”还是“德”，都是统治集团及士大夫阶层代替民众发现和表述的价值规范体系，所以“礼”与“德”的内容调整不需要让民众主动参与讨论，但民众却又负有谨慎奉行的政治义务。“道德建设也必然存在着历史的继承性，但是更重要的任务是建设现代性的新道德。”[①] 虽然儒家思想中包含着“有德者宜在高位”的期盼，但这种期盼不应被扭曲为“在高位者即有德”的谬论，否则将使身居高位者推行道德强制的行为获得堂而皇之的借口。若不能对“有德者治”与缺德者“以德治民”的区别及时进行澄清，就可能放任掌权者以对顺从者讲道德、对抵抗者讲法律的统治方式聚拢话语资源的情形蔓延。

---

① 郁建兴：《法治与德治衡论》，《哲学研究》2001年第4期。

（二）摒弃“出礼入刑”的道德强制模式

中国古代的立法具有宗法伦理与礼制、刑制双向强化的特征，但存在特权化明显的历史局限。“礼制”与“刑制”反映了皇权至上的政治意识形态要求，对先秦儒家倡导的伦理价值体系做出了差等化的制度改造，形塑了极端强调君权、父权、夫权的道德习俗，逐渐演变为个体自由、平等发展的桎梏。在现代社会中，建设符合市场经济与民主政治要求的道德伦理规范，需要尊重个人的主体地位，划定交易自由、社会自治的合理空间，特别是要控制伦理义务向法律义务转换的限度。“通过国家的力量来推进道德制度的建立和实施，这种意义上的道德无疑成了一种法律意义上的制度，或者说道德已经不是本来意义上的道德，是法律化了的道德。”① 部分研究者从倡导社会自治的角度引介“礼治”概念，或者从强调统治集团成员自律的角度宣传“德治”概念，虽然其动机可以理解，但万勿低估由于社会自治、革新的动力匮乏而导致自由、平等的价值追求被政府贬损的可能。

综上所述，古代社会的精英立法模式及立法难免滞后于社会发展，陷入语义模糊导致的理解分歧等固有局限，使得统治集团需要借助伦理规范的校正作用来确保法律实施结果的温和与妥当。但是法律制度中过度吸纳道德要求与伦理义务的内容，以及民众在道德习俗的筛选与伦理规范的表述方面缺乏必要的话语权力，必然导致法律规范沦为统治集团强制推行道德、伦理偏好的工具。只有从尊重社会自治的立场出发来推动道德共识的形成，才能使民众可以依据道德、伦理规范来评判法律的内容，进而通过基于民主政治的立法程序来推动伦理义务向法律义务的必要转换。

二、法律对公职人员伦理义务的制度化安排

中国古代政治思想中，大致上都将政治主体的范围限定在君主与官吏、士大夫阶层，因此所有的道德呼吁都寄望于政治主体的自我反省与追求。在现代社会，民众可以借助民主政治制度的安排而成为政治主体，并通过社会压力督促公职人员保持基本的职业操守。因此，在当下反对“在高位者即有德”的观念

① 蔡宝刚：《法律与道德关系的制度解析——新制度经济学的阐释及启示》，《法学》2004年第6期。

预设，并不等于无视对政治领袖和公职人员的道德、伦理要求。公职人员执行法律、维护公益是其本职要求，因此在面对利益冲突时应当服从职业伦理规范的义务要求。为了确保公职人员能够恪守职业伦理规范的要求，立法机关也会按照法定程序的要求将部分重要伦理义务转化为法律义务，以防范和惩戒公职人员渎职或滥用职权的行为。

（一）发挥公职伦理规范的自治作用

对公职人员而言，廉政义务是伦理与法制的双重要求；廉政是底线伦理义务，应当通过制度与法律加以确认；勤政是高尚的伦理追求，需要依靠职业自律、人格内化的力量支持。在加强民主监督之外，通过对公职人员的部分重要伦理义务进行制度化乃至法律化的安排，可以实现借助他律来促进自律的目标。公职人员伦理义务制度化是指通过行政纪律、职业规约等方式，实现对公职人员全面监督的目标。公职人员伦理义务法律化是指对于部分已经制度化的公职人员伦理义务，经过立法程序审议、表决后，转换为法律义务的做法。“美国和韩国分别在 1978 年和 1981 年制定了《联邦政府伦理法》与《公职人员伦理法》，英国、法国、德国等国家虽然还没有独立的行政伦理法典，但在有关公务员条例或公务员法中也都设定了有关伦理规范的章程。日本于 1999 年通过的《国家公务员伦理法》共有六章，四十六条，主要包括伦理原则、伦理规则、伦理审查和伦理监督几个部分。”[①] 由于公职伦理规范具有社会自治规约的属性，在加强重要伦理义务法律化与国家监察制度改革的同时，应当注重公务员职业协会等自治组织的建设，给表现为行业规约或职业纪律的制度化公职伦理规范构建有效的维续机制。近年来，执政党不断强化的“党要管党，全面从严治党”的党内自律行动，从性质上就属于团体自治规约的建设举措，可以预见法治框架下的党内纪律条例能够有效发挥倡廉、督廉的政治效用，能够为国家反腐败立法的完善打下坚实的社会基础。

（二）确立公职人员申报财产的法律义务

财产申报是公职人员伦理义务的重要内容。因为通过公开高级官员入职前后的财产变化情况，可以有效监测其是否存在以权谋私的情形。从 1766 年瑞典

① 邹东升、冯清华：《公共行政的伦理冲突场景与消解途径》，《理论探讨》2007 年第 4 期。

公民有权查看首相与各级官员纳税清单开始，到20世纪80年代以后世界各国普遍效仿公务员财产申报立法，已经有120个以上的国家和地区制定了官员财产申报的法律。公务员不仅具有普通公民的角色，而且具有国家机关工作人员的角色；不仅要处理自己与亲友的社会关系，而且要处理与需要提供公共服务的群众、上下级同事之间的工作关系。当与不同的角色关系之间存在利益矛盾时，公务员很可能因为缺乏法律、制度或伦理、道德的约束而以权谋私。对比来看，域外的官员财产申报制度显然具有督促公职人员廉洁从政的功效，符合追求法治理想所期待的预设条件。当然，财产申报制度需要根据官员的级别高低设置不同的隐私保护规则，从而将监督重点集中在对高级官员的监督上。

综上所述，解决当下“上级监督太远，同级监督太软，下级监督太难，纪律监督太晚”的监督乏力难题，需要借鉴我国传统的吏治经验与国外行政伦理法典化做法中的合理内容，推动宣导倡廉与法制督廉形成合力，实现以公务员群体自治与自律为基础、国家法律制度健全问责的机构与程序为保障的监督目标。公职人员遵循的伦理规范相比于其他行业的职业伦理而言，尤其关注公职人员社会角色冲突导致的腐败现象。因此，国家立法应对部分重要的公职人员伦理义务进行确认，以期通过惩前毖后的方式降低公职人员选择贪腐行为的可能性。在法律强制督廉的同时，行业内部的职业伦理自律行动发挥着更为基础的作用，能够以较低的成本督促公职人员提升伦理认知水平，增强意志能力。因此，伦理倡廉与法制督廉协调联动发挥合力作用，才能更有效地防范、抑制公职腐败行为蔓延。

三、法律对道德要求的有限吸纳与保障

近年来，多个省（区、市）制定了以“文明行为促进条例（办法）”为名的地方性法规或规范性文件，引发了关于道德义务法律化是否可行及其限度的讨论。如果从感性、理性与德性三个维度来看待人类言行的特征，可以认为功利化的思考能够引导人从感性思维向理性思维模式过渡，道义化的思考能够引导人从理性思维向德性思维模式过渡。从2012年《深圳经济特区文明行为促进条例》的内容来看，其主要侧重于对向善行为的鼓励与促进及对严重违反公共秩序的行为的处罚，因此并未逾越伦理义务法律化的合理限度。各地在效仿立法

的过程中，需要认清道德义务、伦理义务与法律义务之间的区别与联系，这样才能确保避免道德义务、伦理义务被无限度法律化造成的弊端。

（一）恪守道德与伦理义务法律化的限度

伦理规范是不同群体道德共识的结晶。道德良知的客观影像是道德习俗。基于不同群体道德习俗提炼形成的道德共识属于伦理规范的内容。社会伦理规范能够连接地域性、差异化的道德习俗与可普遍适用的法律制度，基于爱憎分明的要求从劝善与惩恶两个维度来规范人们的意识与行为。“（1）伦理强调关系，道德强调个体。伦理侧重强调的是人们在社会生活中客观存在的各种社会关系。而道德侧重强调的则是社会个体。（2）伦理的义务是双向的，道德的义务是单向的。”[①] 以伦理上的正当为目标的道德义务，是指向个体内心的观念要求，倡导将利他与惠己的正向关联作为个体行动的价值依据。以宣示行为界限为宗旨的法律义务，力图为个体的自由行动划定禁区，强调个体的利己冲动不得造成害他的行为后果。“当通过立法确认某种主流道德规则，从而认可某种生活方式时，事实上就潜在地宣布了与其对立的生活方式的价值选择的错误和违法性，至少是其不合法性。这不仅是容易造成阻隔相互认知和沟通的标签行为，而且会造成亚文化群体、少数族群的对立情绪。”[②] 在思想的自由市场中，不同群体通过充分的信息交流和理性辩论，能够形成对于伦理价值体系的阶段性共识。通过立法方式对优势群体的道德信念进行过度固化的做法，可能导致劣势群体的生活利益遭遇非理性歧视的境况，不利于社会道德状况的整体演进。由此可见，在现代社会，某一群体的道德主张若未经伦理规范层面的筛选、改造，很可能被缺乏民主程序约束的立法者恣意扭曲。充分尊重社会自治的内生力量，才是提升社会整体道德风气的正道，法律制度虽然具备足够的刚性但存在适用范围的局限，不宜过度包揽道德教化的功能。

（二）合理发挥法律规范的利益导向作用

通过惩戒、容许和奖励等不同的利益导向安排，法律规范能够以明晰的内容确定行为主体的权利、义务与责任，鼓励符合资格要求者追求利益的自由、

① 李学尧：《非道德性： 现代法律职业伦理的困境》，《中国法学》2010 年第 1 期。

② 张晓燕：《德法互济中的乐观与审慎——道德法律化的权利维度反思》，《道德与文明》2016 年第 2 期。

限定其利益负担的额度，对侵害权利或违反义务的行为人设置合理的制裁方式。在现代社会，分工的细化与关系的多维化趋势，促使社会自治规约与法律规范都成为伦理价值规范的重要载体。社会团体自治对于伦理规范的传承发展能够起到基础的支撑作用，而国家的法律制度则可以发挥对伦理规范的辅助保障作用。主观的道德期许不具有强制他人遵行的民主正当性。客观的法律条文才适宜获得基于民主正当性的国家强制程序化的支持。法律制度通过合理分配社会资源，设定利益导向的格局，能够为公民自由追求惠己、利他的行为目标，创造出结构化的客观条件。“法律与道德的联系只是偶然的，是否有道德理由进入法律之中，或者道德理由在多大程度上进入到法律之中，这完全取决于道德理由相对于其他理由的分量。”[①] 因此，道德义务与法律义务并不具有必然联系，伦理规范与法律规范之间存在性质与内容上的差异。在现代社会，宪法规范逐渐发展成为接洽伦理规范与法律体系的重要媒介。宪法的功能在于为国家统治与社会自治划定边界，保障公民权利实现，规范国家权力行使。因此，在贯彻宪法意旨的法律制度体系中，需要借助法律原则吸纳伦理规范中的必要成分。但在法律适用过程中，应当坚持优先适用法律规则的要求，若适用法律原则裁判则需要提供补强论证的理由。这是道德义务、伦理义务与法律义务存在区别的重要表现。

综上所述，农耕文明时代的社会结构塑造了一体化的道德传统，但工商文明时代的社会结构使得道德说辞演变为社会中不同群体论证各自行为正当性的差异化表述。在民主政治与法治建设过程中，经过伦理价值体系筛选和验证的道德共识，不仅是改造其他群体风俗习惯的理想范本，也是变革法律制度的基准要求。社会伦理规范在法治建设中的影响不可或缺又不宜夸大，需要以社会领域的民主、自治作为有效发挥现实作用的条件。只有清晰地辨别道德良知、习俗与伦理规范的区别，把握伦理规范指导民主立法选择的限度，重视司法对道德诉求的谨慎吸纳，才能逐步且有效地实现制定良法、促成善治的长远目标。

结语

总而言之，在现代社会，各国政府普遍推崇法治模式，就是要通过规范人们的交往行为来调节社会关系，从而促进自由、平等理想的实现。现代法律体系的价值基础是人的尊严

① 翟志勇：《哈贝马斯论域中的法律与道德》，《比较法研究》2007 年第 5 期。

与理性、良知，以及由此派生的自由、平等理想。法律体系的自洽性源于民主政治、理性交涉和逻辑推理的合力所赋予的正当性。从法治的人本立场出发，遵循支持个体自由、平等发展的价值导向指引，才能在开展立法与司法活动时更有效地守护与捍卫人的尊严。但是，国家立法若过度僵化地引用某一群体道德习俗的内容，将导致社会内生的道德秩序革新力量遭到强烈抑制。这是在当下倡导道德建设时警惕政府过度干预的重要原因。在发掘本土资源推进法治建设的过程中，需要警惕违反自由、平等要求的道德习俗造成的阻碍作用。国家权力对社会自治活力的承认与接受，才是增强公民主人翁意识、促进社会道德习俗趋向淳厚、引导民众捍卫法治权威的根本出路。因此法治需要与民主自治形成合力，才能达到良法善治的目标。

正义是一种抗议性理想，美德则是一种倡议性理想。国家权力对社会自组织机能的敬畏与尊重，是通过社会自治方式提升公民整体道德水平的必要条件。道德准则在古代的简单社会中可以作为共同体的伦理价值象征，直接发挥统辖立法与司法活动的作用，实现维续主流道德追求的目标。伴随着现代社会关系的复杂化趋势，在自尊、自律、自治思想的基础上构建的合理分权体制与正当程序机制，同样可以实现容纳争议、规范论辩、塑造共识的作用，为在结构“陀螺化”、利益多元化的社会群体内部追求普遍而良善的道德目标提供间接的体制条件。倡导将道德诉求法律化的“德治”问题研究者可以考虑，以法治政府、德化社会之类的表述方式来区分法律程序内的交涉与道德主体理性自省、社会自治之间的分工，以便解答公众对于“德治”语义究竟指向公务员等强势群体还是普通民众所产生的认知困惑。通过完善法律规范为公众选择向善的行为营造制度环境，是依法促进德化社会建设的首要目标。

法伦理学的主体间性分析范式[①]

摘　要：法伦理学超越主体性分析范式的局限，依靠主体间性分析的方法，对法律制度的内容安排与实践运作产生的效用进行价值评价。通过对惯习利益与道德义务概念的阐释，为追求法律权利与义务的平衡提供参照标准，进而为国家权力与个体责任的相互调校设定范围；有利于避免法律话语与道德话语相互混淆的情形发生，并为法律规范与道德习俗的功能互补铺设必要的理论条件。因此，注重对法伦理学思维方式的实践应用，是增强法治权威、促进法律正义实现的有益举措。

关键词：法伦理学；惯习利益；道德义务；价值评判；主体间性

在立法机制不完善的条件下，对法律制度内容的正当性追问亟待加强。法伦理学的作用即在于从价值评判的视角，对调整特定社会关系的法律规定产生的效用进行反思、论证与构想。[②]“语源学上，伦，泛指人与人之间的关系。理，文理，引申为条理、顺序、道理等。伦是人与人之间的客观关系，理即蕴含事物本质的一种条理。伦理就是存在于人与人之间关系中的应有条理和顺序。”[③]伦理规范是不同群体道德共识的结晶。伦理学是致力于思考构建良善人际关系的准则，因此对于以特定社会关系为调整对象的法律规定，必然要进行审视和评

① 本文初稿发表于《西部法学评论》2018 年第 3 期。此为删改稿。

② 大陆学者研究法伦理学的著述包括，曹刚：《法律的道德批判》，江西人民出版社 2001 年版；李建华等：《法律伦理学》，湖南人民出版社 2006 年版；刘爱龙：《立法的伦理分析》，法律出版社 2008 年版；曹刚：《道德难题与程序正义》，北京大学出版社 2011 年版；吴真文：《法律与道德的界限：哈特的法伦理思想研究》，湖南师范大学出版社 2011 年版。这些学者均具有伦理学专业背景，且有在中南大学、湖南师范大学任教、就读的经历。

③ 石文龙：《法伦理学的独特价值与基本原则》，《东方法学》2009 年第 2 期。

价。伦理规范与法律规范是正义理念的不同载体，因此借助伦理规范中的正义要求来检验法律规范的内容正当性具有必要性与可行性。

法经济学对成本与效益的分析，法社会学对预期功能与实际作用的比较，以及法伦理学对效用与价值的权衡，都是在围绕法律权利、义务与责任的制度安排，探寻如何缩短实定法律与正义目标之间差距的理论努力。与法经济学、法社会学等日渐兴盛的学科相比，法伦理学仍然处在含苞待放的成长期。[①]“交叉学科的身份与特质固然成就了法伦理学，但却恰恰衍生出交叉学科固有的‘模糊的研究范畴、迷茫的理论范式、摇摆的价值立场，以及参差不齐的研究队伍和虚拟的学术共同体’等困境。”[②]因此，界定研究范畴、构建理论范式、明确价值立场，是推动法伦理学有效服务于法律实践的首要任务。

一、我国法伦理学的发展方向

应用伦理学的研究者在经济伦理、政治伦理、法律伦理等领域的耕耘，是推动我国法伦理学萌生的重要力量。“应用伦理学视域下的法伦理学应是 20 世纪，尤其是 70 年代后兴起的应用伦理学的一个分支。”[③]从伦理学的人本立场来展望，“法伦理学的任务就是通过对法律的道德论证、反思和批判，确定法律实践应遵循的道德原则，从而维护人生价值，推进人的全面发展”[④]。道德良知的客观影像是道德习俗。基于不同群体道德习俗提炼形成的道德原则属于伦理规范的内容，可以作为检验法律内容正当性的参照标准。

（一）大陆法伦理学的学科定位

西方法学界从关注作为独立功能系统的法律制度理性运转的内部机理，到反思法律制度价值根基的学术探索，使得以法律正义为核心话题的法伦理学应

① 陈万求（1988）围绕先秦礼法之争讨论了中国古代法伦理学思考的特点，曹刚（2004）讨论了法伦理学的属性、使命和方法，文学平（2006）分析了解决法伦理学问题的推导逻辑，杨盛军（2011）讨论了法伦理学研究的问题范式、理想范式与实践范式，陈丽影（2012）尝试对基层腐败问题进行法伦理学分析。

② 张启江：《中国法伦理学研究的热点问题与困境》，《伦理学研究》2012 年第 5 期。

③ 王玮：《当代中国法伦理学研究中的几个问题——第三次“北京应用伦理学论坛”综述》，《道德与文明》2004 年第 6 期。

④ 曹刚：《伦理学、应用伦理学和法伦理学》，《学习与探索》2007 年第 3 期。

运而生。[①]“自第二次世界大战以来，法伦理学的发展在西方已具备了蓬勃发展的独立姿态。”[②]例如，“1986年《法律帝国》一书的出版，标志着德沃金法伦理思想的重大转向，此时德沃金的理论旨趣集中在法律解释的理论上”[③]。对法律内容正当性的反思可以为法律释义提供伦理养料，也是经由形式正义追求实质正义亟需的素材。

20世纪80年代，国内法学研究方兴未艾之际，构建法伦理学科的畅想也呼之欲出。“法伦理学首先是作为法哲学的一个分支出现。”[④]例如，“何勤华认为，法律伦理学研究的道德，不仅仅局限于法律职业道德范围，还应涉及人们日常法律生活中的道德问题，如人工授精、安乐死及婚姻法实施过程中的道德问题”[⑤]。对生活实践的道德省思包含对法律生活实践的伦理检讨，是维护公序良俗的现实需要使然。

（二）法伦理学发展路径的反思

基于综合性学科的定位，部门法伦理学的研究自然被提上日程。[⑥]在刑法伦理学研究者看来，从刑罚权力的正当性开始反思刑法的正义使命，才能更妥当地解决刑法实践中的伦理难题。“刑法伦理学是从伦理学视角对犯罪与刑罚加以批判和审视，重点分析犯罪与道德之间的关系、刑罚的道德基础及其伦理限度，探讨刑事立法、司法、执法、守法过程中的伦理问题。”[⑦]从刑法伦理学的目标期许可以想到，法律规范与社会生活互动关系的问题。“现代刑法应具有对公共道德与公共政治进行双向控制的功能。”[⑧]犯罪行为既背离道德义务，又违反法律义务，所以才触发国家刑罚权力的干预。刑罚权力的行使限度由民众通过民主程

---

① 法伦理学方面的译著包括，奥代尔·理查德：《法律伦理教程》，袁刚、朱力宇编注，中国人民大学出版社2007年版；森际康友：《司法伦理》，于晓琪、沈军译，商务印书馆2010年版；杰弗里·布兰德：《法治的界限：越法裁判的伦理》，娄曲亢译，中国人民大学出版社2016年版。

② 曹刚：《法伦理学如何可能——法伦理学的属性、使命和方法》，《求索》2004年第5期。

③ 傅鹤鸣：《德沃金法伦理思想研究述评》，《深圳大学学报（人文社会科学版）》2007年第3期。

④ 曹刚：《伦理学、应用伦理学和法伦理学》，《学习与探索》2007年第3期。

⑤ 陈万求：《法律伦理学研究综述》，《湘潭大学学报（哲学社会科学版）》2000年第12期。

⑥ 例如，胡旭晟：《法的道德历程：法律史的伦理解释》，法律出版社2006年版；傅鹤鸣：《法律正义论：德沃金法伦理思想研究》，商务印书馆2009年版；曹贤信：《亲属法的伦理性及其限度研究》，群众出版社2012年版；李勇：《医学法律的伦理维度》，科学出版社2014年版；曾粤兴：《刑罚伦理》，北京大学出版社2015年版；陈寿灿：《宪制的伦理之维》，中国社会科学出版社2016年版。

⑦ 谢青松：《刑法伦理学研究的意义、使命及其学科属性》，《云南社会科学》2008年第4期。

⑧ 刘远：《刑法概念的法哲学问题》，《现代法学》2008年第4期。

序，以法律规范的形式进行正当化界定。刑罚的实施方式作为刑罚权力行使限度的表现，反映出国家机关对社会生活的介入程度。

从法律生活回望到现实生活中的情境，自然就要将视点落到作为生活主体的人本身。着重矫治行为的法益保护论与强调教化行为人的规范保护论，只是从不同方面反映与回应社会生活中的现实法律需求。“‘法律人’只是在特定的法律场景下出现的‘自然人’，是法律对意欲进行法律行为的自然人设定的一种标准、模范的人的形象。不仅如此，不同的法律还对自然人的行为有着不同的要求。”[①] 法伦理学研究的出发点就是解决生活在法律中的人对法律正义的期望与守护问题。“法律一旦产生，就不只是赋予社会关系以合法性，也成为人的本体的存在方式和发展方式。”[②] 因此，法伦理学的思考首先尊重人的存在价值，进而从人的尊严平等的视角审视法律关系的内容。

正因为法理学尚未有效解决人在法律生活中面对的伦理难题，应用伦理学需要结合经济、政治与法律实践来调整元伦理学深究理论的偏好，从这个意义上来看，法伦理学的存在价值才得以彰显。“留存于法理学与伦理学研究中的困境和困惑，不但奠定了法伦理学研究的逻辑起点，更重要的是，它客观地呈现国家与社会治理模式中共同体的建构问题”[③]。由于学科基础相对薄弱，“法伦理学需沿着‘先思想，后学科’的路径，以对法与道德关系的重新认识作为学科的核心要素。”[④] 法律职业伦理的研究必然牵涉法律运行机制的安排问题，对法律内容正当性的评价终究需要落实到法律释义的应用实践当中，基于此，法律程序理论的研究与法伦理学的探讨才能够形成相互照应的关系。

二、法伦理学的思想基础与思维范式

从古代社会至今，人类的伦理观念曾以神话、禁忌、宗教、道德、政策与法律等多种形式作为载体，其中道德习俗与法律是最为重要的两种载体。因此，法伦理学的分析通常依据凝结为道德共识的伦理观念展开，并表现为关于法律

① 胡玉鸿：《法律主体概念及其特性》，《法学研究》2008 年第 3 期。

② 曹刚：《伦理学、应用伦理学和法伦理学》，《学习与探索》2007 年第 3 期。

③ 李培超、张启江：《法理与伦理的互动与困境——中国法伦理学研究 30 年》，《南昌航空大学学报（社会科学版）》2012 年第 3 期。

④ 胡旭晟、宁洁：《困境及其超越：法伦理学基本问题再研究》，《湘潭大学学报（哲学社会科学版）》2011 年第 3 期。

与道德关系问题的争论。部分较为重要的伦理规范可能经过立法程序的锤炼而转化为法律规范，进而在司法实践中成为裁判纠纷的依据。

（一）法伦理学的思想基础

在前现代时期，法律的正当性能够直接获得主流道德的支持。道德渊源于原始社会的禁忌。在群落生活中，体现共同需要的禁忌所依赖的观念基础是恐惧与神话，由此萌生的道德逐渐获得宗教信仰或哲理共识的扶持。“在我国古籍中，‘道’是指事物运动变化的规律和规则，人们认识了‘道’，内得于己，外施与人，便称为德。”[①] 在古代社会，个体隐没在群体之中的生存状态，使得道德规范能够顺利地转化为法律制度的要求。“在处理法律与道德之关系时，无论是神学自然法还是理性自然法，都将法律与道德严格整合到了一个价值体系之中。”[②] 在现代社会，宪法规范逐渐发展成为接洽伦理规范与法律体系的重要媒介。

社会分工细化使得法律发展成为独立于道德习俗、伦理观念之外的规范系统，因此法律与伦理规范在内容上尽管呈现部分重叠的关系，但相互分离的态势已成定局。“处于社会之中的法律作为规范上关闭但认知（审理）上开放的系统，同样与其环境发生着高选择性的信息交换。”[③] 由于受到近代科学主义思潮的影响，对人类行为做出量化规范的法律制度，为社会治理目标的实现提供了可以形式化与普遍化的有效手段。对制度正当性不加质疑的法教义学预设，为将法治实践过程中的推演技术提升到精致化的水平，创造了恰当的逻辑前提。同时，法社会学、法经济学与法伦理学则为逻辑自洽的规范体系，提供了在认知上开放的学科通道。就法伦理学而言，富含价值意味的人权概念能够成为从伦理关系角度评判法律制度的基础概念。“人的社会性对于人权的意义有两个：一是人权存在于人与人的关系中；二是社会制度尤其是经济制度的文明程度，影响与制约着人权的发展。”[④] 人权观念为人的尊严创设了可以外观的形式，因此能够借助道德话语的支持，通过宪法规范的承载而发挥其作为基本权利源泉的作用。法伦理学作为对法律效用进行价值评价的理论派别，可以将人权概念作为用于展开学理分析的基本范畴。

---

① 梅文娟：《关于道德之恶与刑法之罪的关系的理性思考》，《广西政法管理干部学院学报》2002 年第 6 期。

② 艾四林、王贵贤：《法律与道德——法律合法性的三种论证路向》，《清华大学学报（哲学社会科学版）》2007 年第 3 期。

③ 宋京霖：《责任与法律责任》，《南华大学学报（社会科学版）》2015 年第 2 期。

④ 刘雪斌、李拥军、丰霏：《改革开放三十年的中国法理学：1978—2008》，《法制与社会发展》2008 年第 5 期。

（二）法伦理学的思维范式

法伦理学强调从人际关系的视角展开价值评判。从个体的角度来看，人际关系中的互惠内容具有价值为正向的效用。“法律将人与人之间的互惠性期待，固定化为法律的规定。”[①] 人权观念作为法伦理学的思想基础，可以明确个人的主体地位，但法伦理学的思维方式则依赖主体间性的分析方法来审查法律制度的效用是否具备伦理规范所期待的正当性。“国家权力的正当性来源于公民权利，国家及其工作人员行使权力应当以保障公民权利为目的。”[②] 从主体间性的角度分析法律关系的内容，可以为权利范围的界定与义务限度的明晰提供具有普遍性、历史性的实践依据，有助于将对法律正义的追求落实到制度构建与运行的全程。

从实践论据推导价值期待的过程，需要依靠行动主体的目的作为触媒。“只有当‘事实’与主体需要、欲望、目的发生关系时，从‘事实’中才能产生和推导出‘价值’。‘应该、善、正价值’等于事实与主体需要、欲望、目的符合；‘不应该、恶、负价值’等于事实与主体需要、欲望、目的不符合。”[③] 个体目的无法为我们从实践论据中推导出群体的价值共识提供充足的理由，因此唯有从主体间性的角度归纳施动者、受动者与旁观者共同商谈形成的群体目的，才能从普遍性、历史性的实践论据中推导出群体的价值共识。“人必须以群体的方式，才能实现寻求需要满足的现实物的活动，这是人的存在和发展的社会必然性。”[④] 尽管群体目的随时代流变的特征稳定存在，但文化传统的传承使得关于“善”的思辨，能够因地制宜形成相对清晰的面貌。“人作为历史的存在，不但包含着过去，也内含了未来，而未来恰恰是以理想和目的等观念形态决定人的现在。”[⑤] 对法律制度正当性的追问必然落实到对法律关系内容的关照，表现为对权利与义务、权力与责任对应关系良善程度的评价。

法伦理学从人的利他倾向出发，在尊重人的主体性作为思想前提的同时，选择从主体间性的视角探寻关于法律正义的价值共识。“亲社会行为既可以是不指望未来酬劳并出于意志自由的行动，也可以是为了回报以往曾经得到过的他

① 尹德贵：《契约论权利观探微》，《学术交流》2016 年第 8 期。
② 袁建平：《构建和谐社会应区分法律义务与道德义务》，《清华法学》2010 年第 5 期。
③ 王海明：《论伦理学的发现和证明方法》，《华侨大学学报（哲学社会科学版）》2003 年第 1 期。
④ 曹刚：《安乐死是何种权利？——关于安乐死的法伦理学解读》，《伦理学研究》2005 年第 1 期。
⑤ 曹刚：《伦理学、应用伦理学和法伦理学》，《学习与探索》2007 年第 3 期。

人的帮助或补偿自己曾使他人受到的损失而做出的助人行为。”[①] 从亲社会行为的普遍性、历史性实践论据出发，借助关于“善”的知识积淀，可以勾勒出人类价值共识的时代外观。法伦理学以人类的价值共识，作为把握法律正义之时代要求的参照，对法律制度的内容及其效用进行评价，旨在为人们的法律实践提供必要的价值导向。“法律伦理行为之应该，经由人们的实践活动可以变为现实，其具体保障在于法律伦理良心、法律伦理名誉及底线法律伦理的法律化。”[②] 在法律制度中对权利的可为性激励与对义务的必为性约束，以及确认国家机关对利他行为的褒扬式倡导职责与对害他行为的谦抑式干预权限，能够对个体的行为选择产生保护与引导作用，为崇善抑恶的伦理评价提供明确、可靠的规范支持。

三、法伦理学基本概念辨析

法伦理学将人权观念作为思想基础，是因为现代各国的宪法与国际条约广泛地承认人权观念的合理性。“在国际范围讲，人权的国际标准需要由国际公约来体现。”[③] 比较而言，法伦理学以宪法规范中的人权规定作为过滤网，来筛选符合正当标准的利益主张，因此不同于古典自然法理论泛道德化的实践取向。“自然法理论的支持者恰恰是通过明修道德权利之栈道，以达到暗渡法律权利之陈仓的目的，故而它不可避免地存在着法律权利泛道德化的问题。”[④] 为了严谨地展开法伦理学分析，避免道德话语和法律话语混为一谈的问题，就需要对法伦理学使用的基本概念进行必要的界定。

（一）惯习利益、道德义务与社会习俗

在解决利益竞争问题时使用的法律话语，以权利作为逻辑起点；在追求利益互惠的情形下适用的道德话语，将义务作为首要范畴；在筹划利益配置的场合中青睐的政治话语，用资格作为沟通的前提。各种话语之间必然形成交叠或者冲撞的现象，所以需要从融会贯通的立场出发，理顺不同话语之间的衔接方式。通过解析社会习俗的构成与法律话语中基本概念的关系，可以为研讨法律

① 姜小卉：《关于社会人救助义务的法理分析》，《江汉论坛》2012 年第 10 期。
② 李光辉、文学平：《实然与应然——法律伦理之可能》，《现代法学》2004 年第 5 期。
③ 沈宗灵：《人权是什么意义上的权利》，《中国法学》1991 年第 5 期。
④ 朱庆育：《权利的非伦理化：客观权利理论及其在中国的命运》，《比较法研究》2001 年第 3 期。

与道德的关系问题创设必要的理论条件。惯习利益与道德义务共同塑造了社会习俗的规范性特征。利益是个体主观需要指向的生活资源。义务是基于伦理价值观念设定的行为要求，为个体提供了利取中道、合宜而行的行为范式。社会习俗的稳定性源于人们在现实交往中，通过力量博弈形成的某种长时段均衡状态，表现为个体的行为选择与群体的舆论评价，促使惯习利益与道德义务相互建构所形成的默契约定。

社会习俗是法律制度的素材渊源，法律权利的安排是对惯习利益及其限度进行正当化衡量的结果；社会习俗也是影响法律实效的现实力量，法律义务是对道德义务及其限度进行可行性评估的产物。惯习利益只有经过民主程序或司法论证的正当性加持，才能够跃迁为法律权利。道德义务的利他色彩与法律义务设定约束的基调，是两者的重要差异所在。在立法层面，对权利与义务的恰当配置，需要参考社会习俗与政治理想的标准；在司法层面，对权力与责任的关系平衡，需要把握权力行使与责任追究的限度。法伦理学既要分析法律权利中吸纳的有限自由是否充分，又要讨论法律义务中设定的行为要求是否恰当，还要探究法律责任中设置的必要负担是否妥适。

（二）法律权利、义务与法律责任

法律权利是符合资格者依照法律确认的方式取得或保持利益的行为自由。“自霍布斯以后，‘权利’成了现代社会的观念基础。权利独立并优先于义务，权力产生、服务并受制权利。”[①] 在霍布斯的政治哲学思考架构中，从道德义务向道德权利的理论转换，使得自然法的话语资源成为现代法治潮流的源头活水。从自然法的抽象评价中提炼出彰显个体地位的自然权利概念，是法律思想史上跨越古今之变的重要标志。作为舶来的学理概念，“权利”一词经由日本法律形塑后，被移植到中国的法典当中。“最早用汉字表述现代意义上的权利的法典，是承袭中国文化大统的日本明治宪法。以它为样板，清政府制定了中国第一部宪法。该法在附则中第一次使用了权利的概念。”[②] 由于古代中国的政法思维强调从伦理秩序的立场分析法律问题，所以对于舶来的权利概念，近代以来的国人需要建构新的解释模型来打造它的分析工具。从国家政权与公民个体的关系视

① 凌斌：《权利本位论的哲学奠基》，《现代法学》2015 年第 5 期。

② 徐显明：《论权利》，《文史哲》1990 年第 6 期。

角来确定权利的定义，可以看到国家对法律主体资格要求的设定及对具备道德正当性的利益的确认，体现了国家作为公共利益或然代表者的作用；同时，个体对利益的自发追寻及对自由的无限向往，反映出个体聚合成群体后对国家行动的定向功能。权利冲突的本质是利益冲突导致个体自由受阻，因此界定享有权利的资格与权利的范围，才能解决靠抽象排列权利位阶难以解决的利益平衡问题。“权利的法律性及社会性是权利的本质属性。因此，对权利的清晰界定及其限制，才是化解权利冲突的理想路径。”① 司法纠纷中对利益的争执是诉讼主体之间自由强度的较量，需要借助权利话语的支持以争取胜诉的可能。但是，伴随着社会实践的发展而逐渐萌生的利益与自由需求，若不经过长久的冲撞、撕扯，就难以获得法律权利的荣耀外观。

法律义务是符合资格者依照法律确认的方式约束或减损利益的行为要求。“在《新民说》中，梁启超专门论及义务思想，并提出与西方‘天赋人权论’相对应的‘天赋义务论’，将‘义务’视为与‘权利’相对的概念。”② 中国古代的伦理法律化惯性使得近代中国人，在情感上更接受从法律义务层面展开的理论推演过程。法律义务是对道德义务进行权衡称重后挑选出来的结果。“法律义务与道德义务不同，不只是‘义不容辞’，而且是‘义当必为’，即不只是‘应当’，而且是‘必须’，即必须履行，不容规避，否则就要承担法律制裁的后果。”③ 从个体视角分析形成的道德应当性结论与从群体立场评价获得的社会必要性共识，使法律义务体现出双重行为要求的意味。“法律义务是道德应当性与社会必要性的结合。”④ 道德义务指向应为的行为要求，所以包含主动利他的意味；法律义务指向必为的行为要求，所以局限在最低限度约束的范围之内。在不同法律义务之间发生冲突时，“两害相权取其轻”与对未履行义务者的责任追究，是法律义务必为特征的直接反映。“法律义务冲突可以采用解决法律规则与法律规则、法律规则与法律原则和法律原则与法律原则之间冲突的办法来解决。”⑤ 法律义务约束利益的导向所参照的伦理规范标准，是通过对立法目的与法律原则的解释可以明确的伦理要求，因此需要经过法庭辩论与法律论证的环节才能充分明晰。

① 王博：《权利冲突化解路径的经济法律分析——兼与苏力等教授商榷》，《法学》2016 年第 11 期。

② 齐崇文：《中国传统法律义务观评析》，《上海政法学院学报（法治论丛）》2014 年第 4 期。

③ 郭道晖：《论义务及其与权利的本质关系》，《河南省政法管理干部学院学报》2006 年第 5 期。

④ 齐崇文：《法律义务设定原理研究》，《东岳论丛》2014 年第 10 期。

⑤ 钱大军、张新：《法律义务冲突初论》，《法制与社会发展》2009 年第 3 期。

法律责任是依照法律确认的方式强制符合资格者尊重权利或履行义务的必要负担。“法律责任是有责主体违反法律义务而在法律价值判断上应当承受的合理负担，这在道德评价上是应该的、正当的、可以证成的。”① 作为强制支配关系中主导力量的国家权力，与法律责任构成逻辑与现实上的匹配关系。“在规范意义上，法律责任的本质就是因特定的法律事实侵犯权利或法益而产生的特定救济权法律关系。”② 在前现代社会，责任通常蕴含着道德、纪律与法律三种底色，但随着法律系统功能独立趋势的发展，法律责任依靠国家强制力制裁予以保障的特征显得更为清晰。

中国儒家文化传统从人际关系视角构建的伦理观念体系，塑造出心性指向的道德话语，侧重于将人际关系的亲疏作为评判道德义务的逻辑起点；清末以来，西法东渐形成的法律话语，则因其行为指向而强调以主体的平等地位作为疏导利益纠纷的基本视点。“没有权利固然没有法存在的价值；没有与之相对应的义务，权利没有借以保障和实现的支撑，法律上的权利只是空话。”③ 从法伦理学的角度来看，权利与义务的和合关系、权力与责任的对应配置，是展开主体间性理论分析的现实基础。

结语：在司法实践中谨慎权衡道德因素

法伦理学超越主体性分析范式的局限，依靠主体间性分析的方法对法律制度的内容安排产生的效用进行价值评价。站在法伦理学的立场看待社会公正与个案公平的实现方式问题，首先要强调对法律正义的追寻，这离不开通过立法安排的方式，来达致维护社会公正的整体目标。其次，需要认识到对个案公平的保障，这有利于持续维护符合社会公正要求的法律权威，但离不开对法律论证方法的妥当使用。“为维护法律的安定性，制度性论据（形式论据）须优先于普遍实践论据（实质论据）。”④ 如果贸然舍弃对利益展开充分衡量而形成的立法结果，径直选取个案中的功利与伦理要素进行肆意称重，妄图借此实现追求个案公平的目标，无异于水中捞月、缘木求鱼。

在立法程序环节，对惯习利益的正当性与道德义务的重要性的审查，以及对国家权力

① 刘作翔、龚向和：《法律责任的概念分析》，《法学》1997 年第 10 期。

② 余军、朱新力：《法律责任概念的形式构造》，《法学研究》2010 年第 4 期。

③ 郭道晖：《论义务及其与权利的本质关系》，《河南省政法管理干部学院学报》2006 年第 5 期。

④ 王彬：《法律论证的伦理学立场——以代孕纠纷案为中心》，《法商研究》2016 年第 1 期。

干预限度的价值权衡，是法律权利、义务与责任借以形成的前置环节，属于对法律适用大前提的实质论证阶段。在庭审过程中，法庭组织诉辩双方交换证据材料，进而确认案件事实的行为，属于对法律适用小前提的实质论证。在大、小前提明确后，外部证成工作已经完成，法官就可以按照形式逻辑的要求进行演绎推理，完成内部证成工作。在依据法律规则裁判案件的过程中，分析法律推理中的实质论证与形式论证之间的边界相对清晰。在权衡法律原则做出裁判的过程中，需要依靠辩证法律推理填补法律漏洞或纠正法律内容偏颇的问题，因此必须对涉案的功利与伦理因素进行更细致的权衡。“无论分析法律推理还是辩证法律推理，都是实质论证与形式论证的有机统一。”[①] 由于在对不同法律原则进行衡量称重的过程中，法官可能因为个性特点对功利与伦理因素形成独特的偏好，在功利目标与道德义务之间进行谨慎比较，才能避免法官道德偏好的膨胀对个案公平产生的消极影响。法伦理学通过对惯习利益与道德义务概念的引介，为平衡法律权利与义务的关系提供参照标准，进而为国家权力与个体责任的相互校调设定范围，这样有利于避免法律话语与道德话语相互混淆的情形发生，并为法律规范与道德习俗的功能互补铺设了必要的理论条件。因此，注重对法伦理学思维方式的实践应用，是增强法治权威、促进法律正义实现的有益举措。

① 刘雪斌、李拥军、丰霏：《改革开放三十年的中国法理学：1978—2008》，《法制与社会发展》2008 年第 5 期。

对违反法律义务行为的矫治[①]

摘　要：法律义务与道德义务存在协调与冲突两种可能的关系。理性经济人的行为选择需要考虑能力、偏好、机会、成本与收益等因素。矫治违反法律义务的行为需要考虑到违法者、执法者与守法者三类主体的成本与收益权衡问题。对守法、用法成本的承受能力，对确定性的情感偏好与对违法风险的厌恶程度，使得处罚与教育、激励相结合的矫治模式，比单纯依靠提高处罚强度的利益算计模式，更契合有限理性经济人的需求。

关键词：法律规范；法律义务；道德义务；理性守法；公民不服从

法律义务值得被遵守的理由与对法律义务的种类划分、解释限度问题，是讨论预防与矫治违反法律义务行为问题的逻辑前提。人们可能会参照道德义务的标准来评判法律义务内容的合理程度，但选择遵守法律义务规定的主要原因是，经过立法程序证成的法律规范权威性外观与价值目标导向符合特定时空下的伦理共识需要。道德义务并非促使人们遵循法律义务规定的决定性理由，但与道德义务产生剧烈冲突的法律义务规定会更加难以实现预期效果。正是因为道德习俗、宗教戒律、伦理规范与法律制度安排之间可能存在规范缝隙，所以在判断行为是否违反某种类型的法律义务规定时，需要遵循合宪性解释原则对法律解释行为进行约束，确保法律义务规定与社会伦理价值共识之间不会形成巨大的张力。在认清法律义务规定的权威来源，掌握处理规范缝隙问题的法律解释技术之后，才可以更顺利地讨论从立法安排、执法机制、维权条件等方面

① 本文初稿发表于《江苏警官学院学报》2017 年第 5 期。此为删改稿。

对违反法律义务行为的矫治问题，进而准确把握法律关系当事人的利益偏好与展开相关成本—收益分析的重点。[①]

矫治违反法律义务的行为需要考虑到违法者、执法者与守法者三类主体的成本和收益考量问题。违法成本低与执法、守法成本高之间，具有此消彼长的联系。“对于社会上出现的‘违法成本低’的现象，先要分析是在处罚标准还是在查处概率环节出了问题，抑或是两个环节都存在问题。”[②] 理性经济人的行为选择需要考虑能力、偏好、机会、成本与收益等因素。对守法、用法成本的承受能力，对确定性的情感偏好与对违法风险的厌恶程度，使得社会中间阶层更适合成为法律规范的忠实拥护者。法律规范的利导作用可以通过恰当设置豁免责任情形或赋权条件等方式实现。例如，“行政法制逐渐注重采取行政指导、行政合同、行政奖励和利益诱导等方式”[③]。处罚与教育、激励相结合的矫治模式，比单纯依靠提高处罚强度的利益算计模式，更契合有限理性经济人的需求。例如，“驾驶员如果初次违反交通规则，只需自愿参加一次 45 分钟的交通法规免费辅导学习，做 10 道试题和 1 道简述题，获 80 分者就可免予处罚”[④]。通过测试交通知识的方式对初次违反交通法规者免除处罚的制度安排，显然能够促使驾驶员提升自觉学习交通知识的积极性，恰当利用人们趋利避害的心理实现将来预防交通违法行为的目标。在分析法律义务的落实问题时，不仅应当考虑法律责任配置的严厉程度，而且需要兼顾对守法行为的激励。例如，诱发土地违法行为的原因之一是，中央、地方政府与农村集体、需要使用土地者的依法获利可能明显分配不均。在运用成本—收益衡量方法分析对违反法律义务行为的矫治问题时，需要首先认清法律规范、法律义务等基本概念中体现的价值取向等问题。

① 从成本与效益分析等角度研究预防违法行为的对策的论文包括，丁以升（1996）、高在前（1997）、张雅（2013）、周继东（2014）、赵旭东（2016）对违法行为的讨论，刘大洪（1998）、李玉虎（2000）、林飞（2001）对经济违法行为的分析，张颖军（2010）对法人违法行政责任立法概况的分析；包松（1998）对不正当竞争行为的分析，李勇（2008）对价格违法行为的分析，胡颖廉（2012）对餐饮食品原料等违法行为的分析，周颖冰（2011）、盖地（2013）对税收违法行为的分析，宋雅建（2003）、张贵科（2016）对土地违法行为的分析，张福德（2012）、胡德胜（2016）对环境违法行为的分析，俞亮（2011）对瞬间交通违法行为的讨论。

② 叶慰：《对违法行为的分类治理研究——从提高违法成本角度分析》，《行政法学研究》2013 年第 1 期。

③ 郭道晖：《论法的本质内容与本质形式》，《法律科学（西北政法学院学报）》2006 年第 3 期。

④ 叶慰：《对违法行为的分类治理研究——从提高违法成本角度分析》，《行政法学研究》2013 年第 1 期。

一、隐含价值导向的法律规范与法律概念

法律规范不仅是社会层面的公众行为规范，而且是执法人员与法官行使国家权力维护秩序、追求个案正义的裁判规范。在立法与司法过程中，只有正视法律规范的功能局限，才能更妥当地理解构成要件、法律解释、司法论证的作用范围。除了在诉讼程序中需要高度集中地运用法律规范处理纠纷外，法律规范更重要的作用在于为人们提供合理的秩序预期。“在法院之外，法律以各种方式被用来控制、引导及计划我们的生活。”[①] 在现代社会中，法律系统作为独立的功能系统，为人们的行为选择提供了具有权威性的依据。个体的意义偏好汇聚为群体的价值倾向，在不同群体的价值倾向之间可能归纳出价值共识。作为社会公共规则的法律需要经过立法程序的锤炼，对社会的价值共识进行筛选、加工，用来作为立法目的与法律原则的凭据。符合公众政治正当性期待的权威命令，可以为人们的行动选择提供重要理由，从而使多元化的可能选择呈现出总体上符合权威命令需要的分布样态，保证社会协作能够持续进行。为解决社会协作难题而形成的法律规范相对于其他行为规范的特点，在于其经由立法程序与行政程序、司法程序的理由证成，使法律规范的内容及据此做出的法律结论能够让人信服。

（一）通过立法程序证立法律规范的权威

在民主政治的社会背景下，立法阶段允许利益集团展开程序化竞逐，就是为了夯实立法的民意基础，检验价值取向的合理性，从而为行政执法与司法裁判提供行动框架。“法律的规范性不是一个事实问题而是一个证成问题。”[②] 基于民主政治的立法议决程序是证成立法内容正当性的基本制度安排。作为正式制度表现的法律规范如果与社会中的道德习俗、宗教信念在内容上发生冲突，就会增加公民权衡取舍的难度。因此，在立法程序中汲取民意中的理性与良知成分，才能为法律体系的科学化打好价值基础。“立法过程注重公民的广泛参与，使公民的意志在法律中得以表达，其本身就体现了对公民自主性的尊重，这是

① 陈景辉：《什么是“内在观点”？》，《法制与社会发展》2007 年第 5 期。

② 朱振：《权威命题与法律理由的性质：一个反思性的评论》，《法制与社会发展》2011 年第 6 期。

公民自觉守法的基础。”[1] 立法内容的科学性是对立法程序民主性的有益补充。虽然法律规范的漏洞及规范之间的缝隙、冲突难免会出现，但是相对于道德习俗的流变与宗教信念的深邃而言，法律规范用语追求明确、清晰的特点，仍旧使得法律功能系统成为现代社会基本的行为规范系统。

（二）依据价值选择界定法律概念

法律规范用语明确的特点首先以法律概念的专业化作为前提。内涵、外延明确的法律概念为逻辑推理、论辩交涉、论证结论创造了条件。法律概念可能源自日用词语但却具有被限缩或扩展的外延。“比如‘住宅’，在宪法解释学上还包括下榻的宾馆、求学的宿舍、旅行的帐篷等。”[2] 法律概念不只是描述对应的现象，而且体现出在维护社会秩序与有限干涉自由之间寻求平衡的价值选择。“法的安定性和可预测性对于现代法治的重要意义不言而喻，而能承载起这类价值的只能是法律文本和语词本身。”[3] 在法律概念中，权利与义务、权力与责任作为两对基本范畴，展现了国家权力分工负责的政治价值导向，以及社会自治与国家规制力量之间的现实博弈关系。

每个时代的人因为生活地域的差异，可能对社会关系的调整方式存在不同的需要，但通过法律规范、法律概念等载体试图传达的基本理念，必然包含对于公序良俗的价值期待。在立法过程中不仅要考虑施动者与受动者的利益配置问题，还需要顾及对旁观者的可能影响。“在三人模式的社会中，旁观者（或第三方）的良心和理性对个体行为的一致性评价，是人类世世代代追寻的正义和公理之源。”[4] 在社会生活中，人们对行为现象的舆论评价，是从纷繁多样的意义表述中提炼价值共识的基本素材。立法者根据对价值共识的主观体认所创设的法律规范，必然要发挥基于确定价值立场对社会关系进行塑造的规制工具功能。“规范既与事实相关，也与价值相关，但却独立于这两者。”[5] 因为立法的目标并非仅靠认可世间强弱力量的现实分配来保持秩序稳定，更在于通过矫正性的调

---

① 丁以升、李清春：《公民为什么遵守法律？（下）——评析西方学者关于公民守法理由的理论》，《法学评论》2004 年第 1 期。

② 孙笑侠：《法律人思维的二元论兼与苏力商榷》，《中外法学》2013 年第 6 期。

③ 雷磊：《法教义学的基本立场》，《中外法学》2015 年第 1 期。

④ 张恒山：《良知义务与理性“应当”之别——评自然法学义务与凯尔森实证法学的“义务”的分野》，《法学家》2007 年第 1 期。

⑤ 雷磊：《法教义学的基本立场》，《中外法学》2015 年第 1 期。

整模式来抑强扶弱，从而实现预防社会矛盾以促进社会和谐、进步的目标。以社会正义为主题的法理念源自人类理性与良知的呼声，其必然成为对法律权利与义务、国家权力与个体责任等基本概念做出定义的价值导向。

综上所述，法律规范是具有政治权威底色的社会行为规范，相对于道德习俗、宗教戒律等其他的社会行为规范而言，具有法律用语含义明晰、价值目标反映不同群体伦理共识的特点。因此，说服公民遵循本国法律的重要理由即在于，普遍适用的法律能够为个体提供稳定的秩序预期，从而避免各行其是的失范局面导致激烈的社会冲突。至于公民能否发自内心地认同法律义务规定的内容，则首先依赖于个体关于道德义务的信念与法律义务内容的契合程度。

二、对法律义务与道德义务的鉴别

法律义务与道德义务存在协调或冲突两种可能的关系。在两者的价值取向彼此背离的情形下，公民可能基于理性考虑而压制良知引发的义愤，也可能坚守良知而集体抗法。法律义务是符合资格者依照法律确认的方式约束或减损利益的行为要求。“‘义务’一词出现于中国古代典籍，可能始见于汉代徐干的《中论·贵验》：‘朋友之义务在切直以升于善道者也。’但这主要是在道德意义上使用。”[①] 清末学者梁启超从天赋义务平等的角度反思礼制社会中特权等级秩序的不合理，使得“义务”一词的现代含义开始萌生。惯习利益与道德义务共同塑造了社会习俗的规范性特征。利益是个体主观需要指向的生活资源。义务是基于伦理价值观念设定的行为要求，为个体提供了利取中道、合宜而行的行为范式。“如果不履行道德义务，就会受到社会舆论的谴责和自我良心的责备。”[②] 社会习俗是法律规范的素材渊源，法律权利的安排是对惯习利益及其限度进行正当化衡量的结果；社会习俗也是影响法律实效的现实力量，法律义务的设置是对道德义务及其限度进行可行性评估的产物。

（一）约束利益的法律义务与劝善的道德义务

人类关于伦理价值的知识以塑造个体完美的德性为终极目标，首先表现为

① 胡平仁：《法律义务新论——兼评张恒山教授〈义务先定论〉中的义务观》，《法制与社会发展》2004 年第 6 期。
② 储著斌：《试论公民守法的道德义务》，《江汉大学学报（社会科学版）》2009 年第 3 期。

对个体外在行为的规范要求。以神话传说为依托的行为禁忌、以终极信仰为根本的宗教规范、以社会舆论为形式的道德习俗，都曾作为伦理价值的规范载体发挥着对社会生活的指导作用。在现代社会，分工的细化与关系的多维化趋势，促使法律规范成为伦理价值规范的主要载体。以伦理上的正当为目标的道德义务，是指向个体内心的观念要求，倡导将利他与惠己之间的正向关联作为个体行动的价值依据。以宣示行为界限为宗旨的法律义务，力图为个体的自由行动划定禁区，强调个体的利己冲动不得造成害他的行为后果。因此，法律规范中对违反法律义务行为的描述都体现出明确的利益约束导向。劝善的道德义务与约束利益的法律义务对个体内心的要求存在显著差异，因此现代社会的法律规范在内容上并不完全契合道德习俗的要求，这是两者之间在规范目的上的区别使然；但从功能匹配的角度来看，道德习俗与法律规范共同发挥着构建公序良俗的作用。

（二）理性地遵守法律义务与良知的反思

立法者以约束利益为目标设置的法律义务规定，通常会附以追究法律责任的制裁来体现其强制性，但可能对公民的行动自由做出过于苛刻的限制，从而压缩了民众的惯习利益在法律规范中应当获得的空间。由此，就会引出一个需要着重讨论的问题：对于背离公众良法期待与道德习俗的法律规范，公民是否应当无条件服从？“守法义务所要讨论的并不是基于法律的内容是否符合道德原则的要求，以决定是否有道德服从义务，而是思考在反思层面人们是否有理由仅仅因为一项内容由法律规定，而负有服从的道德义务。”[①] 如果正视人的理性与良知之间存在的差异，那么就可以发现公民基于理性考虑而服从的法律规范，未必能够符合良知的审核标准。“人们真正的义务是信守符合自我的良知和道德信条的法律规则的义务。”[②] 当然，公民也有可能基于良知的召唤，遵守道德义务的要求，而做出违反法律义务的行为。以能够映现实践可能的文学故事举例来说，索福克勒斯笔下的悲剧人物安提戈涅，不顾国王克瑞翁的禁令，将反叛城邦的兄长波吕尼刻斯安葬。这种在文学作品中表现出的道德义务与法律义务之

① 沈宏彬：《重访证成性与正当性： 基于责任概念的重构》，《法制与社会发展》2014 年第 1 期。

② 张恒山：《良知义务与理性“应当”之别——评自然法学义务与凯尔森实证法学的“义务”的分野》，《法学家》2007 年第 1 期。

间的张力，提醒立法者与司法者不断审视法律规范内容的价值合理性，从而努力在职责范围内证成法律的权威性。

在国家权力过分挤压或干预社会自治的情形下，公民可能基于强烈反对行政过度管制、刑罚圈肆意扩大的态度，联合采取群体理性抵制法律实施的不服从行动。“公民不服从是出于法律与其自身的良知或信仰相违背，坚持自己良知或信仰的动机超过了守法的动机；并且它是公开的、非暴力的、以改变或废除所反对的法律为目的的群体行为。”[①] 印度圣雄甘地倡导的非暴力、不合作运动，美国黑人领袖马丁·路德·金发起的民权运动，以及越南战争后期的美国公民反战运动都是公民不服从的历史写照。由于各国政府都不希望发生大规模的公民不服从运动，立法者与司法者就需要参照道德义务的要求，来设置或解释关于法律义务的规定。在执法与司法的制裁率不可能无限提升、个案公平与社会公正的诉求难以充分获得满足的现实生活中，法律规范与道德习俗需要给宗教信仰留出必要的作用空间。“面对社会公正的缺憾，如何增强人们对公平正义的信心，抚慰人们的心灵，防止道德失守？宗教的善恶报应信仰可以在这些方面提供辅助。”[②] 由此可见，关于法律义务的规定在持守部分伦理价值诉求的同时，难免存在无法兼顾关联价值诉求的局限，因此公民不服从的可能或宗教信仰对守法者的心灵抚慰，都成为全面认识法律系统在现代社会功能界域的必要参照。

综上所述，关于道德义务的推理围绕倡导合作的目标，为个体行动指明了可能的实践空间。关于法律义务的禁令基于防范危害的立场，给个体的行为取舍创设了必要的仪轨与边界。因此，从积极或消极视角看待道德义务与法律义务的差异，能够感受到道德习俗与法律规范在功能上相互独立但彼此互补的关系。既然在维护秩序方面发挥保障作用的法律规范系统存在特定的功能局限，我们在适用法律时就需要认清法律规范体系内部及其与其他社会规范之间存在的褶皱或缝隙，并尽力用法律解释等方法消除这些规范褶皱或缝隙。

---

① 丁以升、李清春：《公民为什么遵守法律？（下）——评析西方学者关于公民守法理由的理论》，《法学评论》2004 年第 1 期。

② 郭忠：《守法义务的回报是什么——守法义务实现的难题和宗教弥补》，《时代法学》2014 年第 5 期。

三、违反法律义务行为的性质与处置

从整体主义视角看待个人的法律义务，就会倾向于从个体“应当”遵从整体秩序要求的角度阐述理由。从个体主义视角来分析法律义务，更容易从个体自由“必须”接受整体限制的角度看待问题。当然，整体主义视角可以分为国家本位、社会本位甚至市场本位。自由主义思想的立论基点是个体主义视角，但其具有与市场本位的整体主义视角相似、相容的特征。沿循自由主义思想脉络展开的法学理论，对于具有违反法律义务外观的行为，仍旧需要追问行为人的主观态度是否存在故意或过失。如果行为人基于正当原因实施行为，那么尽管该行为在外观上违反法律义务的规定，仍旧需要排除对该行为的违法性认定。例如，“行政法上的排除违法性的行为主要有：正当防卫、紧急避险、法令行为、正当业务、被害人承诺、自救行为、自损行为、义务冲突、损害自己法益的救助行为、客观阻却的不作为”[①]。在行为人无法提供正当原因来主张排除行为违法性的情况下，还需要考虑是否存在减免责任的事由。如果存在行为人不具有承担法律责任的能力、给予人道主义照顾、自首、立功、经过追诉时效等减免责任的事由，那么行为人不需要承担违反某类法律义务引起的全部或部分法律责任。

（一）认定违反法律义务行为的性质

在法律体系以宪法统领价值取向的前提下，违法判断的相对性特征应被正视。民事行为触犯管理性规定与效力性规定的后果存在差异。违反行政管理性规定的民事行为仍有可能具有民事法律效力，因为行政法律规范与民事法律规范的立法目的存在区别。行政违法行为与刑事犯罪行为同样存在性质差异，但两者的立法目的重合度较高，所以行政处罚与刑罚制裁之间存在相互折抵的可能。民事法律规范对行为自由给予最大限度的自治空间，行政法律规范基于维护社会秩序的立场对民事活动自由施加必要的限制，刑事法律规范针对严重危害社会秩序、他人安全与自由的行为进行严厉的惩戒。部分在民商事法律规范中获得容许的私法行为，可能会因为行为人违反了行政法上的义务规定，而被

① 孟昭阳、赵华：《确立行政法上排除违法性行为制度初探——基于李舒舒事件的实证分析》，《中国人民公安大学学报（社会科学版）》2013 年第 1 期。

追究行政违法责任。“基于法秩序统一性之要求，违法判断的相对性虽承认各自法域对于违法判断的自主性，但是强调整体法秩序自身所存在的正义理念能够统合各自法域的自主判断。”[①] 违反民事法律义务的行为如果对社会秩序产生危害，就可能违反关于行政法律义务的规定，甚至可能违反刑法的规定。由于行政法律规范与刑法规范都以维护社会秩序、公众安全与自由为目标，行政法律责任与刑事法律责任之间可以相互折抵。在现实生活中，对于违反民事法律义务的行为是否违反行政法律义务的问题，最容易让人产生困惑，这反映出公法领域和私法领域对违法行为判断的相对性。“具有违法性的行为，在民事与行政上的效力一般被予以否定，即违法则不可能有效。但是在一些情况下，肯定这些行为的效力，更有利于法益的保护和立法目的的实现，故在民法上出现了效力性规定与管理性规定的区分。”[②] 违反效力性强制规定的民事行为超越了民法设定的自治空间，因此没有理由援引民事法律规范以求获得公权力的支持与保护。违反管理性规定的民事行为仍旧属于民法自治空间范围内的行为，因此行为人尽管需要承受违反行政法律义务的责任，但还可以主张依据民事法律规范确认相应民事行为的法律效力，从而维护民事生活关系的相对稳定。

（二）规范缝隙与法律解释方法

从不同群体价值倾向中归纳的价值共识具有模糊性，尽管经过立法程序筛选、过滤的环节，法律规范与道德习俗、宗教信念等价值共识的其他载体之间仍旧可能存在缝隙。法律规范与其他社会规范之间的缝隙，需要借助法律解释方法予以弥补。按照构成要件的思维方式设定的法律规范具有普遍适用性，但因此必然具有笼统指涉的语言特征。现实生活与从其中抽象出来的法律文本之间存在距离，所以在依据法律文本调整社会生活时，就需要注意法律规范用语的不周延局限，采用法律解释方法弥补法律规范与道德习俗、宗教信念之间的缝隙及法律规则存在的漏洞。“当法律适用产生的结果与很多人的伦理发生背离时，在找不到适当的途径化解法与情之矛盾的情况下，应当考虑这种有违一般人道德直觉的结果是否是由规范缝隙造成。”[③] 通过对法条文义进行解释，对法律

---

① 王昭武：《法秩序统一性视野下违法判断的相对性》，《中外法学》2015 年第 1 期。

② 陈雨禾：《论民事、行政有效性与违法性判断的分离——兼谈法秩序的统一性与刑法判断的独立性》，《四川警察学院学报》2014 年第 5 期。

③ 杨春然：《论违法性与正当化事由缺失之间的规范缝隙及跨越——以英国连体婴儿案为例》，《中国刑事法杂志》2011 年第 3 期。

规范与个案事实之间的对应关系进行论证，才能够说服当事人接受法院关于涉案行为违反法律义务的结论。在立法滞后的特殊情况下，法官需要依据法律原则对法律规则的漏洞进行填补时，既往案例、立法理由、行业习惯等论据，都可以被用来确定法律规范与个案事实之间的对应关系。

社会生活中的惯习利益承载的行为自由，并不都能经过立法程序的筛选环节向法律权利转换，道德义务、宗教义务同样无法被全盘移植到法律义务的规范群中。因此，在面向社会生活宣示法律规范的内容时，就需要获得法律解释方法与说理论证方法的支持。“直觉、偏见和价值这些因素很可能影响到法官就法律问题做出判决的过程，但所有这些属于发现的过程，它们至多只是使裁判程序开始的因素，但却不是最终使得裁判成立的依据。”[①] 认定涉案行为违反法律义务的结论，是对当事人追究法律责任的前提，但如果存在正当原因或减免责任事由，当事人的行为就可以被排除违法性或当事人就可以破减免法律责任。在行为人需要承担法律责任的情况下，法官还需要根据案情依法裁量追究法律责任的方式。申诫罚、名誉罚、财产罚与自由罚都属于追究法律责任的方式，因此，在立法环节合理设定法律责任的惩戒幅度与免责情形，有利于实现对公众行为选择的指引作用。

综上所述，私法规范与公法规范为个体自由行动预留的空间存在差异，因此关于民事、行政法律义务的规定就需要对民事活动的效力认可与公共秩序的妥当维护问题做出区分安排，实现兼顾民事行为意思自治与强力保障公序良俗价值取向的目标。因此，在认定违反某种法律义务的行为是否成立的环节，通常需要从客观行为与主观过错等方面进行评判，进而需要借助弥补不同类型规范之间缝隙的方式，来说服当事人接受相关的法律裁断结论。在把握了认定行为违反法律义务时考虑的要件特征后，从成本和收益角度分析预防与矫治违反法律义务行为问题的意义自然就呈现出来。

四、对违反法律义务行为的预防与矫治

个体为了满足生活欲求，可能选择合作或竞争的手段获取资源。扩大合作可能与限制竞争界限，是群体生活得以有序开展的必然要求。合作的需要使得

① 雷磊：《法教义学的基本立场》，《中外法学》2015 年第 1 期。

个体在互惠与交换的过程中遵守义务，这成为道德习俗的基本内容。通过立法程序对道德义务进行拣选、改造后所确定的法律义务，同样反映出现实生活的浓重色调。“人们必须相互合作与分工，才能在一定程度上摆脱困境。而合作与分工就意味着交换，意味着约定与承诺。遵守约定与承诺的义务便由此产生。”[①]对于移植法律制度的法治建设后发国家而言，加强普法教育的力度，特别是对领导干部等关键群体的法治观念教育，有利于降低违反法律义务行为的发生概率。在个体具有能力和机会的情况下，情感偏好与理性规训的作用，能够使其主动打消违反法律义务牟利的冲动，甚至对他人违反法律义务的行为进行抵制或举报。

（一）预防违反法律义务的行为

供需情况分析与成本—收益衡量是引导、督促公民守法的基本思考方法。从供给与需求的对应关系角度来看，降低需求总量可以削弱违反法律义务者供给的动机。例如，在食品安全生产执法领域较为棘手的一个问题就是，大型食品企业被大量小型食品企业、作坊的违法风气所影响，难以发挥改良行业规范的作用。小型食品企业、作坊提供的劣质产品占据较大市场份额的原因在于，社会底层民众收入水平不高，偏好价格较低的劣质食品。因此，政府应当“推进完善的社会救助保障标准与物价上涨的联动机制，让劣质食品没有生存空间，从而倒逼企业提高产品质量，而非开展低水平的价格竞争。”[②]如果广大民众认识到劣质食品对健康的显著危害，并且能够得到必要的补贴以满足对健康食品的基本需求，那么生产劣质食品的小企业、小作坊就可能因为丧失市场份额而难以为继。从另一个角度来看，行政部门的服务供给与社会公众的守法需求之间也具有紧密联系。在行政部门服务效率不高甚至不愿主动提供服务的情形下，社会公众就会降低守法需求，避免产生过高的守法成本。例如，“提高征税服务质量，摒除各种不规范的收费方式，降低税收遵从成本是抑制税收违法行为的一个重要举措”[③]。在大部门制改革、行政流程再造与政府审批事项精简的时代背景下，提高行政服务质量与效率有利于构建公民认同并积极配合行政部门工作的良好氛围。

---

① 胡平仁：《法律义务新论——兼评张恒山教授〈义务先定论〉中的义务观》，《法制与社会发展》2004年第6期。

② 胡颖廉：《基于外部信号理论的食品生产经营者行为影响因素研究》，《农业经济问题》2012年第12期。

③ 周颖冰：《纳税人税收违法行为分析》，《经济监督》2011年第11期。

（二）对违反法律义务行为的矫治

及时发现与矫治违反法律义务的行为，才能有效预防大面积违法现象的出现，使得有能力并偏好违法牟利者因为逃避制裁的机会不足，而放弃违反法律义务的尝试。“过低的究责率客观上反而起到对经济违法行为的激励作用，‘有法不依’‘法不责众’则是低究责率的集中表现。”[①] 提高发现违法行为的概率需要调动公众的参与热情，同时增加监管者怠于执法的成本。“检查成本及不检查需要承担的后果，是影响监管者检查的重要因素，检查成本越高，监管者检查的意愿就越低，不检查需要承担的后果越大，监管者检查的积极性就会越高。”[②] 在公众举报渠道通畅、执法者积极履行职责的条件下，增加违法主体承担的法定成本，使其被制裁后遭受的损失高于违法收益，才能遏制其违法牟利的冲动。[③] 因此，在一些通过行政许可限制进入的产业领域中，对于不具备资质要求的经营者必须责令停业、吊销执照，这样才能实现推动经济发展与维护环境安全、促进社会进步等共赢目标。

在发现违反法律义务的行为后，设定必要的追责情形能够削弱行为者违法牟利的冲动。制裁率的提高不能仅靠增强执法者的意愿与提高执法者的工作效率，还需要调动被侵权人的参与积极性。以在经济法领域设定违反法律义务行为的成本为例，“一是要保持经济违法行为的法定成本与必然成本之和大于经济违法行为的收益，这是法定成本的最低限；二是对于经济违法行为的受害者而言，经济违法行为的成本应足以抵偿受害者所遭受的损失。”[④] 在个人诉讼、集团诉讼与公益诉讼渠道畅通的情况下，公民联合行使权利、公益组织代表公民行使权利的方式，能够有效降低维权的成本。例如：“新《食品安全法》中规定的惩罚性赔偿额，无论是支付价款的十倍还是损失的三倍，对于消费者所要付出的诉讼成本都是杯水车薪。”[⑤] 在这种情况下，就需要考虑通过消费者协会等公益

① 李玉虎：《浅析经济违法行为成本和收益的影响因素及对策》，《天水行政学院学报》2000 年第 5 期。

② 何望：《证券监管的博弈分析》，《江西社会科学》2001 年第 11 期。

③ 从一位人大代表对某重点污染企业的调研情况可知，对企业经营行为设置必要的许可条件，开展全面及时的监管，才能保障公平竞争的行业秩序与生态文明建设整体目标的实现。“2005 年，这家企业应当缴纳排污费 116 万元（实际上只交了 36 万元），加上环保部门对其的罚款 4 万元，这家企业一年违法排污总成本为 120 万元，违法 100 年也不过 1.2 亿元。但是这家企业的环保要达标至少需要投入 1 亿多元。”（陈建富：《经济违法行为的机会成本分析》，《南方论刊》2007 年第 3 期。）

④ 林飞：《经济违法行为的法律经济学分析》，《法学论坛》2001 年第 6 期。

⑤ 陈业宏、洪颖：《食品安全惩罚性赔偿制度的法经济学分析》，《中国社会科学院研究生院学报》2015 年第 5 期。

组织或公益基金支持等方式，来分摊消费者维权产生的高额成本。调动社会各界力量举报违反法律义务的行为，必须创造必要的激励条件。以新闻调查为例，只有媒体之间形成竞相报道负面新闻的态势，才能够增强媒体抵制干预报道行为的预期收益能力。“如果媒体认为收取‘封口费’的收益高于报道带来的收益，则禁止收取‘封口费’未必会使媒体积极予以报道。”[①] 削减违法者的能力、改变违法者的意愿、限制违法者的机会、提高违法者的成本、剥夺违法者的收益，是预防与矫治违反法律义务行为的主要着眼点。公众的主动抵制与执法者的积极作为，是在设定制度内容的过程中，需要兼顾的必要条件。

综上所述，从违反法律义务行为的供给方与需求方相互影响的角度来看，通过提升政府的公共服务水平来降低公众对违反法律义务行为的需求，可以从根源上限缩违反法律义务行为的供给规模。从提高供给违反法律义务行为的成本方面来看，鼓励公众举报、维权，提高查处、制裁工作的效率，能够有效降低违反法律义务行为的收益并削弱行为人的意愿。就守法者与执法者的立场而言，遵循法律规范、抵制或查处违反法律义务的行为能够获得正当、合理的收益，才可能使相应法律规范的权威程度逐渐增强。

结语：反思制度合理性与鼓励公民依法获利

法律规范应当被服从的理由包括，以伦理共识为基本导向、经过立法程序检验与锤炼，因此法律规范的概念精致、标准、清晰。但是法律规范与伦理规范、宗教信条、道德习俗之间难免存在规范褶皱或缝隙，所以在论证法律行为构成要件与个案事实的对应关系时，需要适时反思制度的合理性，运用法律解释技术，区分排除违法性的正当事由，识别减免法律责任的情形。[②] 情感认同与理性规训的努力可以削弱个体违法牟利的偏好。封堵个体违法的机会、降低公众抵制违法行为的成本、降低执法者监管懈怠的可能，是预防违反法律义务行为的基本方法。从法律经济学的角度来看，行为人对成本与效益的比较衡量，会影响违反法律义务行为的发生概率。“总成本 = 必然成本 + 法定成本。其中：必然成本 = 信誉成本 + 资源

---

① 缪因知：《敲诈和“有偿不闻”违法性的法经济学分析》，《北大法律评论》2016 年第 2 辑。

② 例如，矫治土地违法行为，必须首先从立法层面的关联资源配置合理性角度进行反思，给地方政府、村民集体依法获利提供必要的机会，完善村民代表大会制度与集体土地信托制度；考虑到官员任免制度与财政分配制度是塑造地方政府首长行为逻辑的主要因素。在能够通过民主政治制度规范、协调央地关系的条件下，只要地方政府放任土地违法行为的冲动得到有效遏制，企业、村集体、个人的土地违法行为都比较容易被及时查处、纠正。

耗费 + 机会成本；法定成本 = 经济性成本 + 人身性成本。”[①] 行为人对违法成本进行估算时，不仅要评估法律责任的惩戒幅度情况，而且会关注受处罚概率水平的高低。在受处罚概率水平较低时，即便法律责任的设置规定较为严厉，行为人仍然可能“行险以侥幸”。“受处罚概率主要受违法行为线索、执法人员数量和素质、执法程序要求、查处技术和设备水平、执法意愿、外部监督这六项因素的影响。”[②] 提高受处罚概率的首要条件是改变信息不对称的局面，确保执法者能够迅速、全面地获取违法行为的信息。惩罚力度与概率同样重要。公众参与、信息公示的制度安排，能够帮助执法者获取监管线索，从而提高惩罚概率。

总而言之，良知与理性是分析预防、矫治违反法律义务行为问题的两个必要维度。关于道德义务的端正信念能够指引个体恪守体现伦理价值共识的法律义务规定，甚至以正直、无畏的行动抵制他人违反法律义务的行为。由于社会分工细化导致各种利益关系缠杂并存，运用成本与效益分析的方法来理性地设置法律义务和责任规定，确保绝大多数民众能够通过遵循法律义务规定获得正当利益，是调动民众抵制违反法律义务行为积极性、有效提高执法效率的重要条件。良知的引导是根本，理性的诱导是保障。有德者、守法者能够借助法律制度的支持获得幸福的报偿，是人类正义理想中蕴含的美好愿景。因此，通过梳理、分析违反法律义务行为可能需要考虑的关联问题，能够为立法、执法、司法与守法的社会实践活动提供必要的理论路标。

---

① 李勇：《价格违法行为的经济分析》，《东岳论丛》2008 年第 5 期。

② 胡德胜：《论我国环境违法行为责任追究机制的完善——基于涉水违法行为“违法成本>守法成本”的考察》，《甘肃政法学院学报》2016 年第 2 期。

谦抑适用惩治拒不履行判决义务行为的刑法条款[①]

摘　要：诉讼当事人在判决前转移财产的现象屡见不鲜。这是社会信用机制缺失的情形下，民众以家庭为本位的生活习俗与以个体为规制对象的法律制度之间张力的直观表现。所以对寄望于依靠《刑法》第三百一十三条有效解决执行难问题的努力就不必过于固执。第 71 号指导案例的意图或许在于，使类型化思维成为涵摄过程的辅助工具，阐释情节严重的拒执行为极端化的表现形式，从而达到"举重以明轻"的效果。在实务操作中，若忽视"拒执行为起算时间"之前的定语"情节严重"，将导致《刑法》的谦抑性受损。

关键词：拒执罪；情节严重；起算时间；类型化思维；谦抑性原则

引言：谨慎适用《刑法》第三百一十三条

最高法院在 2016 年 12 月 28 日发布的第 71 号指导案例，意在明确《刑法》第三百一十三条[②]中拒执犯罪行为的起算时间。由于在案情的描述中，未体现出对于企业法定代表人的逃债行为曾采取司法罚款或拘留的强制措施，公众在不熟悉立法与司法解释的情形下，可能会将一般的拒执行为与情节严重的拒执行为、司法强制措施与刑事法律责任等同视之。在社会信用机制逐渐完善的形势下，若未采取必要的司法强制措施就直接追究嫌疑人的刑事法律责任，可能会

① 本文初稿发表于《北大法律评论》2018 年第 1 辑。此为删改稿。

② 2002 年，第九届全国人民代表大会常务委员会第 29 次会议通过《关于〈刑法〉第三百一十三条的解释》。2007 年，最高法院、最高检察院、公安部联合发布《关于依法严肃查处拒不执行判决、裁定和暴力抗拒法院执行犯罪行为有关问题的通知》。2015 年 7 月，最高法院颁布《关于审理拒不执行判决、裁定刑事案件适用法律若干问题的解释》（法释〔2015〕16 号）。2015 年 8 月 29 日，全国人大常委会通过《刑法修正案（九）》，在第三十九条对《刑法》第三百一十三条做出修改。

引发关于刑法适用谦抑性的质疑和对于刑罚工具主义做法的忧虑。“司法实务中存在一个明显倾向——拒不执行判决、裁定罪的执行手段化。”[①] 因此，对适用《刑法》第三百一十三条的案例进行比较分析，有利于合理地展现第71号指导案例的示范作用。

第71号指导案例：毛××拒不执行判决案[②]

〔2012〕温平鳌商初字第595号民事判决判令，毛××返还陈××挂靠在其名下的温州××包装制品有限公司投资款200000元及利息。在执行过程中，毛××将其名下浙C×××××小型普通客车以150000元的价格转卖，并将所得款项用于个人开销。平阳县法院于2014年6月17日作出〔2014〕温平刑初字第314号刑事判决：判处其有期徒刑十个月。[③]

在政法委推进，法、检、公三方联动打击拒执行为的司法政策落实之前，法院判决极少适用《刑法》第三百一十三条，公安部门也担心执行难案件的信访压力被转移为刑事侦查、追捕的压力，不愿在维护社会治安的重压下再多生是非，所以法院更多地依赖司法强制措施对被执行人施压。当政法委协调联动的功能启动之后，法院对一批不怕司法拘留、不交司法罚款的“老赖”，可以采取收集证据材料、移送刑事起诉的威慑手段。客观而言，打击涉嫌拒执罪的行为，对于维护司法裁判的权威、解决申请执行人“赢了官司拿不到钱”的苦恼而言，是值得肯定的有力举措。“拒执罪是指行为人在有履行能力的前提下实施抗拒执行的行为，而且该行为应达到情节严重的程度，而不论行为是否造成实际的危害后果。”[④] 但是，基于宪法所宣示的“规范公共权力行使，保障公民权利实现”的宗旨，民众仍旧不能放松对司法机关可能扩张适用《刑法》第三百一十三条的警惕。

一、区分财产类拒执案例的具体类型

由于目前的最高法指导案例存在宣示司法政策、重申司法解释的明显倾向，

① 谭金生：《拒不执行判决、裁定罪“情节严重”之实例考察——以2014年全国法院385份一审判决书为样本》，《西南政法大学学报》2015年第3期。

② 参见平阳县法院（2014）温平刑初字第314号刑事判决。

③ 《指导案例第71号：毛建文拒不执行判决、裁定案》，人民法院网，2017年1月3日。

④ 谢威：《拒不执行判决、裁定罪的适用标准》，《人民司法》2015年第16期。

从案件类型化的视角，将《刑法》第三百一十三条所指涉的情形进行细致分类，从而降低在适用法律条文过程中的理解难度，使类型化思维成为涵摄过程的辅助工具，应当能够对实践产生一定的指导作用。基于这一判断，可以推想第71号指导案例的意图或许在于，阐释情节严重的拒执行为极端化的表现形式，从而达到“举重以明轻”的效果。财产给付类拒执案例涉及的债务类型包括商事类债务与民事类债务，商事类债务案件涉及企业债务人与自然人债务人，因此在认定情节严重的拒执行为时，应当在主客观方面有所区分。最高法院公布第71号指导案例的意图应该是，在2017年以后对类似的企业法定代表人逃债案件从严做出裁判。

第71号指导案例对企业法定代表人拒不履行法院判决的财产给付义务的行为，做出了示范的裁判标准。由于国内不同地区之间经济发展水平差异较大，各地法院在适用《刑法》第三百一十三条的过程中，仍旧需要结合本地民众收入水平来斟酌刑罚尺度。企业逃废债行为与个人规避履行商业债务行为，对经济秩序都会造成冲击，但行为主体的差异仍旧是评估社会影响差异时需衡量的要素。对于涉及抚养费、赡养费及拖欠支付工资等关系民生问题的债务，法院在分析行为的情节严重程度时，不能单纯考虑数额情况，还需要注意债权人的生存质量受到减损的程度。由此可见，在适用《刑法》第三百一十三条的过程中，应当根据构成要件与行为人主客观方面的契合程度，做出具有针对性的事实认定结论。

二、甄别各类拒执行为的动机差异

在财产给付类与行为给付类案件中，行为人拒不配合执行措施、规避履行义务的行为，存在着主观方面的明显差异。行为人可能存在低估法律责任的严重程度、心存侥幸、恶意抗法与不服判决等表现，这使得其主观方面的差异必须被慎重对待。[①] 在司法执行的实践中，执行员对被执行人心理动机的评估以及

① 在上海市某区法院2017年3月执结的一起案件中，被执行人租赁农村集体土地办牛奶厂，因违法转租土地等原因被国土部门申请执行。牛奶厂的实际控制人并不是法定代表人，但执行员在笔录中及时地固定了相应证据。由于被执行人不认同《土地管理法》等相关规定，一直拒绝搬迁牛奶厂。在执行员依法对其采取司法拘留措施后的第二天，被执行人考虑到对其他企业经营的影响及档案记录等因素，指令牛奶厂连夜处置了200余头奶牛，履行了迁离该地块的义务。

采取的执行技巧，具有明显的个案化特征。在关注行为之外，看到行为人的个性与处境差异，才能够有的放矢地发挥司法强制措施的威慑作用。[①]

在以农业为主的地区，房屋及土地纠纷是关涉普通民众重要生活利益的问题，因此调解处理难度大，被执行人寸土必争、抗争到底的态度显得非常坚决。特别是在被执行人不服法院判决、认为处理不公的情形下，被执行人的家人同样会坚定地对抗法院的执行措施。对于普通农民而言，追究刑事法律责任对其本人与家人的影响可谓巨大，因此法院在适用《刑法》第三百一十三条时需要恪守谦抑性原则。第 71 号指导案例中的被执行人是企业的法定代表人，其所逃避的是财产类判决义务。因此，在处理行为给付类的执行案件时，如果涉及农民土地或房屋问题，不宜盲目参照第 71 号指导案例。

拒不配合执行措施、规避履行判决义务的行为可能由诸多原因造成。行为人既可能认为缺乏严厉制裁的先例，所以选择激烈对抗的态度；也可能期望侥幸规避法院的执行措施，以避免履行义务造成的经济损失；还有可能是看重高额的经济利益，宁愿被判刑也不肯偿还债务。对于希望通过违反法律义务来牟利的行为人，法院应当基于证据材料认定其主观恶意。但是，如果行为人对行政决定或法院判决不服，认为政府的行为不合理或者对方当事人的相关行为不当而引发纠纷，就意味着仅靠强制执行措施不能有效化解矛盾。即便采用刑事追责的方式迫使行为人履行义务，仍旧可能给维护政府与群众的关系、邻里关系的和谐留下隐患。因此，在认定情节严重的拒执行为时，需要慎重对待行为人的主观差异。

三、反思刑事追责模式的现实局限

从引导申请人自诉与健全社会信用机制来看，激活自诉程序有利于解决刑事侦查部门与公诉方追责动力不足的问题，为债权人拓宽救济渠道；但司法救济程序与社会信用机制的制约效果之间存在较大差距，健全、完善的社会信用机制能够达致让人不愿为、不能为的目标，司法救济程序只能靠强力威慑让人

① 在一起执行案件中，执行员将被执行人传唤到执行局，申请人一方的老人与孩子未吃午饭，一直在被执行人面前哭泣，执行员给被执行人考虑的时限截止到下午两点；在此期间，被执行人一直不表态，但到了下午两点，执行员准备对被执行人进行司法拘留的瞬间，被执行人及其妻子立刻表示要履行债务。

不敢为。目前，最高法院的点对点网络执行查控系统与工商银行等商业银行、房地管理部门、出入境管理部门等系统的联网，可以查询被执行人在相关银行的存款余额、房地产、出入境等情况。除了技术手段外，在社区、农村自治组织中聘任执行信息员协同治理等举措，也可以发挥降低执行成本、提高执行效率的作用。对于企业拒绝履行义务的案件，合理地发挥政府的作用，能够取得事半功倍的效果。[①] 如果将纳入“失信黑名单”的被执行人作为税务、市场监管等行政部门执法检查的重点对象，一些失信企业就不会肆无忌惮地抗拒或规避法院的执行措施。

在互联网时代的背景下，利用信息技术手段构建社会诚信机制，是从根本上预防拒执行为的重要途径。由于我国政府部门之间的“信息孤岛”问题仍旧需要尽快解决，法院在无法充分借助社会信用机制预防被执行人拒绝履行义务行为的条件下，启动公诉程序或者引导、配合申请人启动自诉程序，有助于实现顺利执结案件的目标。“在当前刑事法治和刑罚人道化理念的指导下，最好的预防方法不是采用厉而不严或既严又厉的刑罚设置，而是采用严而不厉的刑罚处罚。”[②] 启动自诉程序以严密法网，有利于搭建衔接顺畅的究责阶梯，抑制债务人抗拒履行判决义务的动机。

虽然激活公诉程序与自诉程序能够在一定范围内形成严厉打击拒绝履行义务行为的阵势，但是在公诉程序中对证据材料的审查力度不应因此而减弱，否则会引发滥用刑事制裁权力的质疑。自诉程序的激活有赖于执行法院的引导与支持，若执行法院认为拒绝履行义务行为的情节并不严重或缺乏受理此类自诉案件的动力，自诉人的愿望仍旧可能落空。在执行法院受理自诉案件的情况下，司法公正形象可能受损的问题，亟需获得必要的关注。由上级法院指定管辖法院的方法，可以使执行案件的法院与审判拒执罪案件的法院得以分离。尽管通过程序制度的安排可以加大对拒绝履行义务行为的追责力度，但司法成本乃至社会总成本过大的投入是刑事追责模式面临局限的重要表现。如果可以通过社会信用机制的构建，形成正向激励与反向约束的有效对接，显然没有必要花费

---

① 在海宁市的一起执行案件中，某镇企业主拒绝履行支付工伤赔偿费用的义务，镇政府考虑到息访维稳的需要，与申请人签订了债权转让合同后，向申请人支付了约 40 万元的工伤赔偿款。一年后，该企业因为营商环境的改变而终止了在该镇的经营，只能迁到外地办厂。由此可见，社会联动、协同治理的合力，有利于解决一些仅靠司法强制措施、刑事追责难以解决的“执行难”问题。

② 田民:《拒不执行判决、裁定罪立法述评——以〈刑法修正案（九）〉为视角》,《江西警察学院学报》2016 年第 3 期。

过高的成本来启动刑事司法救济程序。在社会信用机制的完善尚需时日的情形下，谨慎适用《刑法》第三百一十三条是法院在司法成本与司法目标之间实现有效平衡的基本要求。

四、对“情节严重”的类型化认知

全国人大常委会在2002年发布的《关于〈中华人民共和国刑法〉第三百一十三条的解释》中，明确描述了四种“情节严重”的情形。最高法院在法释〔2015〕16号司法解释的第二条中，针对该立法解释中提到的其他“情节严重”的情形，列举了八种典型行为。因此，若忽视“拒执行为起算时间”之前的定语“情节严重”，将导致《刑法》的谦抑性受损。第71号指导案例的争议焦点是“起算时间”问题，在裁判理由中引用了《民事诉讼法》第一百一十一条及司法解释第一百八十八条论证，应当将判决、裁定生效时间作为拒执行为起算的时间点。类似的学理阐释与该案的裁判理由相仿，更多强调从履行判决义务的角度认识拒绝履行义务的行为。如“被执行人、担保人应按裁判文书的要求不折不扣地履行，若他们采取转移财产等方式规避执行，最终导致裁判无法执行的，其行为应当被认定为构成拒执罪，即应从判决、裁定发生法律效力之日起开始计算拒执行为的时间，不以执行机关书面或者口头通知为前置”[①]。但是，若原告胜诉却未申请执行生效的判决或裁定内容，法院即没有追究拒执行为法律责任的职责。“根据证据材料，正确判断‘有能力执行’‘拒不执行’‘致使判决、裁定无法执行’及因果关系几方面。不能机械地将时间点固定在某个阶段，而应该结合案情，正确推定行为人的主观心理，遵循主客观相一致的原则。”[②]根据行为判断主观态度是可取的方案，但先认定主观态度再寻找理由的做法则未必妥当。

从主观方面来看，行为人抗拒或规避执行措施的直接故意，是确定“起算时间”的必要条件。按照犯罪预备、犯罪实施的阶段划分观点来看，在收集证据材料的过程中，可以用犯罪预备阶段的行为来证明被告人拒绝履行义务行为的起算时间，始于判决、裁定生效时。“行为人隐藏、转移、故意毁损财产只要发生在判决、裁定做出之后，都对判决、裁定的不能执行有影响，并且行为人

① 李祖华：《拒不执行判决、裁定罪实证研究》，《法治研究》2015年第3期。

② 安凤德：《拒不执行判决、裁定罪的犯罪构成要素新论》，《学术论坛》2016年第2期。

如果在当事人向法院申请执行之前就计划转移财产，较之于那些在执行程序开始之后才预谋逃避执行的人，主观恶性更大。”[①] 因此，公诉方或自诉人可提供相关的证据材料证明，应当将判决、裁定生效时间作为个案中拒执犯罪行为的起算时间。

若仅从主观方面证明拒执行为的“起算时间”，就会引发如何看待“情节严重”的问题。拒执罪是纯正的不作为犯罪和情节犯罪。“对拒不执行判决、裁定罪中的‘有能力执行’，应当采用只需被告人在客观上具有部分财产或行为能力的判断标准；情节严重并不单指后果的严重，而应从手段的恶劣性、影响的深远性、后果的严重性这三方面综合判断。”[②] 从客观方面来看，应当有证据材料证实被执行人暴力抗拒执行，造成恶劣的社会影响；执行法院对被执行人采取司法强制措施后，被执行人仍然拒绝履行义务；被执行人的规避行为导致裁判无法执行，影响申请人基本生存质量等“情节严重”的客观事实。[③] 通过从理论上对“情节严重”做类型化的解读，可以降低适用《刑法》第三百一十三条过程中的理解难度，克制过度适用刑事追责方式打击拒绝履行义务行为的冲动。

综上所述，最高法院关于2016年全国法院工作的报告显示，“共受理执行案件614.9万件，执结507.9万件，同比分别上升31.6%和33.1%，执行到位金额1.5亿元，同比上升54%”，“依法惩治拒不执行裁判行为，司法拘留1.6万人，追究刑事责任2167人”[④]。由此可见，即便是在执行案件数量增加的情况下，司法强制措施通常仍应被视为追究刑事责任的前置环节。在实践中，当事人在判决前已经将财产转移到亲属或其他关系密切者名下的现象屡见不鲜。这是民众以家庭为本位的生活习俗与以个体为规制对象的法律制度之间张力的直观表现。因此，尽管刑罚制裁能够在一定程度上维护司法执行的秩序，但这一制度安排很难超越成本—效益衡量等现实条件的局限。这样看来，对寄望于依靠《刑法》第三百一十三条有效解决执行难问题的努力就不必过于固执。健全社会信用机制，才是解决失信问题的根本出路。

---

① 金琳：《拒不执行判决、裁定罪中的因果关系及责任认定研究》，《中国检察官》2013年第6期。

② 关俊：《拒不执行判决、裁定罪中执行能力和情节严重的判断标准》，《人民司法（案例）》2013年第20期。

③ 对法条文义的解释，参见陈兴良主编：《刑法学》，复旦大学出版社2016年第3版，第480—481页；郎胜主编：《中华人民共和国刑法释义》，法律出版社2015年第6版，第559—562页；黎宏：《刑法学各论》，法律出版社2016年第2版，第416—418页；王作富主编：《刑法》，中国人民大学出版社2016年第6版，第465—466页；周光权：《刑法各论》，中国人民大学出版社2016年第3版，第397—398页。

④ 《两会授权发布：最高人民法院工作报告——2017年3月12日在第十二届全国人民代表大会第五次会议上》，新华网，2017年3月19日。

法治运作吸纳道德因素的技术进路[①]

摘　要： 伦理价值是从法律制度与道德习俗两种社会规范中提炼出来的思想结晶。无论是以优良的法律改造低劣的道德习俗，还是用善良的道德批判拙劣的法律制度，都需要通过对伦理价值体系具体内容的解析，来确定评价法律制度或道德习俗的理性标准。法律的确定性能够为公众提供稳定的预期，法律的权威性取决于支持法律实施的正当理由，法律的实效性是法律获得公众认同的直观表现。法治能够为个体的道德选择自由提供结构性前提。在法治运作的程序化实践中，通过论辩交涉、逻辑推理，可以发挥兴利除弊的社会作用，从而为个体道德自省提供有力的引导。

关键词： 分离命题；法律权威；伦理价值；法律实效；道德自省

由国家机关保障其确定性的法律制度、经过逻辑论证推导出的伦理价值体系与基于价值选择而内化于心的道德规范，对人的行为发生作用的方式存在差异，但三者之间又存在相互影响、制约的关系。在中国，习惯上被简称为“道”的伦理价值体系，既可能依托于宗教哲学，也可能寄身于意识形态。个体遵从“道”的指引而形成“有得于心”的规范预期后，通过舆论评价渠道汇聚为群体道德规范，能够在习俗层面对个体的行为发挥指导、约束作用。“从词源来看，中文的‘德’字，在古汉语中是指一个人的心理特征。这种心理特征，可以用‘得’字来概括：心有所得。德就是获得、占有某种好东西的意思。这就是为

① 本文初稿发表于《西部法学评论》2017 年第 5 期。此为删改稿。

什么《广雅·释诂》和《释名·释言语》皆训‘德’为‘得’的缘故。”[①] 在社会转型时期，伦理价值体系所彰显的“道”呈现出多元化的取向，所以道德习俗的约束力开始减弱，法律制度的实施效果也因此受到制约。

众所周知，在个体认同的行为规范内化于心后，能够降低反映类似要求的法律制度实施的成本，因此讨论法治运作中对道德因素的吸纳与衡量问题，富含理论价值与现实意义。[②] 本文在梳理相关学理资源后，将基于对法律确定性、权威性、实效性特征的理解，探讨法治实践对道德因素进行筛选、革新与融贯的方式问题。

一、相关学理资源的脉络耙梳

法律制度不是万能的社会规范，只是定分止争的必要工具。一方面，在稳定预期、保障自由、追求平等、平衡利益方面，法律制度与道德习俗相比，具有明晰、自洽的优势。另一方面，“法律是通过既定规则的遵循和实施而发挥其功能。规则的制定是一种集体的主观行为，因而存在着主观客观化的难题；规范的强制性以国家强制力为后盾，因而存在着强制力消失或地域缺损时的遵循难题”[③]。这就要求公众在承认法律制度积极功用的同时，从伦理、道德立场出发来推动法律的完善，并在法律决定生效后自由地展开道德辩论，从而不断扩大法律制度与道德习俗之间的伦理价值重合度。

（一）辨析法律与道德关系的价值期许

法律实证主义的理论流派将法律与道德在概念上的必然分离作为核心命题，意在防范掌权者以经过乔装打扮的道德话语否定法律制度的效力。“仅仅诉诸对恶法的抵抗是不够的，因为‘恶法非法’同样可以成为犯罪或暴徒的借口。”[④] 无

---

① 王海明：《伦理学原理》，北京大学出版社 2009 年版，第 373 页。

② 关于法律与道德关系问题的代表性论文包括，孙莉（2002）通过检省中国与东亚法文化指出道德建设的实质应是道德的制度性环境建设，孙莉（2009）探讨了德治文化传统对中国法治进境的意义，朱峰（2009）分析了法律实证主义的权威理论，蔡宝刚（2009）探讨了西方法律与道德关系理论的流变路向，金玲（2011）运用德沃金的建构性法律解释理论探讨了法律与自由主义政治美德的关系，刘杨（2014）基于罗尔斯的正义理论分析了法律与道德关系问题。

③ 杨长泉：《法治与德治互动结合发展研究——以对欧美法学家论法律与道德关系的评析为视角》，《法学杂志》2008 年第 2 期。

④ 姚俊廷：《法律实证主义在形式理性坚守中的道德立场——以哈特为例》，《山西师大学报（社会科学版）》2013 年第 5 期。

论是在理论争辩中逐渐形成的包容性实证主义还是排他性实证主义，都在努力坚守分离命题的价值取向。

1. 反思道德话语的功能界限

在民族国家与近代民主政治形成的初期，法律实证主义研究者在“最大多数人的最大幸福”的理想目标召唤下，凭借着对代议制度的高度信任，启动了将立法科学与法律制度适用问题区分看待的理论尝试。“实证主义找到了功利主义这一思想，也是其理论的必然。”[①] 在立法能够充分吸纳伦理价值因素的理论预设下，法律实证主义流派强调道德习俗作为需要被革新的对象，不应成为判断法律制度有效性的参照基准。“边沁和奥斯丁急于要说明两个简单的道理：其一，在缺乏宪法和法律明确规定的情况下，我们不能仅仅因为一个规则违背了道德标准而否认它是一个法律规则；相反，我们也不应因为一个规则在道德上是令人向往的，便认为它是一个法律规则。”[②] 对法国大革命的恐惧与反思，促使学者们将法律实证主义发展成为近代以来的主流法学派别，人们由此注意到道德话语在近代社会的功能界限。

2. 倚重形式理性的实践效用

社会分工的细化使得社会各系统的独立性增强，国家与市场、社会的功能界分与国家机关之间的职能划分呈现互动态势。对形式合理性的追求成为民族国家政权职能细分的必然要求，法律实证主义则是立法与司法分权的社会需要的理论反映。尽管凯尔森以新康德主义哲学作为理论基础的进路，不同于奥斯丁等英国学者惯用的经验论哲学进路，但对分离命题的聚焦则是法律实证主义研究者的共识所在。“凯尔森不单是法律实证主义阵营的一员，只怕还是决定性的一员。他的基础规范上接奥斯丁的主权者，下引哈特的承认规则。”[③] 凯尔森的基础规范呈现出向不同话语开放的形态，为在立法环节吸纳不同来源的资料提供了合理的渠道；而哈特以功利主义为底色的自由主义价值取向，则使得他在对第一性规则与第二性规则进行区分的努力中，贯穿了对形式理性的求索，突破了从外在视角观察法律的局限，创设了以批判、反思态度接受规则的内在视角，因此巩固了分离命题的理论基础。

① 徐清飞：《〈法律的概念〉的功利主义检讨——以法律与道德的分离为中心》，《法制与社会发展》2007 年第 5 期。

② H.L.A. 哈特：《实证主义和法律与道德的分离》，翟小波译，强世功校，《环球法律评论》2001 年夏季号。

③ 唐丰鹤：《通过合法性的正当性——实证主义法学的正当性思想研究》，《北方法学》2013 年第 1 期。

3. 评判法律权威的正当程度

法律的权威源自何处，是论证分离命题时需要阐明的要点。国家的强制力量、法律程序与技术承载的形式理性、普遍存在的社会事实中蕴含的伦理价值取向所提供的守法理由，都可能在抽象的道德理想之外为法律制度提供权威基础。在为法律权威寻找其经验性（事实性）基础方面，“最先做出尝试的法律实证主义学者是约翰·奥斯丁，最有价值的传承者是H.L.A.哈特，而集大成者则是约瑟夫·拉兹”[①]。立法者宣传的某一法律制度的权威含量，不同于经法律实效验证的权威程度。因此，要求公众严格地遵守法律制度的理由，并不能阻碍公众基于道德理想自由地批判由国家强制力支持的法律制度。“由于权威只是主张拥有一种正当性而非实质拥有，它作为人们的行动理由可以接受道德正当性的检验。”[②] 虽然公民可以选择不服从法律制度，但关于法律责任的制裁规定仍旧会被国家机关强制实施。法律实证主义的理论演变脉络，提醒人们放弃关于法律制度与道德理想同质化的迷信，人们既要客观分析法律制度的实施强度对个体造成的现实压力，也要适时考虑为推进法律制度的完善而贡献个人的力量。

综上所述，法律实证主义对形式理性的坚持，对以道德面目出现的政治意识形态与强权干预起到了预防和抵制的作用，从而呵护了道德习俗的纯洁性。“坚持法与道德相分离，只是意味着法的效力不取决于其内容是否符合某种道德或伦理。”[③] 在法治信仰尚未确立的社会中，通过对法律实证主义与形式理性思维的理论研习，可以为论证法院独立审判的必要性与公正审判的可行性，提供丰富的理论资源。

（二）勾勒不同规范系统的价值交集

法治通过规范人的交往行为，来调节社会关系，从而促进自由、平等理想的实现。现代法律体系的价值基础是人的尊严与理性，以及由此派生的自由、平等理想。法律体系的自洽性源于民主政治、理性交涉和逻辑推理的合力所赋予的正当性。“价值多元的社会条件下的各种‘完备性学说’之间可以互不相容，但都能够对自己的合法性做出合理的论证。而且，道德也已经蜕化为社会系统

① 朱峰：《论法律实证主义的权威理论》，《环球法律评论》2009年第3期。

② 冯浩、陈烨：《排他性法律实证主义理论的基本命题研究》，《山东社会科学》2011年第2期。

③ 纪海龙：《上市与“虐熊”无直接关联——归真堂事件的法哲学透视》，《政治与法律》2013年第1期。

中的一个子系统而与其他子系统平行共存，所以也就不可能为法律等其他子系统提供论证。”[①] 在不同的规范系统之间寻求伦理价值的话语交集，是经由法律实证主义确立起独立的法律系统后，法学思想研究者必须积极回应的现实问题。

1. 坚守法律规则确定性的底线

在第二次世界大战结束后，围绕德国法院审判纳粹统治期间形成的“告密者案”等疑难案件应遵循的司法规则问题，哈特与富勒展开了基于不同观察视角的论争，促使新自然法学理论在法律实证主义主导的法哲学领域中，开拓出新的研究空间。“富勒区别了法律的内在道德与外在道德，主张任何法律都必须一定程度地满足内在道德原则的要求。德沃金则把法律看作是一种诠释性的概念，并通过诠释将道德原则引入到法律的概念之中。”[②] 就哈特与富勒的研究视角来看，两人分别以确定性的法律与确定性的道德为立论基点，探寻在开放结构中的规则确定性问题。“哈特更倾向于个人自由，富勒更崇尚社会秩序。两人理论上的这些差异从不同的侧面探索了如何在开放的结构中追求法律规则的确定性这一共同主题。”[③] 哈特认为具有稳定效力基础的法律与道德应当各自独立地发挥维护良好秩序的作用，而富勒则强调只有内容确定的内在道德要求，才能保证法律制度发挥预期的作用。两人分别站在自我立场的内在认同视角与顾及他者立场的道德评价视角展开论述，但论证目标都集中在如何摆脱权力的淫威来实现法治的理想。

2. 揭示法律解释的人文底蕴

在 20 世纪后半叶，德沃金对哈特法律规则学说的挑战，促使法律实证主义内部分裂为包容性实证主义与排他性实证主义。相对于谋求价值中立的法律实证主义与讲求社会整体效益的实用主义法学思想，德沃金在着力捍卫个人权利的传统自由主义理想的过程中，提出整体主义法律观与建设性阐释的法律方法。“德沃金提出既有的法律是一个无漏洞授予权利之体系，法律不仅由规则构成，而且包含着原则；法律权利不仅包含在规则之中，同时亦潜伏在原则之中。”[④] 他认为，法官依据体现政治道德要求的法律原则，可以避免法律解释行为的主观

① 艾四林、王贵贤:《法律与道德——法律合法性的三种论证路向》,《清华大学学报(哲学社会科学版)》2007 年第 3 期。

② 范立波：《分离命题与法律实证主义》，《法律科学》（西北政法大学学报）2009 年第 2 期。

③ 孙文恺：《开放结构中的确定性追求——兼论哈特与富勒法律理论的契合性》，《江苏社会科学》2009 年第 6 期。

④ 胡大伟：《法典缄默时的法官司法——〈法律帝国〉德沃金权利法学思想之完善》，《天水行政学院学报》2009 年第 6 期。

恣意，使裁判意见成为具备道德正当性的“唯一正解”。“德沃金坚持对于法律的解释学态度，认为这是法律作为人文科学与自然科学研究最显著的区别：展示社会习惯（规则）的意义，而不是复制‘客观事实’。”[①] 在应对批判法学关于解释者之间无法达成一致的内部怀疑主义挑战时，德沃金把信心寄托于立法者与司法者对尊重自由的平等信念所达成的政治道德共识。经过德沃金的一系列批判，哈特将承认规则限定为惯习性规则，并以承认规则接纳了道德，由此法律实证主义发展为以哈特的柔性实证主义与科尔曼的安置主义构成的包容性实证主义，以及用权威理论来支持社会来源命题的拉兹所代表的排他性实证主义。

3. 追问法律与道德的有效性来源

在哈贝马斯看来，法律与道德作为两个独立的系统，在功能上存在互补关系。两者关系上的外在分离与内在联系特征，可以通过有效性来源的命题加以解释。“哈贝马斯实际上对自然法学派和实证主义法学派都有所继承：一方面，他和分析实证主义法学派一样，认为法律的有效性和道德并不直接相关，两者有相同的有效性来源——商谈中的共识，因此‘合道德’并不是法律规范有效性的充分必要条件；另一方面，他也部分地接受了自然法学派的观点，把合道德视为法律规范获得有效性的必要条件。”[②] 如果法律规范的有效性源自参与商谈者的普遍接受，而商谈程序的合理性为商谈结果的可接受性铺设了逻辑前提，那么基于民主政治的立法程序显然为公民提供了开展商谈的现实场所。“在哈贝马斯看来，面对现代社会，人们的正确选择既不在于默认和放纵现存体制、规则与程序，按照目的理性的逻辑自成一体，也不在于颠覆和取消任何体制、规则与程序，而在于寻找一种新的路径，使现代社会的体制、规则与程序具有正当性与合理性。他认为，只要在交往理性和商谈论视域下对现行体制进行重构，就可以实现这个目标。”[③] 对理想的商谈环境进行构建的现实努力首先表现在，对立法程序与司法程序的逐渐完善，但信息渠道的畅通与对获取、分析信息能力的培养同样不容忽视。

综上所述，在现代社会中，法律与道德作为两个独立的社会规范系统，在运作过程中并不需要以其一系统作为前提条件，但功能上的互补关系又要求两

① 金玲：《德沃金建构性法律解释理论与高贵梦想》，《深圳大学学报（人文社会科学版）》2011 年第 1 期。

② 徐梦秋、杨松：《法律与道德的分立是否可能——哈贝马斯对分析实证主义法学的批评与突破》，《天津社会科学》2010 年第 3 期。

③ 高鸿钧：《走向交往理性的政治哲学和法学理论（上）——哈贝马斯的民主法治思想及对中国的借鉴意义》，《政法论坛》2008 年第 5 期。

者相互照应。在关于法律系统具体操作方式的理论研讨中，形成了异彩纷呈的法哲学流派，并形成了忠于法律、信仰法治的时代共识。在法治的运作实践中，能够彰显崇善抑恶的基本价值导向。“国家应当致力于法律的执行，而将道德、习惯及伦理准则的推行留给地方团体、同业机关或相关的社会组织。”[①] 只有政府还权于社会和市场，施行法治的条件才会逐渐完备。国家权力对社会自组织机能的敬畏与尊重，是通过社会自治方式提升公民整体道德水平的首要条件。所以，对致力于从伦理视角探寻社会治理方案的研究者而言，法治政府、德化社会的表述更符合与时俱进的现实要求。

二、法的正当性源自对价值依据的衡量

在现代工商文明社会中，法治是指法律职业群体运用解释技术对通过民主程序制定的法律进行妥当适用的社会治理方式。如果要使法治成为获得公众认同与信任的治理方式，就要通过立法程序、技术不断筛选并有效吸纳伦理价值共识，同时法律职业群体应当自觉遵循法律适用技术与职业伦理规范的要求。“法治方略之采纳的前提是整个法律制度承认，将依赖它指引自身行为的受治者，是具有一定的理性自决能力和人格尊严的人。”[②] 如果以承认和保障人的尊严作为法律概念的价值依据，那么就需要注意在法的确定性特征之外，还应对法的权威性、实效性特征进行理论剖析。

（一）法律的正当性程度影响实效

对社会秩序的维护需要具有实效的法律制度与内容妥当的道德习俗共同发挥作用。具有实效的法律制度需要道德习俗的支持，但并不需要刻板地复制道德习俗的要求。对道德习俗的改良，借助法律制度的恰当引导能够加速进程，但更多依赖社会自组织机能的支持。伦理价值是从法律制度与道德习俗两种社会规范中提炼出来的思想结晶，同时能够对两者的发展完善产生导向作用。从法伦理学的角度来认识法的概念，必然要看到，在法的确定性特征背后隐藏的权威性与实效性特征所折射出的法律规则的内容与实施方式的正当性问题。

① 博登海默：《法律与其他社会控制力量的差别》，潘汉典译，《中国法律评论》2014 年第 4 期。

② 侯健：《法治、良法与民主——兼评拉兹的法治观》，《中外法学》1999 年第 4 期。

1. 法的确定性是社会信任的基石

法律制度不仅因为借助政权组织体制的支持而难以被抗拒，而且能够通过明晰的规则设置与公正的程序安排，彰显出有利于维护社会秩序的稳定性的特征。法律制度依托国家强制力量产生的稳定性，为社会交往提供的确定预期指引，已经成为现代社会构建人际信任的重要基石。“现代社会尤其需要行之有效的体制、规则和程序来进行整合。”[①] 强制力量可以迫使民众忍耐，正当理由才能让人心悦诚服。在法律制度中，明确化的制裁措施是否值得承认，并不取决于强制的力度，而依赖于立法机关、程序与技术所塑造的权威特征。

2. 法的权威性是正当性的外观

在现代社会中，以宪法为逻辑前提，通过民主政治的议决程序来制定、修改或废止的法律制度，基于民主、法治原理的支持，向民众提供了彰显其权威性的理由，为启用国家强制力量设定了正当化的寓意。在政治哲学、法哲学的视域中，这种权威性表现为，一项具有确定化特征的法律制度对合法性要求的满足程度。法律体系的内容包括作为根本法的宪法与接受宪法价值统合的各部门法。宪法的基本作用在于规范国家权力行使、保障公民权利实现，宪法是经过民主政治议决程序形成的基本政治共识在法律上的表现形式。法律职业群体可以通过合宪性审查的程序，对严重违反宪法价值要求的部门法条文做出判断，从而督促代议机构对相应的法律条文进行修改或废止。在法律体系中，宪法与部门法之间的相互彰显与校调作用，是法律体系具有自洽性与权威性的重要根据。

3. 法的实效性取决于公众的认同或接受程度

法律规则的明晰与确定程度、国家机关的强制力量、公众基于伦理价值角度的内心认同与源自风俗习惯的示范支持，是法律制度取得实际效果的基本动因。形同具文的法律制度可能体现了合理的伦理价值要求，但却与个体扭曲的道德判断或群体抵拒优良道德的风俗习惯发生尖锐冲突。无论是以优良的法律改造低劣的道德习俗，还是用优良的道德批判拙劣的法律制度，都需要依据对伦理价值体系具体内容的分析，来确定评价法律制度或道德习俗的理性标准。因此，提倡符合伦理价值导向的优良道德，是确保良法取得实效的重要方式。

① 高鸿钧：《走向交往理性的政治哲学和法学理论（上）——哈贝马斯的民主法治思想及对中国的借鉴意义》，《政法论坛》2008年第5期。

"从守法的动因看，道德认同或接受是守法的实质和前提。"[①] 一种法律制度借助立法程序与技术汲取的正当性越充分，那么公众对伦理价值的认同或对道德习俗的遵循，就越容易成为支持这部法律获得权威性的理由。法律的实效性特征就是检验其正当性与权威性的首要依据。

综上所述，法律的确定性能够为公众的预期提供指引，法律的权威性取决于支持法律实施的正当理由，法律的实效性是法律获得公众认同的直观表现。"无论哪个国家，在建设法治型社会的过程中，都必须借助社会的软性资源如宗教、道德、民众的法律意识、社会风尚习惯等。"[②] 这些软性资源既可以在立法环节发挥融贯正当性的作用，也可以在守法、执法与司法环节产生促成法律实效的作用。

（二）价值意蕴的选择影响法的正当性

对正义标准的探究必然落实到对道德与法律内容的思虑层面。法律规则的安排反映出社会资源分配的均衡状况，对道德价值的辩驳关涉利益抉择的意识倾向。规范政府权力要靠法治，提升道德水平要靠自省。因为法律工具主义会导致恶政，道德工具主义会造成伪善。法治的施行具有民主正当性。法律体系具有价值自洽性。法治的可接受性来自严谨的说理论证。因此，法治能够为个体的道德选择自由提供结构性前提。在法治运作的程序化实践中，通过论辩交涉、逻辑推理，可以发挥兴利除弊的社会作用，从而为个体道德自省提供有力的引导。"对于那些因社会因素引致的道德冲突，要在消除不良社会因素的基础上进行相应的道德疏导，而不能仅仅依靠道德教育。"[③] 法律制度对道德习俗的补充作用体现在，其能够消除引致道德规范冲突的不良社会因素。

1. 确立法治的伦理根基

法治的伦理价值根基是人的尊严与自由、平等的价值追求。"法治是商业社会中人化道德的必然要求，同时也是人化道德的基本和普遍的制度准则。"[④] 从法

① 李寿初：《超越"恶法非法"与"恶法亦法"——法律与道德关系的本体分析》，《北京师范大学学报（社会科学版）》2010 年第 1 期。

② 范进学：《论我国法治进程中法律与道德问题》，《法治研究》2011 年第 7 期。

③ 王淑芹：《现代性道德冲突与社会规制》，《哲学研究》2016 年第 4 期。

④ 谢晖：《法治的法律：人化的道德》，《法律科学》（西北政法学院学报）1997 年第 5 期。

治的人本立场出发，遵循支持人的自由、平等发展的价值导向指引，才能在开展立法与司法活动时更有效地守护和捍卫人的尊严。经过伦理价值体系筛选和验证的优良道德规范，不仅是改变风俗习惯的理想范本，也是变革法律制度的基准要求。“‘法律是什么’的问题其实就是阐释者在阐释法律过程中如何确立‘法律的道德根据’问题，而不是什么法律事实或法律技术问题。”[①] 对于法律范型的理想化阐释虽然不能取代国家的现实立法，但可以为法律职业群体理解法律事实、适用法律技术指明方向。

2. 明晰道德的价值指向

法治的社会基础是市场经济与社团自治。市场经济是商人群体在拆解世袭贵族垄断政治权力、阻碍自由贸易的社会结构过程中，按照公平交换原则建构起来的社会经济形态。在市场交换过程中发展出的道德规范，既不愿接受以掠夺、剥削为特征的统治者道德，也不多宣讲不计成本、忽视收益的奉献者道德，而是着重倡导基于自由、平等理念的交易者道德。建立在市场经济基础上的交易者道德提倡个体自主与自负其责，强调自愿选择与公平交换，符合社会分工细化的背景下个体行动的需要。中国古代的儒家道德规范体系比较全面地阐述了奉献者道德的内容，奉献者道德虽然能够在缓和刑罚严酷程度方面发挥积极作用，但容易被统治集团歪曲利用，而不符合倡导规范公权、保障私权的法治理念要求，需要引入弘扬自由、平等精神的法律制度予以改造，才能适应现代社会的发展要求。

3. 洞察礼制的政治立场

中国古代的法律制度包括指导民间生活的“礼制”与维护统治秩序的“刑制”。“礼制”的安排给不妨碍统治秩序的民间自治活动预留了空间，因此促成了符合农耕文明要求的“礼治”局面。“西周王室创立系统化的礼制就是立法活动，尽管它的确宣示了道德精神，但根本意图还在于表达共同的政治意识，就像其刑制也在宣示政治意识和精神一样。”[②]“礼制”与“刑制”反映了皇权至上的政治意识形态要求，对先秦儒家倡导的伦理价值体系做出了差等化的制度改造，形塑了极端强调君权、父权、夫权的道德习俗，逐渐演变为束缚个体自由、影响平等发展的桎梏。“中国历代政权在将道德规范纳入法律时，要么是将不适宜固化为法律的道德法律化了，要么是在道德法律化的过程中未做相应的语境转

① 傅鹤鸣：《道德：法律阐释的根据——以德沃金对道德与法律关系的阐释及应用为例证》，《伦理学研究》2014年第2期。

② 赵明：《重评礼刑合一的法制构架》，《法学研究》2013年第4期。

换，故未能使道德有机地融入法律。”[①] 道德规范具有模糊、抽象的特征，因此在被简单复制到法律规范中之后，很可能被缺乏民主程序约束的立法者恣意改造。如果道德规范本身就经受不住公平、正义观念的考验，又不受质疑地被夹带私利的立法者搬运到法律之中，那么道德法律化的做法恐怕只能起到为统治者遮羞的作用。“无论是一个人行使还是多个人共同行使，只要权力没有约束，那就意味着彻底人治。”[②] 在中国古代社会，农业经济背景造就的社会与政府分工界限相对清晰的条件，是宗族与国家的同构化治理模式得以运行的前提，所以社会道德习俗与宗族的家规族训在维护公序良俗方面能够发挥积极的作用。但是，国家立法过度僵化地引用伦理规范的内容，导致社会道德秩序的内生力量遭到强烈抑制。这是在当下倡导道德建设时警惕政府过度干预的重要原因。

综上所述，在发掘本土资源推进法治建设的过程中，需要警惕违反自由、平等要求的伦理规范或道德习俗造成的阻碍作用。部分研究者从倡导社会自治的角度引介“礼治”概念，或者从强调统治集团成员自律的角度宣传“德治”概念，虽然其动机可以理解，但万勿低估官僚系统对此类概念加以歪曲的实力。“中国传统德治的进路是把道德一统化，再把法与道德一体化。这在宗法社会结构和专制统治下是可能甚而合理的，但它却是在牺牲法的形式合理性的同时，背离道德本性的情形下运作的。”[③] 从提升法律制度的正当性与实效性的角度来看，只有倡导自由、平等理念的交易者道德，才能够与法治建设的伦理价值依据相契合。因此，研究者需要慎重分析法律制度、伦理价值与道德习俗之间的互动关系，避免盲目夸大某种伦理信条或道德习俗影响的偏颇举动。

三、法治实践对道德因素的拣选

法治是保障个体尊严的理性化手段，可以依靠职业化的理性操作，为基于开放信息渠道的充分论辩，提供程序化的空间。尽管个体之间的道德质疑乃至群体的道德抗议，都具有督促个体开展道德自省的作用；但国家权力若挣脱法治的约束去参与道德强制的活动，就会使个体的尊严与自由无处安置。因此，放弃对道德工具主义的迷思，捍卫基于个人理性的道德自省，遵循民主法治与

① 苏亦工：《有我无我之际：漫说法律与道德的语境差别》，《北方法学》2009 年第 3 期。

② 陈秀萍：《试论当代中国法律与道德的冲突及其限制》，《南京社会科学》2008 年第 7 期。

③ 孙莉：《德治与法治正当性分析——兼及中国与东亚法文化传统之检省》，《中国社会科学》2002 年第 6 期。

司法独立合力开拓的程序交涉路径，规范政府权力，促进道德自省，才是走向良法善治的正途。“将社情民意合理地植入到法治社会的价值体系之中，合理地疏导和表达社会心理的整体性诉求，以此彰显法治社会建设的主体规定性，这是‘德法之辩’命题的现实价值之所在。”[①] 在立法环节，遵循民主议决程序，严格筛选道德诉求，并以严谨的立法技术设定法律规范的内容；在司法环节，遵循首先穷尽法律规则的法律适用技术，对法律原则给予充分的补强论证，为法律的有效实施提供能够经受道德舆论检验的裁判理由。这些才是法治建设中吸纳与衡量道德因素的恰当做法。

（一）道德因素的立法筛选与吸纳

主观的道德期许不具有强制他人遵行的民主正当性，客观的法律条文才适宜获得基于民主正当性的国家强制力保障。法律制度通过合理分配社会资源，设定利益导向的格局，能够为公民自由追求惠己、利他的行为目标，创造出结构化的客观条件。公民个体的道德选择经由舆论的传播和利益代表的呼声，可以转化为立法的议案，再经过民主政治的表决程序，可以演化为关于权利、义务与责任的规则安排。只有借助立法程序提供的民主正当性支持，道德选择才可能转换为内容清晰、可以明确适用的法律条文。因此，法治才成为当今世界被普遍认同的社会治理方式。“对于底线道德或者‘义务道德’，法律通过命令方式予以规范；对于中民道德或者权利选择，法律借助放任方式予以调整；对于底线外道德（‘小人道德’），法律援用惩罚方式予以矫正；对于社会美德（‘圣人道德’），法律拿来奖励方式予以补偿。”[②] 通过惩戒、容许和奖励等不同的利益导向安排，法律规范能够以明晰的内容确定行为主体的权利、义务与责任，鼓励符合资格要求者追求利益的自由、限定其利益负担的额度，对侵害权利或违反义务的行为人设置合理的制裁方式。

1. 在立法环节对伦理、道德理由的权衡

从个体与共同体的关系角度来看，法律与道德都承载了对公共生活必要性的关怀，为个体满足自然需要的利益追求提供了意义之网的保障。在用以维护共同体团结的民主活动中，参与者需要按照伦理价值信念的要求，辨别法律与

① 张启江、李培超：《顺从与认同：“德法之辩”的社会心理诠释》，《湖南师范大学社会科学学报》2013 年第 5 期。

② 谢晖：《美德的暴政与权利的美德》，《东方法学》2012 年第 1 期。

道德对利益加以类型化处理的功能差异，选择恰当的载体形式来表达对社会规范具体内容的期盼。“是否有道德理由进入到法律之中，或者道德理由在多大程度上进入到法律之中，这完全取决于道德理由相对于其他理由的分量。”[①] 如果在立法表决后，基于伦理价值衡量的需要，将某一道德习俗加工为法律规定，那么就需要承认在实施该项立法规定时，并无援引这一道德习俗作为执法或裁判依据的必要。“以英美国家的《公务员道德法》和《商业道德守则》为例，这是典型的‘道德与法律合一’的条规，内涵都是道德的，但其表述方式所创造的空间却是法律的。”[②] 通过立法方式推进职业道德建设的目标在于，维护自由、平等交往的公共秩序，因此具有从道德习俗向法律规定转换的可能性与必要性。一方面，若某些道德诉求缺乏足够的公共生活普适性，仅代表个别群体的利益期望，那就缺乏向法律转换的必要性。另一方面，各国法律体系的具体格局存在差异，盲目照搬外国的法律规定可能导致权利、义务与责任配置的失衡。[③] 立法辩论环节的作用即在于区隔社会公众自发的道德诉求与立法机关自觉选择的伦理导向，确保立法中彰显的伦理规范内容具备可操作性与妥当性。

2. 控制道德规则向法律规则转换的限度

每个国家或地区的生活习俗具有不同的文化特质，因此在立法环节应当考察特定时空中的民意基础。如果忽视道德习俗在社会中的普及程度与自治水平，单纯地幻想依赖政权强制力量推行包含特定伦理愿望的法律规定，就可能导致法律实效大打折扣的情形发生，进而损害立法的严肃性与权威性。“当通过立法确认某种主流道德规则，从而认可某种生活方式时，事实上就潜在地宣布了与其对立的生活方式的价值选择的错误和违法性，至少是其不合法性。这不仅是容易造成阻隔相互认知和沟通的标签行为，而且会造成亚文化群体、少数族群的对立情绪。”[④] 在思想的自由市场中，不同群体通过充分的信息交流和理性辩论，能够形成对于伦理价值体系的阶段性共识。因此，通过立法方式对优势群体的道德信念进行固化的做法，可能导致劣势群体的生活利益遭遇非理性歧视

① 翟志勇：《哈贝马斯论域中的法律与道德》，《比较法研究》2007 年第 5 期。

② 温晓莉：《实践哲学视野中的“法治”与“德治”》，《法学》2003 年第 3 期。

③ 国外的重罪、轻罪划分与国内的治安处罚种类包含自由罚的具体安排存在明显差异。因此，“在讨论见危不救要否入罪这个问题上，鉴于我国《刑法》结构与西方国家不同，不宜简单地移植西方国家《刑法》中的‘见危不救罪’，而应通过完善《治安管理处罚法》等途径来加以解决”。刘仁文：《对“见危不救”要否入罪的思考》，《法学杂志》2013 年第 4 期。

④ 张晓燕：《德法互济中的乐观与审慎——道德法律化的权利维度反思》，《道德与文明》2016 年第 2 期。

的境况，不利于社会道德状况的整体演进。

3. 运用立法技术保障道德自省的优先地位

具有国家强制性的法律制度与具有社会自律性的道德习俗之间的区别，是国家与社会之间功能界域区别的基本表现。“在某些时候，法律最好只是一条辅助线，当问题解决后，它就应该自觉退隐。”[①] 强调社会自治、道德自省的优先地位，是为了维护个体尊严的独立性。因此，在借助立法技术提振公共道德水平的同时，给个人涵养美德留下自主的空间，就成为明确政权组织与社会群体分工界限的必然要求。例如，侵权责任的实现方式既包括消除影响、恢复名誉，也包括赔礼道歉，法院虽然可以要求被告通过登报的方式消除对原告造成的负面影响，但却不可能以替代方式要求被告发自内心地赔礼道歉。当法院在裁判文书中宣示被告承担赔礼道歉的法律责任时，被告就开始面对公众舆论评价的道德压力；然而被执行人能否真诚地进行赔礼道歉，则取决于其对良知、名誉的道德期许。因此，只能靠道德自省的方法解决该问题。

综上所述，通过立法方式维护公序良俗，提升公众对伦理价值的尊重程度，是促进公共生活和谐的有效方法。就操作细节而言，在立法议决程序中，需要注意衡量、比较道德理由与其他理由的分量，把持伦理、道德诉求法律化的合理限度；在权利、义务与责任的配置方面，需要运用立法技术保障法律适用的可行性，并为道德自省、社会自治保留充分的空间。“我们不认同的是道德的统治（因为它更可能是非制度化、非程序化、非技术化和未可预期的统治），而不是反对人们在道德上的自律和有道德的生活。”[②] 从强调官员道德素养的角度来看，廉政义务法律化的限度与勤政义务伦理性的持守，是偏好“德治”的话语者应当细致思量的两个问题；由此才可能形成防范官员滥用权力、督促官员依法行政的局面，进而营造出鼓励人们选择道德行为的良好制度环境。

（二）通过裁判说理对接道德估量

动态的法律适用过程具有依赖逻辑证成的特征，同时需要受到合宪性解释要求对法条文义解释的约束。在法律规则存在漏洞而无法调整属于例外情形的纠纷时，对法律原则的衡量适用，需要接受合宪性解释要求对文义阐释范围的

① 邓少岭：《“未定型社会”中的规范难局及其解决——“道德冷漠症”引发的法哲学思考》，《东方法学》2012年第1期。

② 孙莉：《德治及其传统之于中国法治进境》，《中国法学》2009年第1期。

合理限缩。对法律原则的适用必要性给出已经穷尽法律规则的充分论证，是弥补法律原则民主正当性不足和语义初显性缺陷的必然要求。因此，人为的技术理性贯穿于法治实践的全程，是说理论证的最佳方式。例如，“见义勇为应以刑法关于正当防卫、紧急避险等制度规定，故意伤害、故意杀人等个罪规定及民法关于侵权责任的规定为依据。如果公民在见义勇为的过程中，触犯了上述法律规定，将依法承担刑事责任和民事赔偿责任，可见，见义勇为的行为并不必然免责”[①]。因此，法院对于道德动机中的预想手段与效果进行法律评价时，应始终以实际行为及其结果为审视对象，从而能够对行为及其结果与法律构成要件之间的匹配程度做出精确的分析，进而作出合法且酌情的法律决定，以避免笼统、模糊的道德判断对公共秩序的负面影响。

1. 谨慎适用蕴含道德理由的法律原则

在穷尽法律规则且需维护个案正义的情形下，法官才可以按照比例原则的要求合理权衡适用法律原则，这是司法裁判的基本技术要求。“现代法治要求以法律至上代替权力至上和伦理至上，只有这样，法律才有权威，才能够被信仰。”[②] 法律规则的内容相对明确，具有可操作性，因此将在立法环节已讨论过其内容正当性的法律规则适用于个案，具有可以向公众明确展示的妥当理由。法律原则虽然具有法律外观与道德意味，但由于内容不够清晰，可能被参与诉讼的各方做出不同的解读，于是在适用法律原则时不仅需要对理由予以补强论证，还需要兼顾其他法律原则中蕴含的价值关怀。

2. 有效规范法官道德偏好的流溢

在受到法学界持续关注的“泸州遗赠案”中，法官选择适用公序良俗原则，驳回了原告要求继承遗产的权利，表达了对第三者破坏婚姻关系行为的强烈谴责。在审理此案的法官看来，只有保障被告作为原配妻子的财产利益，才能安抚群众的义愤并打击婚外同居的不良风气。若站在当事人的立场来看，法院的这份裁判文书虽然意在保护作为不道德婚外情的受害者，但却以按照法律规则的适用方法适用法律原则的欠妥当司法行为，侵损了原告对遗赠行为的合法预期。原告对被告配偶利益的侵害，被告配偶可以通过诉求损害赔偿的方式获得救济，因此，扣减部分遗产似乎比完全否定原告获得遗赠的权利更为妥当。“在

① 李小红：《论“见义勇为无罪论”与法治精神之关联》，《贵州民族大学学报(哲学社会科学版)》2012 年第 6 期。

② 王丽萍、刘鲁平：《在法律与道德之间——由一起司法判决引起的思考》，《山东社会科学》2004 年第 2 期。

道德进入司法的问题上要非常小心，特别是当社会公众关于某个问题的道德共识不存在之时。在道德判断难以形成基本共识的情况下，法官对此类道德问题应‘沉默是金’，以维护法的权威，避免直接发表道德评论，不能用自己认同的道德标准作为判决依据。”[①] 在个人利益、群体利益与法律制度承载的公共利益之间，法官个人的道德偏好如果超越法律适用规则设定的界限，就可能导致公众放弃对法律制度稳定性的合理预期。即使为追求个案正义而衡量适用法律原则，也应当避免采取“全有或全无”的法律规则适用方式，且需要给出具有充分理由的论证支持。

3. 借助裁判说理化解道德冲突

对法律规则与原则的严谨适用是司法理性的直接反映，但在缺乏法治信仰的环境下仅靠法言法语的表述方式，未必能有效说服当事人，因此能否在裁判说理时以通俗易懂的道德话语，补强法律依据的正当性，就成为疑难案件中考验法官司法智慧的试金石。法律评价不能与道德评价画等号，因此当事人道德品行的优劣需要交由社会舆论进行评判，法律评价只能解决在具体纠纷中保护当事人合法权益的问题。法律评价中对因果关系的判断针对的是构成要件中指涉的单一行为，而道德评价中关注的行为则倾向于表现为较长时段中的多次行为。在特定案件中，对于法律规定不近人情、纵容恶人的质疑声音，通常只是反映了当事人运用道德话语维护个体利益的诉求，因此在裁判说理过程中法官可以适度导入道德话语予以回应，以期提高法律的权威与实效。

综上所述，法律制度与道德习俗的外在分离，不能抵消两者之间的内在联系。在制定、实施法律的过程中，不仅在民主立法的环节可以通过对法律条文内容的安排，构建符合宪法条文要求的价值导向，而且可以在法律适用环节借助论辩说理，明确宪法框架内由法律规范设定的行动取向。“法官应当掌握一定的裁判技巧，遵循一定的司法方法论原则，以缓和法律与道德之间的内在张力。”[②] 显而易见，在这一系列努力中，法官导入的道德要素需要经过伦理之网的筛选，因此，在立法过程中对伦理与道德因素的权衡比较，会在疑难案件的司法审判过程中再度发生。

总而言之，道德准则在古代的简单社会中可以作为共同体的伦理价值象征，

---

① 石毕凡：《“泸州遗赠案”的利益衡量方法透视》，《河南社会科学》2016 年第 4 期。

② 秦策、夏锦文：《司法的道德性与法律方法》，《法学研究》2011 年第 4 期。

直接发挥统辖立法与司法活动的作用，实现维续主流道德追求的目标。伴随着现代社会关系的复杂化趋势，在强调自尊、自律、自治思想的基础上，构建的合理分权体制与正当程序机制，同样可以实现容纳争议、规范论辩、塑造共识的作用，为在结构“陀螺化”、利益多元化的社会群体内部，追求普遍而良善的道德目标，提供间接的体制条件。在法治的言说范式下，权威、技术与价值三项要素的融贯方式，随时势变迁而呈现出不同的组合类型，但正当有效的律令必然兼顾法治自洽与德化社会建设的双重追求，从而为群体生活的和谐、幸福提供持续的保障。

论终身学习视角下的受教育权实现方式[①]

摘　要：在构建全民终身学习社会的发展形势下，公民受教育权的实现需要借助各种学历教育和继续教育形式构建的“教育立交桥”提供的支持。对个人而言，教育公平意味着个人潜能获得最大限度的发挥；对社会而言，教育公平意味着公民实质平等地获取公共教育资源。家长教育权与社会教育权、国家教育权制度之间协调配合，才能保障公民受教育权的充分实现。在基础教育阶段，教育资源在各幼儿园、学校均衡分布，才能确保“就近入学”政策产生促进教育公平的效果。在基础教育阶段之后，职业教育与学术教育分流的“Y 形学制”能够使公民的受教育选择权得到有效保障。

关键词：终身学习；受教育权；基础教育；继续教育；教育公平

《国家中长期教育改革和发展规划纲要（2010—2020 年）》的落实情况需要接受各界的评估。2017 年出台的《国家教育事业发展“十三五”规划》对实现全民终身学习目标的步骤已做过安排。法律保障是全民终身学习的制度条件。[②]自 2003 年以来，莫纪宏、温辉、龚向和等学者对受教育权的宪法保护、司法保障问题展开具有代表性的讨论，杨成铭等学者围绕受教育权问题陆续发表多篇以国际条约、标准为参照的论文，随后周永坤教授等学者从法理角度讨论了教育

---

① 本文初稿发表于《广播电视大学学报（哲学社会科学版）》2020 年第 2 期。此为删改稿。

② 虽然国内学者曾因齐玉苓案、青岛高考考生诉教育部案、孟母堂事件、罗彩霞案、甘露案等热点案例或事件，讨论过受教育权的实现方式问题，并围绕务工人员随迁子女、留守儿童、残疾儿童、少数民族儿童等群体的平等受教育权问题提出过较为全面的建议。但是，从全民终身学习的视角来看，学前教育、基础教育、职业教育、高等教育、继续教育、社区教育等教育类型的衔接及学习成果的认证、累积与转换、衔接，是讨论受教育权实现方式与可能时无法绕开的话题，家庭教育权、社会教育权与国家教育权的分工和配合也是分析受教育权相关问题时不容忽视的内容。

平等权问题。自 2012 年以来，学界对残疾儿童、少数民族儿童等弱势群体的受教育权问题进行了深入分析。史小艳在 2014 年的博士论文中系统论述了义务教育阶段的国家义务问题。随后，莫静、劳凯声教授等人都对国家义务问题予以探究。李小萍、李琨等人对新市民子女或流动儿童受教育权、就近入学问题做过讨论。湛中乐教授等人围绕《义务教育法》分析了相关的制度保障问题。2015 年以后，袁文峰从齐玉苓案与罗彩霞案的对比角度分析了受教育权的宪法条款、司法救济等问题，张文从公民政治权利的角度分析了宪法中的受教育权问题。

本文力求从终身学习的视角系统梳理关于受教育权实现方式的相关认识，对公民受教育权需要获得普遍、公平保障的理由加以分析，强调公民应当有机会就近实现平等受教育权，而且在义务教育结束后应当有机会选择不同类型的教育以实现平等受教育权，并重点分析了“Y 形学制”结构对于拓展职业教育机会的意义、“分省定额”的高等教育招生制度对教育平等的促进作用。

一、普遍、公平地保障公民的终身受教育权

从终身学习的需要角度来讲，受教育权可以被理解为学习权的现实镜像。[①]因为公民的学习需要离不开社会条件与国家制度的必要支持。在社会与国家因公民素质的提升能够获益的时代背景下，公民有理由提出在人权与基本权利方面的主张，要求国家机关履行尊重、保障与给付的宪法义务。“‘学习权说’是受教育权利的重大发展和突破，是学习型社会中公民受教育权利的应有之义。”[②]就义务教育阶段而言，公民的学习需要主要依赖公办或民办学校的正式教育给予满足，但也不宜排除通过其他教育机构或在家学习的方式满足学习需要的例外情况。[③]在基础教育完成后，公民的学习需要主要依靠职业教育和学术教育“双轨制”的合理安排予以保障。在学历教育阶段之后，公民的学习需要应当得到在职培训与社区教育，以及“学分银行”等制度的有效回应。

---

① 受教育权兼具宪法意义上的自由权与社会权的属性，因此需要获得教育立法的具体保障，这样才能使公民可以最终通过诉讼方式抵制教育歧视行为，维护受教育的权利。在《国家中长期教育改革和发展规划纲要（2010—2020 年）》中，明确提出修订教育法、职业教育法、民办教育促进法和制定有关终身学习、学前教育、家庭教育的法律等具体工作目标。

② 尹力：《学习权保障：学习型社会教育法律与政策的价值基础》，《北京师范大学学报（社会科学版）》2010 年第 3 期。

③ 1989 年 11 月 20 日，第 44 届联合国大会第 25 号决议通过的儿童权利公约（*Convention on the Rights of the Child*），是第一部有关保障儿童权利且具有法律约束力的国际性约定，于 1990 年 9 月 2 日生效。截至 2015 年 10 月，缔约国为 196 个。该公约旨在为世界各国儿童创建良好的成长环境。

（一）受教育权需要获得国家制度的普遍保障

在现代信息社会中，个体主动搜寻、查找知识的便利程度逐渐提高，但仍旧需要社会与国家提供教育机会，并依赖必要的认证评价来确保学习效果的公示、公信效力。公民的学习需要与学习效果对社会、国家发展的助益作用，是社会教育权、国家教育权等内容逐渐丰富的根本依据。在公民受教育权与社会教育权、国家教育权互动的过程中，受教育权的具体内容日益明晰，并且在国家制度的支持下呈现出从具有可申诉性演变为具有可诉性的特征。“从国内法来看，受教育权是受教育者享有的受教育机会权、受教育条件权和受到公平评价权。”[①] 学历教育阶段的制度安排应当优先满足利益均衡、机会均等的原则要求，从而确保平等受教育权的充分实现。当然，由于教育资源的限制，在基础教育之后的学历教育阶段，学校在招生时可以基于学术教育或职业教育对学生素质的基本要求设置相应的选拔考试，但这类选拔考试同样需要遵循公平保障受教育权利的原则要求。在学历教育之后的继续教育过程中，政府提供“教育券”的补贴方式可以与职工“带薪休假学习”等制度共同发挥平等保障公民终身受教育权的作用。例如，在瑞士“日内瓦州议会通过立法的形式规定，州政府每年为公民和在日内瓦州内纳税的人提供750瑞士法郎（约合人民币4000多元）的培训支票，培训支票三年内有效，持票人拿着支票可以到任何一个有资质的学校或培训机构学习或接受培训”[②]。除了为增强工作技能、提升专业素质而开展的职业培训外，公民在日常生活中对于育儿常识、心理疏导、安全知识、文化信仰、兴趣培养等多方面的求知需要，通常可以在接受社区教育的过程中获得适当的满足。社会组织与政府在此类开放式学习条件的提供方面，应当以场地提供、师资培养、经费支持等可能的方式发挥积极支持的作用。

（二）受教育权需要获得国家制度的公平保障

政府需要履行保障受教育权实现的职责，这不仅是因为公民素质提升有利于经济、社会发展，而且是因为公民若缺乏适应现代社会生活的基本知识与能力，就很有可能做出对社会秩序造成严重破坏的行为选择。现代社会分工的精细化趋势造就了价值多元的思想市场。尽管家庭、社区都能够在教育方面发挥

① 杨成铭：《从国际法角度看受教育权的权利性质》，《法学研究》2005年第5期。

② 徐继敏：《公民受教育权研究》，《河北法学》2004年第2期。

积极的作用，但政府仍然应当承担监管、督导与引领的职责，同时其也需要不断对通过家庭教育、社区教育显现的合理价值诉求给予积极回应。政府在普及基础教育方面承担着重要的职责，因此对公民公平受教育权的保障首先应当在基础教育阶段得到落实。“世界全民教育大会发布的《世界全民教育宣言：满足基本学习需要》集20世纪教育哲学的大成，它将基础教育视为‘终身学习和人类发展’的基础。”[①]目前，我国不同地域之间因为经济发展水平的差异，在教育资源的分布状况方面差异较大，使受教育权的公平保障问题只能以渐进的方式获得解决。[②]在基础教育阶段，同一地域的教育资源分配不公将会加强阶层固化，这是当下亟待解决的重要社会问题。若要实现在基础教育阶段的教育公平目标，既要重视对基础教育资源分配中的形式平等要求，也要对弱势群体给予恰当的补偿照顾。当然，政府在分配教育资源时遵循的公平原则，不能要求公民个人必须一体遵行。因为公民若为配合政府的教育政策而使受教育权利遭受过分抑制，最终同样会影响教育政策效果的充分发挥。例如，“当代芬兰的教育公平已经被赋予了两种不同的含义，即一方面强调平等受教育机会的赋予，属于社会本位的教育公平观，另一方面则暗含‘个人潜能最大化发挥’之倾向，属于个人本位的教育公平观”[③]。就此而言，对公民受教育权利的依法保障是教育公平原则的潜在前提。对公民受教育权利的依法限制需要遵循法律保留原则、比例原则和正当程序原则的要求，并尊重未成年人家长的参与权和成年公民的选择权。

（三）受教育权的司法保障与宪法保护

在最高法院发布的指导性案例38号、39号中，最高法院通过38号案例——田×诉××大学拒绝颁发毕业证、学位证案，以及39号案例——何××诉××大学拒绝授予学位证案，分别重申了在行政诉讼案件中司法审查的范围可以扩展到高等教育行政领域的基本态度，以及法院对教育行政程序正当性的审查并不意味着对高校学术自治权限的僭越。38号指导案例的裁判要点

① 沈俊强：《儿童受教育权国际共识的形成及其推进》，《基础教育》2015年第2期。

② 例如，2005年12月24日，国务院发出《国务院关于深化农村义务教育经费保障机制改革的通知》，承诺确保2006年西部地区农村义务教育阶段中小学生全部免除学杂费；2007年，这一免费政策扩展到中部和东部地区，对贫困家庭学生免费提供课本和补助寄宿生生活费。

③ 草珺：《社会主义教育公平观及其实践对策研究——以我国西北地区基础教育为例》，兰州大学2017年博士学位论文，第37页。

指出："高等学校对因违反校规、校纪的受教育者作出影响其基本权利的决定时，应当允许其申辩并在决定作出后及时送达，否则视为违反法定程序。"39号指导案例的裁判要点指出："高等学校依照《中华人民共和国学位条例暂行实施办法》的有关规定，在学术自治范围内制定的授予学位的学术水平标准，以及据此标准作出的是否授予学位的决定，法院应予支持。"通过连续公布这两则指导性案例，最高法院为各级法院处理此类关于受教育权的司法纠纷提供了参照的标准。我们如果将审视的目光从高等教育领域转向基础教育领域，就会发现民办学校的办学、招生自主权是与公民受教育权实现程度直接关联的一个问题。学生或者学生的家长是否能够选择学校与教师、受教育的内容与方式，直接关系到民办学校的发展空间和人才培养质量的保障问题。从两则指导性事例来看，2007年泉州市教育局发布（泉教综〔2007〕10号）文件对泉州市两所私立中学自主招生行为的负面评价，显示了《中华人民共和国民办教育促进法》与《中华人民共和国义务教育法》之间的张力。2008年，在教育部责成深圳市政府调查后，深圳市教育局宣布停止执行（深府〔2003〕30号）文件对"金融高管子女中考加分"的规定，促成了各地政府清理中考招生随意加分规定的制度进步。在2006年的宪法事例——福建漳州"纳税大户子女中考加分"事件与上海的"孟母堂"事件中，同样显示出公立学校需要在保障平等受教育权方面积极作为，民办教育机构更适合满足公民多元化的受教育期待，但公立学校与民办教育机构的分工关系仍然有待优化的现象。对《宪法》第四十六条第一款、第二款要求的贯彻，需要得到《教育法》第九条、第三十六条第一款与《义务教育法》第十二条、第六十二条及《民办教育促进法》第五条、第二十七条等相关条款的支持。只有逐渐形成完备的制度体系，才能更扎实地实现普遍、平等地保障公民受教育权的目标。

综上所述，政府首先要依法推进教育资源的公平分配，力求使公众能够普遍地享受教育资源带来的益处。这不仅需要立法机关明确目标、设定原则、细化规则、落实责任，而且需要行政机关积极吸纳与引导社会力量参与教育事业建设、评估教育发展状况。此外，在司法救济环节充分保障公民的诉讼权益，也能够起到补足立法缺陷、监督行政机关发挥服务效能的作用，使公民受教育权得到最大限度的公平保障。

二、公民应当有机会就近实现平等受教育权

普遍、公平地保障公民实现受教育权，首先表现为确保公民有机会就近实现受教育权。在基础教育阶段，就近入学政策的公平实施，是满足公民这一普遍需要的基本手段。学前教育与小学、初中教育的质量直接影响未成年人自学能力的培养与继续深造的可能。因此，购买学区房以获取优质幼儿园的入园和小学、初中的入学资格的竞争，已经成为家长们生活焦虑的重要组成部分。政府应当依法保障辖区内各幼儿园、小学和中学教育资源的相对均衡，从而使"就近入园、入学"的政策能够产生促进教育公平的效果，但在应试教育向素质教育艰难转型的过渡阶段，家长帮助孩子花钱择校的冲动在短期内仍然难以平抑。因此，政府还应当在利导机制构建方面有所作为，例如，"武汉市对幼儿园升小学和小学升初中均不择校的学生，给予政策优惠，享受初中升高中的'分配生'资格（根据武汉市有关规定，'分配生'中考招生时可以享受高中学校录取线下降 30 分的优惠政策），择校生则不能享受'分配生'的优惠政策"[①]。在通过"就近入园、入学"政策能够确保各小学、中学生源相对均衡的条件下，教育部门再借助辖区内教师定期交流、职称评定鼓励等制度安排确保各学校师资力量趋向均衡，这样就有可能逐渐扭转教育资源分配不公平与社会阶层固化现象恶性循环的局面。

（一）均衡布局幼儿园以保障学前教育阶段的幼儿受教育权

在居住区合理布局配建幼儿园，是保障学前教育阶段幼儿受教育权顺利实现的前提条件。目前，我国政府尚无负担免费学前教育的财政能力，所以家长也无对应的法律义务送幼儿接受学前教育。但是，双职工家庭在城镇生活中成为常态，而且在农村，利用农忙闲暇去务工的人员也逐渐增多，所以幼儿父母选择让孩子接受学前教育的情况已日趋普遍。特别是在应试教育的压力下，幼儿园也开始顺应家长的心理期待安排对接小学教育的课程内容，使幼儿嬉戏玩耍的游戏需要被严重抑制。这种现状要求政府在鼓励民办幼儿园提供学前教育的同时，还要对公办幼儿园与民办幼儿园的教育模式与教学内容提供指导。从我国经济发展水平的现状来看，需要"建立政府主导、家庭合理分担、社会参

① 史小艳：《义务教育阶段受教育权的政府责任研究》，华中科技大学出版社 2016 年版，第 78 页。

与的学前教育成本分担机制"[①]。2017 年发生的"上海长宁区携程亲子园虐童"事件、"北京红黄蓝幼儿园虐童"事件将幼儿教师或保育员侵权的问题呈现在公众面前。此前，新闻报道的幼儿教师虐童事件中已经有侵权人被追究民事赔偿责任甚至刑事责任的案例，但是这并不能替代政府在构建幼儿教师培训、职级评定等制度方面应履行的职责。教育部门在对公办幼儿园与民办幼儿园统一进行分类监管的思路方面，可以"借鉴天津市民办幼儿园划分民办一类、二类、社区类的方式，将不同水平的幼儿园进行分类，将每个类型的幼儿园的优劣情况直观呈现给家长"[②]。近年来，研究机构和民间舆论关于制定《学前教育法》的呼声日渐高涨，而且立法机关也已经将制定《学前教育法》纳入立法议程。在该法中应当对幼儿的游戏权利和家长与社会、国家教育权的分界等问题做出明确规定，并对政府扶助补贴民办幼儿园，指导与监管学前教育行业健康发展，加强幼教师资培训与考核等问题做出系统规定，为政府在未来将学前教育纳入政府义务教育的范畴夯实基础。在学前教育制度日渐完善的条件下，在居住区合理配建幼儿园以方便幼儿接受学前教育，就成为亟待循序完成的工作任务。

（二）为务工人员随迁子女提供在城区就近接受教育的机会

义务教育阶段的受教育权保障，涉及困难家庭子女、少数民族儿童和残疾儿童等群体的受教育权平等保障问题，也涉及农村地区"撤点并校"学生、留守儿童教育问题，但这些问题都属于在固定区域内的问题；务工人员随迁子女的受教育权保障问题，则涉及跨区域协调与重新调配教育资源的问题，同时也可能与困难家庭子女、少数民族儿童和残疾儿童等群体的受教育权平等问题交叠并存。若借鉴全纳教育的基本思路，教育部门在"两为主"原则的指导下，需要充分发挥流入地政府与本地公办学校接纳务工人员随迁子女的潜力。例如，"自 2000 年始，武汉市按照'相对就近'原则划片安排，接纳进城务工人员子女入读公办学校；2010 年取消义务教育阶段借读费。武汉市公办学校接纳务工人员子女比例由 2000 年的 30% 提高到 2011 年的 95.1%，武汉成为最早有效解决务

① 陈鹏、高源：《我国学前教育立法的现实诉求与基本问题观照》，《陕西师范大学学报（哲学社会科学版）》2017 年第 6 期。

② 祁占勇、康韩笑：《学前教育阶段受教育权保障的国家义务研究》，《陕西师范大学学报（哲学社会科学版）》2017 年第 6 期。

工人员子女义务教育问题的城市"[①]。对于东部地区的特大城市与较大城市而言，当地政府需要承受的办学压力似乎更大，这不仅是多年来户籍制度与当地居民福利相捆绑的政策造成的后果，而且与义务教育经费承担主体以基层政府为主的现实紧密相关。若省级政府能够在教育经费负担方面积极作为，那么各省、区之间的教育经费划拨流转机制就更容易构建，中央政府的转移支付制度也会更容易取得实效。"在'两统一'形势下，明晰流入地与流出地政府的责任，建立两地政府的沟通协调机制，完善全国性的电子学籍管理系统，生均公用经费基准定额资金流动携带的政策才能落到实处。"[②] 在公办学校学位资源相对有限的条件下，教育部门应当采取"民办公助"的举措来扶持民办学校健康发展，通过购买学位资源的方式向民办学校划拨经费，以期尽快解决因学位资源有限导致务工人员随迁子女入学选择受限的客观困难。当然，仅靠"民办公助"的方式只能最大限度地缓解民办学校的经费压力，通过立法方式解决教育投资与公益事业捐赠行为面临的体制和机制障碍问题，才能更充分地调动社会各界参与办学的积极性。

综上所述，在基础教育阶段实现教育公平的目标，需要确保教学场所、设施与仪器、设备等物质条件的相对均衡，也需要通过教师定期交换、集中培训等方式确保各学校的师资力量相对均衡。在公办学校办学水平与能力相对均衡的条件下，就近入学政策才能保障入学儿童与少年平等获取教育资源的权利实现。政府不仅应当对公办与民办教育机构进行统一的指导与监管，而且应当尊重家长教育权的基础地位，吸纳家长参与对教学安排及其效果的评估；同时，为儿童、少年在特殊情形下"在家学习"的需要提供制度支持，通过设定教育标准、监督教育效果的方式，帮助家长行使教育权利，满足儿童、少年合理的学习需要。

三、公民应当有机会选择不同类型的教育方式以实现平等受教育权

每位公民的禀赋特长与生活境遇难免存在差异，因此公民应当有机会根据

① 徐爽、赵晨：《国际人权公约中的初等教育权保护在我国的实践——以流动儿童义务教育为切入点》，《人权》2017 年第 3 期。

② 付昌奎、邬志辉：《居住证制度下随迁子女受教育权实现的法学分析——以权利的存在形态为视角》，《教育科学》2017 年第 4 期。

个人条件选择接受职业教育或学术教育来实现平等受教育权。我国政府在教育资源配置方面具有重视高等教育的特点，因此在基础教育方面的短板亟须补齐。在基础教育之后，学生需要根据个人能力与家庭条件的情况，在职业教育和学术教育两条道路之间进行选择，但从目前的发展态势来看，我国的中等职业教育和高等职业教育办学水平继续提升的空间仍然很大。从学术教育角度来看，本科教育与研究生教育的质量也需要尽快实现有效提高的目标。政府需要根据社会整体的教育资源供给能力并对比公民的受教育需求状况，在各类教育的衔接方面做出妥当的制度安排。“教育资源配置问题的核心目标即教育资源公平配置且效益最大化。”[①] 对于完成或尚未完成基础教育就开始工作的群体而言，全日制的职业教育或学术教育都无法满足其提升职业能力、获取专业知识的需要。因此，继续教育或职业培训在向各行业从业人员供给知识方面要有明显的针对性，这是建设全民终身学习社会不可忽视的重要方面。

（一）平衡“Y 形学制”结构以拓展职业教育机会

在义务教育之后，政府应当创造条件确保公民获得选择职业教育或学术教育的不同发展机会。通过高考“独木桥”选择学术教育的学习道路，对大多数学生而言都不属于轻松、惬意的选择。在国民生存压力较大的时代境况下，如果职业教育的质量能够迅速提升，招聘单位能够放弃“学历崇拜”的态度，那么绝大多数出身于中、低收入家庭且缺乏学术研究天赋的学生，应该会更倾向于选择成本适中、效益尚好的中等、高等职业教育道路。因此，当下推进的“双轨制”高考改革，能够顺应在基础教育阶段后“Y 形学制”的完善需要，为初中毕业后接受中等职业教育的学生开拓更为广阔的求学发展空间。“‘双轨制’高考改革能够增强中职学生面向高等教育时行使选择权的能力，直接弱化职业与学术两轨间教育选择权行使能力的不平等；能够在职业教育与普通教育间打开‘转轨’的新通道，为人的自主发展提供更大的可能性。”[②] “没有一流的技工，就没有一流的产品。”产业结构优化调整的目标需要大量职业技术人才的支持，基础研究之后的技术革新发展主要依靠劳工在生产实践中的积累与探索，因此，优质畅通的职业教育道路是促进“实业兴邦”目标实现的重要条件。如果说基础教

① 王瑜：《从文本到实践：论教育平等权的宪法保障及其路径选择》，《中南大学学报（社会科学版）》2014 年第 6 期。

② 何颖：《高考双轨制改革：受教育权深化保障的有益机会》，《重庆高教研究》2015 年第 1 期。

育阶段的首要目标是“成人”，那么职业教育和学术教育的目标都是要帮助学生“成才”。学术研究领域的成就固然有利于国家科技实力的提升，职业技术人才的茁壮成长同样有利于经济结构优化和社会生产效率提高。目前，国内的劳动力整体素质水平仍然不高，高质量人才的供需情况尚不匹配，所以在发展全日制职业教育的同时，政府还应当将开放教育作为公共教育服务的重要组成部分，鼓励教育机构为低技能劳动力提供渠道畅通的教育服务。“在推广终身教育的过程中，对城市失业人员和农村进城务工人员进行职业技能教育提高其生存能力的同时，也要注重基础文化教育、心理健康和道德品格等方面的教育和塑造，意在提高他们的基本素质和道德水平，同时加强心理调适能力使之更好地适应社会。”[①] 在国际贸易摩擦态势恶化、国内经济下行趋向明显的现实情形下，政府对就业困难人群加强职业技能教育，是引导群众正视逆境、积极应对难题的必要举措。近年来，学历教育虽然取得一定的成绩，但僵化的应试教育显然与全民终身学习的需要之间存在较大差距，因此，通过社区教育等开放教育的方式为公众补足各类常识，是促进社会文明、和谐发展的必然要求。

（二）完善“分省定额”招生制度以促进教育平等

从青岛三名考生诉教育部案到2008年以来陆续发生在甘肃天水、河南杞县、江西等地的替考案，以及陈××、王××、苟×等山东籍240余人的姓名被他人冒用以获取学历的现象，都反映出我国高等教育资源匮乏导致地域歧视、“高考移民”、造假加分、替考作弊、冒名入学等恶性竞争现象频发的现实状况。高考是选拔性考试，为申请获得高等教育机会者设定了知识水平与思维能力测验的门槛，同时规定了按照考试成绩排名招录考生的选拔标准。教育部门对辖区内高校年度招生名额的审核与高校基于学术自由设定的录取分数线标准，是考生申请分享高等教育资源以实现平等受教育权的前提条件。社会权意义上的受教育权属于“分享公共教育资源的形成权。要求给付教育资源的请求权是公民行使这一分享权的产物”[②]。类似科举考试在区域间公平分配录取名额的“分省定额”制度，是在高等教育资源分布明显失衡的条件下，确保考生享有平等入学机会的基础制度，但在实际运行过程中却因为过度关照高校所在地考生而引

① 兰岚：《中国终身教育立法研究》，华东师范大学2017年博士学位论文，第183页。

② 陈国栋：《作为社会权的受教育权——以高等教育领域为论域》，《苏州大学学报（哲学社会科学版）》2015年第3期。

发公众的广泛质疑。促进基础教育公平、招生名额向欠发达地区适度倾斜、改革高等教育办学经费筹措机制及对不同办学水平的高校招生进行分层调控，是优化分省定额制招生模式的基本条件。“在条件成熟时，可以通过人大立法来确立高考定额招生制度编制原则及具体操作细则，从而使公民受教育权的多元利益均得到切实保障。”[①] 在高等教育由精英教育转为大众教育的发展形势下，地方普通高校招收本地考生的比例适度放宽，有利于将毕业生留在本省（区、市）发展。因此，只有在该省（区、市）高校数量特别多的情况下，才有必要为确保生源多样性与促进地域公平而适用分省定额制。但是，对于以往评定的全国重点高校而言，严格控制学校向所在省（区、市）招收生源的比例就具有维护教育公平格局的重要意义。在社会中上层家庭出身的学生出国留学的比例日渐提高的情况下，经济发达省（区、市）有足够优越的经济与社会发展条件吸引外地优秀毕业生到当地工作，因此，这些长期占据全国重点高校优势地位的大学应当根据分省定额制的规定，为基础教育水平较低的欠发达地区与少数民族生源提供符合实质平等要求的入学机会。

综上所述，就基础教育之后的学历教育而言，按照“Y 形学制”的发展思路畅通职业教育和学术教育的高考招生渠道，是搭建教育立交桥的重要举措。继续教育是职业教育的合理延续，能够为在职人员提供补充知识技能的教育资源条件。学术教育包括本科高等教育和硕、博研究生教育，是以国家教育权、高校学术自由权与学生受教育权为权利基础的学历教育形态，需要通过教育立法规范高校的办学行为，并保障学生受教育权的充分实现。

结语

总而言之，当今世界各国软实力的竞争首先离不开教育、科技制度的支持。物质文明、精神文明、政治文明乃至生态文明的建设都需要高素质公民的努力参与。为全民终身学习创造制度条件的第一步在于为未成年人创造平等实现受教育权的机会，第二步在于完善“Y 形学制”以平衡职业教育和学术教育之间的关系，第三步在于发展继续教育，借助学分银行等制度探索如何与学历教育形成顺畅的衔接关系。因此，本文的具体建议如下：

第一，全民终身学习的需要与社群整体因此获益的可能，是受教育权借以成立的现实基础。在基础教育阶段，未成年人家长的教育选择权和教育参与权是社会教育权与国家教育

① 温泽彬：《受教育权的多元属性是分省定额制招生改革的法理依据》，《法学》2016 年第 8 期。

权运行时的重要参照。教育机会平等是促进社会公平、防止阶层固化现象加剧的重要保障。在公办学校短期内仍不可能全面提供均等教育服务的条件下，政府应当放宽民间资本准入管制，规范公益捐赠行为，采取购买学位资源的“民办公助”形式，帮助民办教育机构改善办学条件，提高办学质量。

第二，为合理解决务工人员随迁子女受教育权保障问题及高考移民问题，可以将实际居住期限作为保障流动人口受教育权的基本条件，合理规范流动人口获取当地教育资源的行为，有效平衡流动人口与原住居民受教育权益。只有在教育资源均衡分布的条件下，“就近入学”政策才能最大限度地达成保障公民受教育权利实现的目标，避免“花钱择校”行为与教育资源分配失衡的局面共同导致不公平占用教育资源的现象愈演愈烈。

第三，在基础教育阶段之后，职业教育与学术教育分流的“Y 形学制”，能够有效矫正不合理的“成才”观念，促进职业技术人才成为推动经济结构优化调整、生产技术革新推进的支柱力量。因此，政府在努力提高学术教育质量的同时，还应当为学生选择接受职业教育创造制度条件。学历教育与继续教育的多种形式之间通过“教育立交桥”的方式相互连接，能够为全民终身学习目标的实现提供必要支持。

参考文献

[1] 艾四林，王贵贤 . 法律与道德——法律合法性的三种论证路向 [J]. 清华大学学报 (哲学社会科学版)，2007(3):67–72.

[2] 安凤德 . 拒不执行判决、裁定罪的犯罪构成要素新论 [J]. 学术论坛，2016(2):80–84.

[3] 安丽娜 . 我国行政决策程序立法中的公众参与规则评析——以若干地方规章及规范性文件文本为研究对象 [J]. 山西高等学校社会科学学报，2013(7):49–54.

[4] 包世琦 . 关于推行政府权力清单制度的若干思考 [J]. 中州学刊，2015(10):11–15.

[5] 博登海默 . 法律与其他社会控制力量的差别 [J]. 潘汉典，译 . 中国法律评论，2014(4):51–62.

[6] 布兰德 . 法治的界限 : 越法裁判的伦理 [M]. 娄曲亢，译 . 北京 : 中国人民大学出版社，2016:79.

[7] 蔡宝刚 . 法律与道德关系的制度解析——新制度经济学的阐释及启示 [J]. 法学，2004(6):11–22.

[8] 蔡琳 . 合宪性解释及其解释规则——兼与张翔博士商榷 [J]. 浙江社会科学，2009(10):52–60.

[9] 蔡伟 . 中国法制建设中的矛盾与选择 [J]. 宁夏大学学报 (人文社会科学版)，2007(2):102–106.

[10] 蔡小慎，牟春雪 . 我国地方政府权力清单制度实施现状与改进对策——基于 30 个省级行政区权力清单分析 [J]. 学习与实践，2017(1):45–53.

[11] 曹刚 . 安乐死是何种权利 ?——关于安乐死的法伦理学解读 [J]. 伦理学研究，2005(1):84–87.

[12] 曹刚 . 法伦理学如何可能——法伦理学的属性、使命和方法 [J]. 求索，2004(5):128–131.

[13] 曹刚.伦理学、应用伦理学和法伦理学[J].学习与探索，2007(3):9-12.
[14] 草珺.社会主义教育公平观及其实践对策研究——以我国西北地区基础教育为例[D].兰州：兰州大学，2017:37.
[15] 曾福生，吴雄周，刘辉.新农村建设和城镇化协调发展——以湖南省为例[M].北京：经济科学出版社，2012:140.
[16] 曾睿，柳建闽.农村城镇化生态风险法律规制的规范分析[J].农业现代化研究，2016(4):777-784.
[17] 曾哲.我国重大行政决策权划分边界研究[J].南京社会科学，2012(1):92-98.
[18] 常成，詹兰，尚庆学，杜静.关于南京市保障性住房混居模式的可行性研究[J].工程管理学报，2015(2):59-64.
[19] 常萍.司法伦理的实效性探析[J].学理论，2017(1):115-116.
[20] 陈光中，王迎龙.司法责任制若干问题之探讨[J].中国政法大学学报，2016(2):31-41.
[21] 陈国栋.作为社会权的受教育权——以高等教育领域为论域[J].苏州大学学报：哲学社会科学版，2015(3):74-85.
[22] 陈建富.经济违法行为的机会成本分析[J].南方论刊，2007(3):29.
[23] 陈景辉.什么是“内在观点”?[J].法制与社会发展，2007(5):3-13.
[24] 陈景辉.忠诚于法律的职业伦理——破解法律人道德困境的基本方案[J].法制与社会发展，2016(4):149-172.
[25] 陈鹏，高源.我国学前教育立法的现实诉求与基本问题观照[J].陕西师范大学学报：哲学社会科学版，2017(6):35-45.
[26] 陈万求.法律伦理学研究综述[J].湘潭大学学报(哲学社会科学版)，2000(12):47-49.
[27] 陈晓聪，齐凯悦.论1990年代以来新加坡的司法改革以及启示[J].社会科学，2016(7):107-118.
[28] 陈秀萍.试论当代中国法律与道德的冲突及其限制[J].南京社会科学，2008(7):91-99.
[29] 陈业宏，洪颖.食品安全惩罚性赔偿制度的法经济学分析[J].中国社会科学院研究生院学报，2015(5):81-85.
[30] 陈雨禾.论民事、行政有效性与违法性判断的分离——兼谈法秩序的统一性与刑法判断的独立性[J].四川警察学院学报，2014(5):123-129.

[31] 陈征楠 . 论哈贝马斯的程序主义法正当性学说 [J]. 厦门大学学报 (哲学社会科学版),2012(3):117–124.

[32] 陈征楠 . 试论法正当性的道德面向 [J]. 河南师范大学学报 (哲学社会科学版),2010(4):29–34.

[33] 陈忠,索亚 . 空间与城市正义 : 理论张力和现实可能 [J]. 苏州大学学报 (哲学社会科学版),2012(1):1–6.

[34] 陈忠 . 城市权利 : 全球视野与中国问题——基于城市哲学与城市批评史的研究视角 [J]. 中国社会科学,2014(1):85–106.

[35] 陈忠 . 主体性的微观走向与空间权利的城市实现——对城市权利的一种前提性反思 [J]. 哲学动态,2014(8):57–65.

[36] 程小白 . 主办侦查员制度 : 全面深化公安机关刑事司法改革的着力点 [J]. 江西警察学院学报,2015(2):5–7.

[37] 储著斌 . 试论公民守法的道德义务 [J]. 江汉大学学报 (社会科学版),2009(3):85–87.

[38] 代瑾,臧鹏,曹义杰 . 中国乡村社会治理传统及其法治化转型 [M]. 成都 : 四川大学出版社,2020:42.

[39] 戴建华 . 行政决策的程序价值及其制度设计 [J]. 云南社会科学,2012(4):71–75.

[40] 戴建华 . 作为过程的行政决策在一种新研究范式下的考察 [J]. 政法论坛,2012(1):167–174.

[41] 邓海娟,殷仁胜 . 我国行政决策的法制化思考 [J]. 理论月刊,2007(7):142–144.

[42] 邓少岭 . “未定型社会” 中的规范难局及其解决—— “道德冷漠症” 引发的法哲学思考 [J]. 东方法学,2012(1):108–112.

[43] 丁开杰 . 依法推进新型城镇化建设 [J]. 中国特色社会主义研究,2015(3):87–91.

[44] 丁以升,李清春 . 公民为什么遵守法律 ?(下)——评析西方学者关于公民守法理由的理论 [J]. 法学评论,2004(1):29–35.

[45] 董慧,陈兵 . “城市权利” 何以可能、何以可为 ?——国外马克思主义空间批判的视野 [J]. 马克思主义与现实,2016(1):172–182.

[46] 段进军,殷悦 . 多维视角下的新型城镇化内涵解读 [J]. 苏州大学学报 (哲学社会科学版),2014(5):38–43.

[47] 范进学 . 法律职业 : 概念、主体及其伦理 [J]. 山东大学学报 (哲学社会科学版),2000(5):24–32.

［48］ 范进学 . 论我国法治进程中法律与道德问题 [J]. 法治研究，2011(7):9–15.

［49］ 范立波 . 分离命题与法律实证主义 [J]. 法律科学 (西北政法大学学报)，2009(2):12–21.

［50］ 冯浩，陈烨 . 排他性法律实证主义理论的基本命题研究 [J]. 山东社会科学，2011(2):166–168.

［51］ 付昌奎，邬志辉 . 居住证制度下随迁子女受教育权实现的法学分析——以权利的存在形态为视角 [J]. 教育科学，2017(4):11–16.

［52］ 付建军 . 清单制与国家治理转型 : 一个整体性分析框架 [J]. 社会主义研究，2017(2):73–80.

［53］ 傅鹤鸣 . 道德 : 法律阐释的根据——以德沃金对道德与法律关系的阐释及应用为例证 [J]. 伦理学研究，2014(2):131–135.

［54］ 傅鹤鸣 . 德沃金法伦理思想研究述评 [J]. 深圳大学学报 (人文社会科学版)，2007(3):33–38.

［55］ 高红，黄恒学 . 新型城镇化视阈下公共服务治理模式研究 [J]. 中国行政管理，2015(7):53–58.

［56］ 高鸿钧 . 走向交往理性的政治哲学和法学理论 (上)——哈贝马斯的民主法治思想及对中国的借鉴意义 [J]. 政法论坛，2008(5):3–21.

［57］ 高桥和之 . 论宪法与民法在人权保障中的作用 [J]. 洪英，潘秀丽，译 . 学习与探索，2008(2):107–111.

［58］ 格拉伯 . 沟通的力量——公共组织信息管理 [M]. 张熹珂，译 . 上海 : 复旦大学出版社，2007:216–217.

［59］ 谷玉良 . 青年农民工的“中国梦”——权利诉求结构及其差异分析 [J]. 青年探索，2016(1):61–67.

［60］ 关保英 . 行政决策集体讨论决定质疑 [J]. 求是学刊，2017(6):69–77.

［61］ 关保英 . 权力清单的行政法价值研究 [J]. 江汉论坛，2015(1):114–121.

［62］ 关俊 . 拒不执行判决、裁定罪中执行能力和情节严重的判断标准 [J]. 人民司法 (案例)，2013(20):75–77.

［63］ 关兴丽，王丽萍 . 重大行政决策专家论证问题及其对策研究 [J]. 山西高等学校社会科学学报，2017(1):22–26.

［64］ 管弦 . 重大行政决策社会稳定风险评估法律制度研究 [J]. 湖北警官学院学报，2015(8):54–57.

[65] 桂华 . 中国土地制度的宪法秩序 [M]. 北京 : 法律出版社，2017:12.
[66] 桂萍 . 重大行政决策之公众参与制度 [D]. 苏州：苏州大学，2016:20.
[67] 郭彩琴，卓成霞 . 困境与创新 : 新型城镇化推进中的府际合作 [G]. 胡玉鸿 . 城镇化与城乡治理——中国特色城镇化研究报告 2013. 苏州 : 苏州大学出版社，2014:43.
[68] 郭道晖 . 论法的本质内容与本质形式 [J]. 法律科学 (西北政法学院学报)，2006(3):3–12.
[69] 郭道晖 . 论义务及其与权利的本质关系 [J]. 河南省政法管理干部学院学报，2006(5):82–87.
[70] 郭渐强，彭璐 . 重大行政决策方案合法化研究 [J]. 湖南师范大学社会科学学报，2014(2):76–81.
[71] 郭忠 . 守法义务的回报是什么——守法义务实现的难题和宗教弥补 [J]. 时代法学，2014(5):11–17.
[72] 哈特 . 实证主义和法律与道德的分离 (上)[J]. 翟小波，译 . 强世功，校 . 环球法律评论，2001(2):182–192.
[73] 哈维 . 金融危机的城市根源 : 反资本主义斗争的城市重建 [J]. 董慧，常东亮 . 译 . 苏州大学学报，2012(1):7–20.
[74] 韩春晖 . 行政决策的多元困局及其立法应对 [J]. 政法论坛，2016(3):120–130.
[75] 韩红俊 . 法官言论与公正审判 [J]. 法律适用，2011(5):40–43.
[76] 韩振燕，王珏 . 新常态下新型城镇化指标体系构建——以江苏省南京市为例 [J]. 商业经济研究，2016(8):146–148.
[77] 何嘉 . 农村集体经济组织法律重构 [M]. 北京 : 中国法制出版社，2017:36.
[78] 何涛 . 促进新型城镇化发展的财税政策问题研究 [J]. 农业经济，2016(11):91–93.
[79] 何望 . 证券监管的博弈分析 [J]. 江西社会科学，2001(11):191–193.
[80] 何颖 . 高考双轨制改革 : 受教育权深化保障的有益机会 [J]. 重庆高教研究，2015(1):20–25.
[81] 侯健 . 法治、良法与民主——兼评拉兹的法治观 [J]. 中外法学, 1999(4):22–28.
[82] 胡斌 . 行政决策公众参与的名与实——检视北京市公共交通票价改革的听证历程 [J]. 行政法学研究，2017(1):107–120.

[83] 胡大伟 . 法典缄默时的法官司法——《法律帝国》德沃金权利法学思想之完善 [J]. 天水行政学院学报，2009(6):93–95.

[84] 胡德胜 . 论我国环境违法行为责任追究机制的完善——基于涉水违法行为“违法成本 > 守法成本”的考察 [J]. 甘肃政法学院学报，2016(2):62–73.

[85] 胡东，郑洓 . 论重大行政决策社会稳定风险评估制度的构建 : 理论、问题与对策 [J]. 南京工业大学学报 (社会科学版)，2015(1):95–103.

[86] 胡玲玲 . 城市权利与我国能源利用观念的进化 [J]. 世界环境，2017(2):86.

[87] 胡平仁 . 法律义务新论——兼评张恒山教授《义务先定论》中的义务观 [J]. 法制与社会发展，2004(6):130–136.

[88] 胡旭晟，宁洁 . 困境及其超越 : 法伦理学基本问题再研究 [J]. 湘潭大学学报 (哲学社会科学版)，2011(3):56–59.

[89] 胡颖廉 . 基于外部信号理论的食品生产经营者行为影响因素研究 [J]. 农业经济问题，2012(12):84–89.

[90] 胡玉鸿 . 法律主体概念及其特性 [J]. 法学研究，2008(3):3–18.

[91] 黄春燕 . 论正当性法律解释 [J]. 福建行政学院学报，2009(4):77–82.

[92] 黄建洪 . 中国城镇化战略与国家治理现代化的建构 [J]. 苏州大学学报 (哲学社会科学版)，2016(2):47–54.

[93] 黄丽娟 . 对我国地方政府行政决策行为的法规范探讨——以公共利益的实现为中心 [J]. 武汉大学学报 (哲学社会科学版)，2008(6):817–821.

[94] 黄明涛 . 两种“宪法解释”的概念分野与合宪性解释的可能性 [J]. 中国法学，2014(6):281–298.

[95] 黄晓亮 . 刑法合宪性解释界定的另条路径 [J]. 国家检察官学院学报，2015(5):21–33.

[96] 黄学贤 . 行政法视野下的行政决策治理研究——以对《重大节假日免收小型客车通行费实施方案》的检视为样例 [J]. 政治与法律，2014(3):60–69.

[97] 姬亚平 . 行政决策程序中的公众参与研究 [J]. 浙江学刊，2012(3):164–171.

[98] 纪海龙 . 上市与“虐熊”无直接关联——归真堂事件的法哲学透视 [J]. 政治与法律，2013(1)31–39.

[99] 季涛 . 程序理性反抗价值虚无主义的徒劳——就“新程序主义法学范式及其对中国法学发展之意义”和季卫东教授商榷 [J]. 浙江社会科学，2006(5):84–91.

[100] 季涛 . 法律之思——法律现代性危机的形成史及其现象学透视 [D]. 浙江大学，2007:92.
[101] 季卫东 . 程序比较论 [J]. 比较法研究，1993(1):1–46.
[102] 季卫东 . 法律程序的形式性与实质性——以对程序理论的批判和批判理论的程序化为线索 [J]. 北京大学学报 (哲学社会科学版)，2006(1):109–131.
[103] 江国华，梅扬 . 地方行政决策程序立法的考察与评估 [J]. 湖北社会科学，2017(4):154–162.
[104] 江国华，梅扬 . 重大行政决策公众参与制度的构建和完善——基于文本考察与个案分析的视角 [J]. 学习与实践，2017(1):71–79.
[105] 姜小卉 . 关于社会人救助义务的法理分析 [J]. 江汉论坛，2012(10):141–144.
[106] 蒋德海 . 从宪法“不抵触”原则透视宪法与其他法的关系 [J]. 华东政法大学学报，2008(1):12–21.
[107] 金春华，袁秀佳 . 首家互联网法院在杭成立用互联网方式审理互联网案件 [N/OL]. 浙江新闻网，2017–08–19.https://zj.zjol.com.cn/
[108] 金琳 . 拒不执行判决、裁定罪中的因果关系及责任认定研究 [J]. 中国检察官，2013(6):19–22.
[109] 金玲 . 德沃金建构性法律解释理论与高贵梦想 [J]. 深圳大学学报 (人文社会科学版)，2011(1):74–79.
[110] 金泽刚 . 司法改革背景下的司法责任制 [J]. 东方法学，2015(6):126–137.
[111] 兰岚 . 中国终身教育立法研究 [D]. 上海：华东师范大学，2017:183.
[112] 兰学洪 . 论建立我国行政听证制度的意义和价值分析 [J]. 沈阳农业大学学报 (社会科学版)，2009(1):25–29.
[113] 蓝蔚青 . 在权责清单下政府职权的三维配置优化 [J]. 党政研究，2016(1):101–110.
[114] 雷磊 . 法教义学的基本立场 [J]. 中外法学，2015(1):241–242.
[115] 类延村，张圳 . 重大行政决策终身追责制中的“双轨救济制”研究 [J]. 河南工程学院学报 (社会科学版)，2016(4):55–58.
[116] 黎晓露 . 论我国法官的角色定位 [J]. 法商研究，2016(3):121–130.
[117] 李店标 . 立法公开与公民权利保障 [J]. 大庆师范学院学报，2012(2):34–38.
[118] 李光辉，文学平 . 实然与应然——法律伦理之可能 [J]. 现代法学，2004(5):40–46.

[119] 李军，陈淑萍 . 和谐社会视野下的司法伦理 [J]. 湖北警官学院学报，2008(6):27–30.

[120] 李培超，张启江 . 法理与伦理的互动与困境——中国法伦理学研究 30 年 [J]. 南昌航空大学学报 (社会科学版)，2012(3):6–16.

[121] 李寿初 . 超越“恶法非法”与“恶法亦法”——法律与道德关系的本体分析 [J]. 北京师范大学学报 (社会科学版)，2010(1):114–120.

[122] 李万春，袁久红 . 中国城镇化发展的城市政治学反思 [J]. 学海，2016(4):89–95.

[123] 李文庆，张锋 . 经济发达镇综合行政执法问题探析 [J]. 机构与行政，2015(4):23–25.

[124] 李小红 . 论“见义勇为无罪论”与法治精神之关联 [J]. 贵州民族大学学报 (哲学社会科学版)，2012(6):55–59.

[125] 李晓果 . 价格决策中公众参与机制的反思与重构 [J]. 行政论坛，2015(4):70–74.

[126] 李秀玲 . 空间正义理论的基础与建构——试析爱德华·索亚的空间正义思想 [J]. 马克思主义与现实，2014(3):75–81.

[127] 李学尧 . 非道德性 : 现代法律职业伦理的困境 [J]. 中国法学，2010(1):26–38.

[128] 李杨，叶蓁蓁 . 中国普惠金融创新报告 (2018)[M]. 北京 : 社会科学文献出版社，2018:137.

[129] 李迎春 . 行政法视角下的行政决策 [J]. 行政法学研究，2007(4):101–106.

[130] 李勇 . 价格违法行为的经济分析 [J]. 东岳论丛，2008(5):168–170.

[131] 李玉虎 . 浅析经济违法行为成本和收益的影响因素及对策 [J]. 天水行政学院学报，2000(5):52–55.

[132] 李祖华 . 拒不执行判决、裁定罪实证研究 [J]. 法治研究，2015(3):64–73.

[133] 梁成意 . 宪法与民法之关系 : 误解与正解 [J]. 法学评论，2011(1):18–25.

[134] 梁静 . 法官刑事自由裁量权及其限制 [J]. 中州学刊，2010(5):106–108.

[135] 两会授权发布：最高人民法院工作报告——2017 年 3 月 12 日在第十二届全国人民代表大会第五次会议上 [N/OL]. 新华网，2017–03–19.http://www.news.cn/

[136] 廖炼忠 . 当代中国行政伦理制度化研究 [D]. 昆明：云南大学，2014:25.

[137] 林飞 . 经济违法行为的法律经济学分析 [J]. 法学论坛，2001(6):24–30.

[138] 林明华 . 论行政决策听证的法理基础与制度完善 [J]. 厦门特区党校学报，2007(2):40–43.

[139] 凌斌 . 权利本位论的哲学奠基 [J]. 现代法学，2015(5):3–11.

[140] 刘风景 . 日本最高法院的少数意见制 [J]. 国家检察官学院学报，2006(4):104–111.

[141] 刘广明，尤晓娜 . 新常态背景下推进农村消费的政府干预研究 [M]. 北京 : 法律出版社，2018:99.

[142] 刘广明 . “双轨”运行 : 城镇化进程中农村宅基地 (使用权) 制度解困的可行解 [J]. 法学论坛，2014(2):101–108.

[143] 刘练军 . 我国宪法上的司法制度省思 [J]. 江苏警官学院学报，2010(3):23–33.

[144] 刘密霞，丁艺 . 可持续城镇化与信息化协调发展研究 [J]. 科技管理研究，2015(1):188–192.

[145] 刘仁文 . 对“见危不救”要否入罪的思考 [J]. 法学杂志，2013(4):26–31.

[146] 刘锐 . 城中村改造 : 全面改造抑或综合治理 [J]. 广东财经大学学报，2015(6):98–105.

[147] 刘同君，等 . 农民权利发展——新时代乡村振兴战略背景下的时代命题 [M]. 南京 : 东南大学出版社，2019:94.

[148] 刘伟 . 行政法视野下行政决策的正当性分析——以北京、杭州、成都三地汽车限行为例 [J]. 甘肃政法学院学报，2013(2):1–7.

[149] 刘晓玮，童中贤 . 目前我国行政决策听证的缺陷及创新思路 [J]. 四川行政学院学报，2005(5):14–16.

[150] 刘雪斌，李拥军，丰霏 . 改革开放三十年的中国法理学 :1978–2008[J]. 法制与社会发展，2008(5):23，25–79.

[151] 刘杨 . 法治的哲学之维 ——正当性观念的转变 [D]. 长春：吉林大学，2007:41.

[152] 刘毅 . 现代性语境下的正当性与合法性 : 一个思想史的考察 [D]. 北京：中国政法大学，2007:97.

[153] 刘远 . 刑法概念的法哲学问题 [J]. 现代法学，2008(4):71–80.

[154] 刘云甫 . 论重大行政决策法制化 [J]. 岭南学刊，2010(2):74–78.

[155] 刘作翔，龚向和 . 法律责任的概念分析 [J]. 法学，1997(10):8–11.

[156] 龙宗智.加强司法责任制:新一轮司法改革及检察改革的重心[J].人民检察,2014(12):28–31.

[157] 陆剑.集体经营性建设用地入市的法律规则体系研究[M].北京:法律出版社,2015:27.

[158] 罗超平,周子琳.城镇化“新型”的内涵与现实评价——以重庆为例[J].西南大学学报(自然科学版),2016(2):83–89.

[159] 罗兴佐.水利,农业的命脉:农田水利与乡村治理[M].上海:学林出版社,2012:61.

[160] 骆梅英,赵高旭.公众参与在行政决策生成中的角色重考[J].行政法学研究,2016(1):34–45.

[161] 吕军书,等.中国农村宅基地退出立法问题研究[M].北京:法律出版社,2019:15.

[162] 梅文娟.关于道德之恶与刑法之罪的关系的理性思考[J].广西政法管理干部学院学报,2002(6):14–16.

[163] 孟昭阳,赵华.确立行政法上排除违法性行为制度初探——基于李舒舒事件的实证分析[J].中国人民公安大学学报(社会科学版),2013(1):10–18.

[164] 缪因知.敲诈和“有偿不闻”违法性的法经济学分析[J].北大法律评论,2016(2):81–92.

[165] 牛静,赵倩.公众参与、媒体沟通与正当立法程序[J].社科纵横,2010(5):83–85.

[166] 农云贵.重大行政决策合法性审查制度的困境与重构[J].中共南宁市委党校学报,2016(5):33–39.

[167] 潘屹.可持续的城市化:内涵、路径和政策[J].社会发展研究,2016(2):17–37.

[168] 戚建刚.我国行政决策风险评估制度之反思[J].法学,2014(10):92–98.

[169] 齐崇文.法律义务设定原理研究[J].东岳论丛,2014(10):175–183.

[170] 齐崇文.中国传统法律义务观评析[J].上海政法学院学报(法治论丛),2014(4):71–79.

[171] 齐宁,周实.论公民在地方政府行政决策中的合作价值[J].理论界,2013(12):17–19.

[172] 齐树洁.德国民事司法改革及其借鉴意义[J].中国法学,2002(3):163–173.

［173］祁勇，赵德兴.中国乡村治理模式研究[M].济南：山东人民出版社，2014:58.

［174］祁占勇，康韩笑.学前教育阶段受教育权保障的国家义务研究[J].陕西师范大学学报：哲学社会科学版，2017(6):46–52.

［175］钱大军，张新.法律义务冲突初论[J].法制与社会发展，2009(3):36–42.

［176］钱宁峰.我国人大与司法机关之间关系的宪法文本分析[J].学海，2005(5):156–161.

［177］秦策，夏锦文.司法的道德性与法律方法[J].法学研究，2011(4):40–57.

［178］秦前红.论最高法院院长与全国人大及其常委会的关系——以司法改革为视角[J].甘肃政法学院学报，2014(5):1–8.

［179］饶世权，刘咏梅.论法治政府建设公众认同视野下公众参加人的代表性——以公共行政决策听证为例[J].西南政法大学学报，2014(2):42–46.

［180］上官丕亮，陆永胜，朱中一.宪法原理[M].苏州：苏州大学出版社，2013:117，274.

［181］尚苏影.我国行政决策听证制度发展与完善[J].金陵法律评论，2007(1):117–129.

［182］邵栋豪，梁晓峰.以司法伦理化为基础重塑人民陪审员制度[J].山东青年政治学院学报，2011(6):91–95.

［183］申海平.权力清单的定位不能僭越法律[J].学术界，2015(1):126–134.

［184］深圳市人大常委会.深圳经济特区改革创新促进条例[S].

［185］沈宏彬.重访证成性与正当性：基于责任概念的重构[J].法制与社会发展，2014(1):147–157.

［186］沈俊强.儿童受教育权国际共识的形成及其推进[J].基础教育，2015(2):10–18.

［187］沈宗灵.人权是什么意义上的权利[J].中国法学，1991(5):22–25.

［188］石毕凡."泸州遗赠案"的利益衡量方法透视[J].河南社会科学，2016(4):18–24.

［189］石文龙.法伦理学的独特价值与基本原则[J].东方法学，2009(2):33–39.

［190］史莉莉.准确认识权力清单制度[J].探索与争鸣，2016(7):131–133.

［191］史小艳.义务教育阶段受教育权的政府责任研究[M].武汉：华中科技大学出版社，2016:78.

［192］舒建国，石毕凡.法家之"法"的实证主义品格及其现代阐释[J].浙江社会科学，2014(10):60–67.

[193] 宋京霖 . 责任与法律责任 [J]. 南华大学学报 (社会科学版)，2015(2):62–68.

[194] 宋连胜，金月华 . 论新型城镇化的本质内涵 [J]. 山东社会科学，2016(4):47–51.

[195] 宋智敏 . 论重大行政决策合法性审查机制的完善 [J]. 江西社会科学，2016(5):167–172.

[196] 苏亦工 . 有我无我之际 : 漫说法律与道德的语境差别 [J]. 北方法学，2009(3):122–133.

[197] 苏永生 . 刑法合宪性解释的意义重构与关系重建——一个罪刑法定主义的理论逻辑 [J]. 现代法学，2015(3):137–150.

[198] 孙彩红 . 权力清单与地方政府职能转变——苏州市相城区为例 [J]. 甘肃社会科学，2017(2):36–42.

[199] 孙理波 . 传统法律在现代社会中的危机——昂格尔的社会批判理论 [J]. 政法论坛 (中国政法大学学报)，1997(1):106–110.

[200] 孙莉 . 德治及其传统之于中国法治进境 [J]. 中国法学，2009(1):69–76.

[201] 孙莉 . 德治与法治正当性分析——兼及中国与东亚法文化传统之检省 [J]. 中国社会科学，2002(6):95–104.

[202] 孙莉 . 中国城镇化的政府推进与程序控制 [G]. 胡玉鸿 . 新型城镇化 : 中国特色城镇化研究报告 2012，苏州 : 苏州大学出版社，2014:32.

[203] 孙文恺 . 开放结构中的确定性追求——兼论哈特与富勒法律理论的契合性 [J]. 江苏社会科学，2009(6):117–123.

[204] 孙笑侠，应永宏 . 程序与法律形式化——兼论现代法律程序的特征与要素 [J]. 现代法学，2002(1):76–84.

[205] 孙笑侠 . 法律程序剖析 [J]. 法律科学 (西北政法学院学报)，1993(6):3–9.

[206] 孙笑侠 . 法律人思维的二元论兼与苏力商榷 [J]. 中外法学，2013(6):1105–1136.

[207] 谭金生 . 拒不执行判决、裁定罪“情节严重”之实例考察——以 2014 年全国法院 385 份一审判决书为样本 [J]. 西南政法大学学报，2015(3):116–129.

[208] 唐丰鹤 . 通过合法性的正当性——实证主义法学的正当性思想研究 [J]. 北方法学，2013(1):111–122.

[209] 田佳 . 当代中国教育法律法规的伦理问题研究 [D]. 大连 : 辽宁师范大学，2013:18.

[210] 田民 . 拒不执行判决、裁定罪立法述评——以《刑法修正案 (九)》为视角 [J]. 江西警察学院学报，2016(3):81–84.

[211] 童彬 . 政府重大行政决策程序法律制度研究 [J]. 社会科学家，2017(9):54–59.

[212] 汪全胜 . 论立法的正当程序 [J]. 华东政法学院学报，2006(2):15–24.

[213] 王彬 . 法律论证的伦理学立场——以代孕纠纷案为中心 [J]. 法商研究，2016(1):31–42.

[214] 王博 . 权利冲突化解路径的经济法律分析兼与苏力等教授商榷 [J]. 法学，2016(11):79–89.

[215] 王春业 . 权力清单制度及其顶层设计 [J]. 天津行政学院学报，2016(1):59–66.

[216] 王佃利，邢玉立 . 空间正义与邻避冲突的化解——基于空间生产理论的视角 [J]. 理论探讨，2016(5):138–143.

[217] 王海明 . 伦理学原理 [M]. 北京 : 北京大学出版社，2009:373.

[218] 王海明 . 论伦理学的发现和证明方法 [J]. 华侨大学学报 (哲学社会科学版)，2003(1):5–12.

[219] 王怀勇，等 . 中国农村信用制度建设研究 [M]. 北京 : 法律出版社，2017:79.

[220] 王建学 . 地方各级人民法院宪法地位的规范分析 [J]. 法学研究，2015(4):59–70.

[221] 王锴 . 合宪性解释之反思 [J]. 法学家，2015(1):45–57.

[222] 王立争 . 新时期农村土地承包制度改革的法律探索 [M]. 北京 : 中国政法大学出版社，2016:3.

[223] 王丽萍，刘鲁平 . 在法律与道德之间——由一起司法判决引起的思考 [J]. 山东社会科学，2004(2):67–70.

[224] 王隆文 . 对地方政府重大行政决策合法性的解读——基于成都市机动车“尾号限行”政策的个案分析 [J]. 成都理工大学学报 (社会科学版)，2013(5):21–25.

[225] 王平，刘勇 . 城市空间的三重维度与修复路径 [J]. 重庆社会科学，2016(9):31–38.

[226] 王申 . 法官德性是法治之力量 [J]. 东方法学，2016(2):101–119.

[227] 王申 . 法官职业的道德义务和美德 [J]. 法律科学 (西北政法大学学报)，2016(4):47–55.

[228] 王淑芹 . 现代性道德冲突与社会规制 [J]. 哲学研究，2016(4):96–100.

[229] 王淑荣，孟鹏涛，许力双 . 司法伦理在法治国家建设中的价值论析 [J]. 社会科学战线，2014(12):202–210.

[230] 王太高 . 权力清单 :“政府法治论”的一个实践 [J]. 法学论坛，2017(2):13–21.

[231] 王万华，宋烁 . 地方重大行政决策程序立法之规范分析——兼论中央立法与地方立法的关系 [J]. 行政法学研究，2016(5):24–40.

[232] 王玮 . 当代中国法伦理学研究中的几个问题——第三次“北京应用伦理学论坛”综述 [J]. 道德与文明，2004(6):70–72.

[233] 王文东，赵艳琴 . 网络空间的非正义性剖析——基于空间正义的研究视角 [J]. 甘肃理论学刊，2013(1):25–29.

[234] 王锡锌，章永乐 . 我国行政决策模式之转型——从管理主义模式到参与式治理模式 [J]. 法商研究，2010(5):3–12.

[235] 王锡锌 . 行政决策正当性要素的个案解读——以北京市机动车“尾号限行”政策为个案的分析 [J]. 行政法学研究，2009(1):10–15.

[236] 王新林，李洁 . 安徽省扩权强镇的背景、困境及对策 [J]. 安徽理工大学学报 (社会科学版)，2011(1):33–35.

[237] 王修达，王鹏翔 . 国内外关于城镇化水平的衡量标准 [J]. 北京农业职业学院学报，2012(1):43–49.

[238] 王义国 . 重大行政决策责任追究制度研究 [J]. 山东行政学院学报，2017(2):60–64.

[239] 王瑜 . 从文本到实践 : 论教育平等权的宪法保障及其路径选择 [J]. 中南大学学报 : 社会科学版，2014(6):121–125.

[240] 王昭武 . 法秩序统一性视野下违法判断的相对性 [J]. 中外法学，2015(1):170–197.

[241] 王震 . “由裁判者负责” : 法官司法责任追究制度的重构——以司法责任制改革为背景 [J]. 福建警察学院学报，2015(5):1–7.

[242] 王志刚 . 当代中国空间生产的矛盾分析与正义建构 [J]. 天府新论，2015(6):80–85.

[243] 魏建 . 嵌入和争夺下的权利破碎 : 失地农民权益的保护 [J]. 法学论坛，2010(6):91–97.

[244] 魏立华，丛艳国，魏成 . 城市权利、政府责任与城市人居环境建设的新思路 [J]. 城市规划，2015(3):9–14.

[245] 温晓莉 . 实践哲学视野中的“法治”与“德治” [J]. 法学，2003(3):3–13.

[246] 温泽彬 . 受教育权的多元属性是分省定额制招生改革的法理依据 [J]. 法学，2016(8):74–82.

[247] 邬志辉，姜超 . 人的城镇化 : 内涵、要素与教育能为 [J]. 当代教育与文化，2014(5):75–84.

[248] 吴峰，周连勇．地方政府重大行政决策合法性审查主体改革——以政府法律顾问制度为背景 [J]. 江苏警官学院学报，2017(1):35–41.

[249] 吴宁．列斐伏尔的城市空间社会学理论及其中国意义 [J]. 社会，2008(2):112–127.

[250] 吴越菲．找回城市的社会本真——重思当代中国城市化的动力嬗变及其发展导向 [J]. 长沙大学学报，2013(1):73–75.

[251] 夏德峰．地方政府权力清单制度的实施现状及改进空间 [J]. 中州学刊，2016(7)45–53.

[252] 夏德峰．关于深化权力清单制度内涵式改革发展的若干思考 [J]. 理论导刊，2016(4):20–23.

[253] 夏金莱．论行政决策公开——从公众参与行政决策的视角 [J]. 河南财经政法大学学报，2014(4):169–176.

[254] 夏金莱．重大行政决策终身责任追究制度研究——基于行政法学的视角 [J]. 法学评论，2015(4):19–29.

[255] 夏引业．合宪性解释是宪法司法适用的一条蹊径吗——合宪性解释及其相关概念的梳理与辨析 [J]. 政治与法律，2015(8):104–114.

[256] 肖北庚．行政决策听证制度之民主性困境及突围 [J]. 广东社会科学，2010(5):177–183.

[257] 肖小芳，曾特清．“合法律性的正当性”何以可能——哈贝马斯对哈特法哲学的批判与修缮 [J]. 道德与文明，2011(4):71–76.

[258] 肖小芳．道德与法律关系的重塑——哈贝马斯对法律正当性的论证 [J]. 武汉科技大学学报 (社会科学版)，2010(6):81–86.

[259] 谢晖．法治的法律：人化的道德 [J]. 法律科学 (西北政法学院学报)，1997(5):3–10.

[260] 谢晖．美德的暴政与权利的美德 [J]. 东方法学，2012(1):104–107.

[261] 谢军．互联网法院需技术与法律双轮驱动 [N]. 法制日报，2017–08–22.http://www.legaldaily.com.cn/

[262] 谢青松．刑法伦理学研究的意义、使命及其学科属性 [J]. 云南社会科学，2008(4):100–105.

[263] 谢威．拒不执行判决、裁定罪的适用标准 [J]. 人民司法，2015(16):29–31.

[264] 熊伟．诠释与反思：法律后现代危机的现代性批判与启示 [J]. 金陵法律评论，2009(1):149–156.

［265］ 徐继敏.公民受教育权研究[J].河北法学，2004(2):19-23.
［266］ 徐静村.法检两院的宪法定位与司法改革[J].法学，2017(2):97-103.
［267］ 徐梦秋，杨松.法律与道德的分立是否可能——哈贝马斯对分析实证主义法学的批评与突破[J].天津社会科学，2010(3):30-34.
［268］ 徐清飞.《法律的概念》的功利主义检讨——以法律与道德的分离为中心[J].法制与社会发展，2007(5):41-49.
［269］ 徐双军.新生代农民工融入城市过程中维权意识问题探究[J].淮海工学院学报(人文社会科学版)，2012(9):44-46.
［270］ 徐爽，赵晨.国际人权公约中的初等教育权保护在我国的实践——以流动儿童义务教育为切入点[J].人权，2017(3):78-87.
［271］ 徐素云，马友华，张贵友，王强，蒋旭东.生态文明建设与新型城镇化关系研究[J].环境与发展，2015(4):23-27.
［272］ 徐显明.论权利[J].文史哲，1990(6):18-25.
［273］ 徐晓峰.法治、法律解释与司法改革[J].法律科学(西北政法大学学报)，1999(4):21-29.
［274］ 徐昕.英国民事司法改革之借鉴——以英国民事诉讼基本目标及其贯彻作为考察主线[J].法学，2001(5):41-44.
［275］ 徐秀霞.建立和完善法治化的行政决策机制[J].长白学刊，2007(6):76-80.
［276］ 许光.完善和创新"新杭州人"市民化融入机制与路径研究[J].当代社科视野，2014(10):21-24.
［277］ 薛艳杰.深度城镇化内涵特征及实现路径思考[J].城市，2013(1):33-37.
［278］ 闫艳，陶钟太朗.城乡一体与集体土地所有权变迁趋势研究[J].兰州大学学报(社会科学版)，2016(2):149-155.
［279］ 严谷军，何嗣江，等.统筹城乡发展背景下农村新型金融组织创新研究[M].杭州:浙江大学出版社，2014:225.
［280］ 杨成铭.从国际法角度看受教育权的权利性质[J].法学研究，2005(5):125-132.
［281］ 杨春然.论违法性与正当化事由缺失之间的规范缝隙及跨越——以英国连体婴儿案为例[J].中国刑事法杂志，2011(3):30-37.
［282］ 杨东霞，贺利云.法治是推进农业农村经济社会发展的必由之路[G].农业部产业政策与法规司、农业部管理干部学院、中国农业经济法研究会.农

业法律研究论丛(2014). 北京：法律出版社，2015:51–52.

[283] 杨海坤，上官丕亮，陆永胜 . 宪法基本理论 [M]. 北京：中国民主法制出版社，2007:307.

[284] 杨叶红，刘峰 . 重大行政决策中协商民主的困境与突围——以《湖南省行政程序规定》的实施为例 [J]. 中国井冈山干部学院学报，2010(1):95–100.

[285] 杨叶红 . 重大行政决策合法性审查制度的梳理与展望——以湖南省的实践为例 [J]. 湖湘论坛，2017(3):149–155.

[286] 杨宇振 . 居住作为进入城市的权利——兼谈《不只是居住》[J]. 时代建筑，2016(6):78–81.

[287] 杨长泉 . 法治与德治互动结合发展研究——以对欧美法学家论法律与道德关系的评析为视角 [J]. 法学杂志，2008(2):125–127.

[288] 姚俊廷 . 法律实证主义在形式理性坚守中的道德立场——以哈特为例 [J]. 山西师大学报(社会科学版)，2013(5):66–70.

[289] 姚尚建 . 城市发展的权利尺度 [J]. 新视野，2016(5):14–19.

[290] 姚尚建 . 城市化进程中的权利平衡 [J]. 中共浙江省委党校学报，2015(3):42–47.

[291] 姚尚建 . 城市政治结构的形成——国家市场与社会的对话 [J]. 甘肃社会科学，2015(4):40–44.

[292] 叶必丰 . 城镇化中土地征收补偿的平等原则 [J]. 中国法学，2014(3):126–137.

[293] 叶慰 . 对违法行为的分类治理研究——从提高违法成本角度分析 [J]. 行政法学研究，2013(1):105–112.

[294] 叶忠海，张永，马丽华，贾红彬 . 新型城镇化与社区教育发展研究 [J]. 开放教育研究，2014(4):100–110.

[295] 尹德贵 . 契约论权利观探微 [J]. 学术交流，2016(8):103–108.

[296] 尹奎杰，王箭 . 重大行政决策行为的性质与认定 [J]. 当代法学，2016(1):70–78.

[297] 尹力 . 学习权保障：学习型社会教育法律与政策的价值基础 [J]. 北京师范大学学报（社会科学版），2010(3):70–78.

[298] 游超行 . 行政决策科学化的法制保障 [J]. 贵州工业大学学报(社会科学版)，2006(6):87–88.

[299] 于琳琳 . 地方政府权力清单的多维度诠释 [J]. 重庆社会科学，2015(11):44–49.

[300] 余军，朱新力 . 法律责任概念的形式构造 [J]. 法学研究，2010(4):159–171.
[301] 郁建兴 . 法治与德治衡论 [J]. 哲学研究，2001(4):11–18.
[302] 喻卫斌 . 企业聚集与城镇化 [J]. 郑州轻工业学院学报 (社会科学版)，2005(1):11–15.
[303] 袁建平 . 构建和谐社会应区分法律义务与道德义务 [J]. 清华法学，2010(5):128–138.
[304] 袁建新，郭彩琴 . 新型城镇化 : 内涵、本质及其认识价值——十八大报告解读 [J]. 苏州科技学院学报 (社会科学版)；2013(3):17–23.
[305] 岳悍惟 . 法官的司法伦理基础探析 [J]. 法学论坛，2002(6):105–110.
[306] 翟全军，李慧 . 西部地区新型城镇化建设进程中生态环境问题的法治对策 [J]. 西安电子科技大学学报 (社会科学版)，2015(1):82–87.
[307] 翟志勇 . 哈贝马斯论域中的法律与道德 [J]. 比较法研究，2007(5):121–133.
[308] 湛中乐，高俊杰 . 作为“过程”的行政决策及其正当性逻辑 [J]. 苏州大学学报，2013(5):80–86.
[309] 张宝义 . 中国城镇化过程中的空间正义探寻 [J]. 城市，2014(2):8–11.
[310] 张朝霞，冯英菊 . 从《所有人的正义》看英国的刑事司法改革 [J]. 法学家，2004(6):133–144.
[311] 张福磊 . 全球化时代的城市与国家关系研究——多层次治理的视角 [D]. 山东大学，2015:1.
[312] 张恒山 . 良知义务与理性“应当”之别——评自然法学义务与凯尔森实证法学的“义务”的分野 [J]. 法学家，2007(1):108–115.
[313] 张梁 . 省统管及跨行政区划法院检察院设置中的宪法问题 [J]. 河南财经政法大学学报，2017(1):44–56.
[314] 张玲 . 日本知识产权司法改革及其借鉴 [J]. 南开学报 (哲学社会科学版)，2012(5):121–132.
[315] 张茂月 . 权力清单制度认识的几个误区与纠正——兼谈制度完善的几点思路 [J]. 云南行政学院学报，2015(3):61–64.
[316] 张启江，李培超 . 顺从与认同 :“德法之辩”的社会心理诠释 [J]. 湖南师范大学社会科学学报，2013(5):75–80.
[317] 张启江 . 中国法伦理学研究的热点问题与困境 [J]. 伦理学研究，2012(5):69–76.

[318] 张倩 . 重大行政决策追责的相关法律问题探析 [J]. 中州学刊，2016(8):50–55.

[319] 张善燚，柳成柱 . 宽容：现代司法的一项基本价值 [J]. 江汉论坛，2009(9):108–111.

[320] 张晓燕 . 德法互济中的乐观与审慎——道德法律化的权利维度反思 [J]. 道德与文明，2016(2):19–24.

[321] 张英洪，等 . 善治乡村——乡村治理现代化研究 [M]. 北京：中国农业出版社，2019:39.

[322] 张宇星 . 城中村作为一种城市公共资本与共享资本 [J]. 时代建筑,2016(6):15–21.

[323] 张玉春 . 广东省新型城镇化指标体系研究 [J]. 市场周刊，2016(7):16–17.

[324] 张震 . 全面深化司法体制改革的宪法依据论 [J]. 暨南学报 (哲学社会科学版)，2016(7):40–48.

[325] 张祚，陈昆仑 . 城市大规模保障性住房空间决策——相关问题与研究综述 [J]. 湖北大学学报 (哲学社会科学版)，2016(1):129–135.

[326] 章剑生 . 现代行政法基本理论 [M]. 北京：法律出版社，2008:359.

[327] 赵娟 . 中国新型城镇化发展中的城市权利问题反思 [J]. 阜阳师范学院学报 (社会科学版)，2016(4):104–108.

[328] 赵明 . 重评礼刑合一的法制构架 [J]. 法学研究，2013(4):195–208.

[329] 赵山星 . 浅议司法腐败现象的危害、成因及其治理 [J]. 塔里木大学学报，2007(1):67–69.

[330] 赵旭东 . 程序正义概念与标准的再认识 [J]. 法律科学 (西北政法学院学报)，2003(6):88–94.

[331] 赵增田 . 美国司法惩戒制度研究 [J]. 嘉应学院学报 (哲学社会科学)，2015(6):43–48.

[332] 赵哲 . 城市权利及其法律构造 [J]. 苏州大学学报 (哲学社会科学版)，2017(3):90–96.

[333] 浙江农林大学中国农民发展研究中心 . 农村集体资产股份合作制改革 [G]. 农业部产业政策与法规司，农业部管理干部学院，中国农业经济法研究会 . 农业法律研究论丛 (2016). 北京：法律出版社，2017:103.

[334] 郑琼现 . 我们该怎样借鉴社群主义的法律思想 [J]. 政治与法律，2012(7):125–134.

[335] 郑卫东 . 农民的终结与制度安排——以上海市松江区为例 [J]. 南方人口，2010(5):43–52.

[336] 郑曦 . 司法责任制背景下英国法官薪酬和惩戒制度及其启示 [J]. 法律适用，2016(7):117-121.

[337] 郑翔，史亚军，栾志红，吴文嫔 . 都市型现代农业法律制度体系研究 [M]. 北京 : 北京交通大学出版社，2013:50-51.

[338] 指导案例第 71 号 : 毛建文拒不执行判决、裁定案 [N/OL]. 人民法院网，2017-01-03.https://www.chinacourt.org/index.shtml

[339] 钟芳 . 相对集中行政处罚权向乡镇的拓展 [J]. 江南大学学报 (人文社会科学版)，2009(2):37-41.

[340] 钟瑞栋 . 民法中的强制性规范兼论公法与私法“接轨”的立法途径与规范配置技术 [J]. 法律科学 (西北政法大学学报)，2009(2):69-81.

[341] 周实 . 行政决策程序法制化的再研究 [J]. 东北大学学报 (社会科学版)，2014(6):622-627.

[342] 周叶中 . 论重大行政决策问责机制的构建 [J]. 广东社会科学，2015(2):222-235.

[343] 周颖冰 . 纳税人税收违法行为分析 [J]. 经济监督，2011(11):48-50.

[344] 周长军 . 司法责任制改革中的法官问责——兼评《关于完善人民法院司法责任制的若干意见》[J]. 法学家，2016(3):94-104.

[345] 朱峰 . 论法律实证主义的权威理论 [J]. 环球法律评论，2009(3):44-56.

[346] 朱海波 . 论中国行政决策程序中公众参与的理论脉络、宪法基础及立法原则 [J]. 甘肃行政学院学报，2013(2):117-124.

[347] 朱捷 . 北京市东城区公众参与机制研究 [J]. 行政法学研究，2010(1):125-131.

[348] 朱庆育 . 权利的非伦理化 : 客观权利理论及其在中国的命运 [J]. 比较法研究，2001(3):10-29.

[349] 朱振 . 权威命题与法律理由的性质 : 一个反思性的评论 [J]. 法制与社会发展，2011(6):94-105.

[350] 庄立峰，江德兴 . 城市治理的空间正义维度探究 [J]. 东南大学学报 (哲学社会科学版)，2015(4):45-49.

[351] 邹东升，冯清华 . 公共行政的伦理冲突场景与消解途径 [J]. 理论探讨，2007(4):159-161.

后　记

通过整理2016年以来撰写的数篇论文，我坚定了围绕基层法治建设的议题继续开展研究的想法。虽然我已经成为一名高校教师，但在学术研究方面仍然处于学步阶段。尽管如此，我仍然感觉自己非常幸运——在经历多年辗转后能够顺利完成学业。在此，我要特别感谢尊敬的导师孙莉教授、吸纳我参与科研项目的胡玉鸿教授、在2007年以来曾多次给我指导的上官丕亮教授、对我的学业提供过重要帮助的夏立安教授和石东坡教授、曾为我的普法书籍惠赐序言的章剑生教授、我在攻读硕士学位期间的导师石毕凡副教授、我入职后的助讲培养导师马永双教授等多位老师。

此前，我能够从几个方面来夯实研究基础，离不开在苏州大学王健法学院攻读学位期间的研习感悟。在校对过初稿之后，我不仅要感谢多年来师长与亲友们提供的指导和支持，也要感谢浙江农林大学提供的项目资助和学院领导与同事们的关照，让我能够将阶段性的研究成果汇集出版。当然，我也要对收录这些论文的期刊编辑和浙江大学出版社的编辑老师们致谢。此刻，我就用2006年11月3日填的一首词，来表达由衷的敬意与祝福吧！

水调歌头　致益友

书生欲何为？澹然观世态。应传道德文章，谦谨播仁爱。泛览华夏史略，刍议贤哲志业，幽思接千载。渐悟此身渺，著意理兴衰。守静笃，奉俭约，戒惰怠。养性怡情，须赖师友勤锻裁，惜护芝兰熏香，塑造松梅气概，寂冷俱可耐。此谊久且新，恰如川汇海。

刘辉

辛丑年七月初六